DIE BESTEN STELLPLÄTZE IN SÜDTIROL UND AM GARDASEE

Wohnmobilstellplatz Kastelruth 34

So günstig übernachtet man selten in Südtirol. Zwar bietet der Platz nichts außer einer grandiosen Aussicht auf den Schlern, dafür steht man entspannt hinter einer Pizzeria, in der man als Gegenleistung sein Abendessen einnimmt (s. S. 104).

200st-mm

201st-mm

86 Stellplatz Peschiera del Garda

Modern, hell, freundlich und mit einem guten Preis-Leistungs-Verhältnis übernachtet man am Südrand des Gardasees. Zwar hat man keinen Blick auf den See, doch das Ufer und auch das Ortszentrum sind in wenigen Gehminuten erreichbar (s. S. 156).

Camping Zögghof, St. Leonhard 163

Im abgelegenen Passeiertal kommt man auf dem Camping Zögghof gut zur Ruhe, kann einen Spaziergang entlang der Passer machen oder sich in der nahe gelegenen Pizzeria verköstigen. Interessant ist die mehrgeschossige Architektur des Platzes (s. S. 196).

204st-mm

202st-CaravanPark Schnalstal

166 CaravanPark Schnalstal

So schön hoch kommt man selten in Europa und dann auch noch mit Übernachtungsmöglichkeit? Eine traumhafte Lage bietet dieser Stellplatz nördlich des Vinschgau. Nur die Anfahrt bedeutet entsprechend ein wenig Arbeit für den Womo-Motor (s. S. 198).

Camping Thöni, St. Valentin auf der Haide – Graun 179

Ideale Lage zwischen Reschen- und Haidersee mit tollen Möglichkeiten für Fahrradtouren oder Wanderungen zur Schöneben-Hütte und zum Dreiländereck zwischen Italien, Österreich und der Schweiz (s. S. 205).

203st-mm

DIE SCHÖNSTEN LANDSCHAFTEN

205st-mm

Drei Zinnen

Der Besuch von Südtirols Wahrzeichen ist ein Muss. Wie praktisch, dass man die Drei Zinnen wunderbar mit dem Wohnmobil erreichen kann, um dann auf leichten Wegen rund um das einmalige Gebirgsmassiv zu wandern – einmalig schöne Aussichten inklusive (s. S. 76).

206st-mm

Grödner Joch

Die Auffahrt von Westen aus ist einfach nur traumhaft. Auf der rechten Seite erheben sich neben der Straße majestätisch die steilen Felswände des Sellamassivs und zur Linken genießt man den Ausblick auf die etwas weiter entfernten Alpengipfel (s. S. 108).

207st-mm

Gardasee

Eigentlich spielt es keine Rolle, von wo aus man auf den Lago di Garda blickt. Mit seiner Mischung aus mediterranem Flair und alpiner Kulisse ist das Gewässer ein echter Hingucker. Rund um den See gibt es jede Menge Aussichtspunkte (s. S. 109).

208st-mm

Stilfserjoch

Beeindruckend zeigt sich nicht nur die Landschaft am Übergang von Südtirol zur Lombardei, sondern auch die Passstraße mit ihren zahlreichen Serpentinen. Tipp: mit dem Bus hinauf und wandernd über die Dreisprachenspitze wieder ins Tal (s. S. 201).

209st-mm

Reschensee

Bei der Anfahrt durch das westliche Südtirol hält man unweigerlich hier an, denn der berühmte Kirchturm im Reschensee ist eine ganz besondere Attraktion und ideal für einen Fotostopp oder um sich mal die Beine zu vertreten (s. S. 205).

DIE SEHENSWERTESTEN ORTE

Bozen

Der Hauptort von Südtirol ist natürlich ein Pflichtpunkt auf einer Reise durch die Region. Vom Dom mit seinem verzierten Dach über den Waltherplatz und durch die Laubengänge gelangt man zum Archäologiemuseum mit dem berühmten Ötzi (s. S. 90).

210st-mm

Sankt Ulrich in Gröden

Das zentral im Grödnertal gelegene St. Ulrich steht stellvertretend für die malerischen Ortschaften der Gegend. Doch auch Wolkenstein, St. Christina und vor allen Dingen Kastelruth sind ähnlich groß und einen Besuch wert (s. S. 105).

211st-mm

Trient

Ein wenig unterschätzt und kaum beachtet, liegt Trient ungefähr auf halber Strecke zwischen Südtirol und dem Gardasee. Dabei hat der Ort im Etschtal mit der Kathedrale und dem Castello del Buonconsiglio eine schöne Altstadt zu bieten (s. S. 118).

212st-mm

Verona

Wem die Geschichte von Romeo und Julia ans Herz geht, der muss unbedingt nach Verona, um Julias Balkon zu sehen. Ganz nebenbei kann man natürlich durch die gemütlichen Straßen schlendern und die vielseitige Kultur der Stadt erleben (s. S. 142).

213st-mm

Meran

Die Entscheidung fällt schwer: Besichtigt man den mondänen Kurort Meran oder doch lieber das etwas oberhalb gelegene Dorf Tirol? Am besten beides, denn über den Tappeinerweg lassen sich beide Orte wunderbar kombinieren (s. S. 189).

214st-mm

DIE SCHÖNSTEN ROUTEN DURCH SÜDTIROL UND AM GARDASEE

INHALT

◁ *Unterhalb der Drei Zinnen parkt und nächtigt es sich mit toller Aussicht (Foto: 216st-mm, s. S. 76)*

4
A
CH
Meran
Brixen
Cortina d'Ampezzo
Bozen
ITALIEN
Trient
Riva d. Garda
Brescia
Verona
Venezia

5
A
CH
Meran
Brixen
Cortina d'Ampezzo
Bozen
ITALIEN
Trient
Riva d. Garda
Brescia
Verona
Venezia

6
A
CH
Meran
Brixen
Cortina d'Ampezzo
Bozen
ITALIEN
Trient
Riva d. Garda
Brescia
Verona
Venezia

7
A
CH
Meran
Brixen
Cortina d'Ampezzo
Bozen
ITALIEN
Trient
Riva d. Garda
Brescia
Verona
Venezia

VORWORT

Zugegeben, als Kind hatte ich noch nicht so richtig verstanden, warum Südtirol zu Italien und nicht zu Österreich gehört, wo doch in Österreich eine Region namens Tirol existiert. Und noch viel schwerer war für mich zu verstehen, warum in Südtirol dann Deutsch gesprochen wird. Heute weiß ich es natürlich, aber damals machte mich diese deutschsprachige Region mit einem österreichischen Namen, die Teil Italiens ist, neugierig. So begann ich schon sehr früh, mich mit Südtirol zu beschäftigen, auch wenn bis zur ersten Reise dorthin noch einige Jahre vergehen sollten.

Nicht nur wegen der **fehlenden Sprachbarriere** ist Südtirol besonders bei deutschen Touristen äußerst beliebt. Die Region liegt verkehrsgünstig südlich von Österreich und wird von der berühmten Brennerautobahn zerschnitten. Südtirol steht zudem für Wanderungen in den bis zu 3900 m hohen Bergen, die von so berühmten Tälern wie dem Pustertal, dem Etschtal oder dem Vinschgau voneinander getrennt werden und zum Teil zu den Dolomiten gehören, die seit 2009 zum Weltnaturerbe der UNESCO zählen.

Doch nicht nur die Natur und der Ausblick locken in die **nördlichste Provinz Italiens.** Auch Kulturbegeisterte kommen voll auf ihre Kosten. Zahlreiche **Burgen** und **Kastelle** sind über ganz Südtirol verstreut und lassen sich besichtigen, während sich unterhalb dieser Festungen **idyllische Dörfer** befinden oder sich ganze Städte ausbreiten. Die schönsten von ihnen sind **Bruneck** im Pustertal, die Bischofsstadt **Brixen,** das mondäne **Meran** und natürlich **Bozen.** Schmucke Hausbemalungen, schmale Gassen und Restaurants mit typischen Südtiroler Spezialitäten lassen selbst die größte Stadt gemütlich erscheinen und bieten die Möglichkeit für wunderbare Stadtrundgänge.

Bozen ist aber nicht nur **Hauptstadt von Südtirol,** sondern auch das geografische Zentrum der Region. Südlich der Stadt erreicht man über die **Südtiroler Weinstraße** den Kalterer See sowie viele kleine Ortschaften, die vom Weinanbau geprägt sind. Nach Nordwesten gelangt man in das **Vinschgau,** das an eines der größten Naturschutzgebiete Europas, den Nationalpark Stilfserjoch, angrenzt. Besonders berühmt ist das Tal aber auch durch einen schlichten Kirchturm, der mitten aus einem See ragt. Nordöstlich von Bozen gelangt man in das **Grödner Tal,** welches für Holzhandwerkskunst steht und zahlreiche prominente Südtiroler hervorgebracht hat.

Alle in diesem Tourguide erwähnten Täler sind sehr leicht mit einem Wohnmobil zu bereisen, verfügen über eine **gute Infrastruktur** und bieten außerdem noch zahlreiche Radwege entlang der dortigen Flüsse sowie Wan-

217st-mm

Die Wanderschuhe sollte man bei der Vielzahl an möglichen Zielen auf keinen Fall vergessen

derwege, die auf die schönsten Gipfel führen und einen imposanten Ausblick bieten.

In der Nähe hat Südtirol aber noch einen weiteren Pluspunkt: Nicht weit von der Sprachgrenze zu Italien entfernt erstreckt sich auf einer Länge von rund 60 Kilometern zwischen der Lombardei und Venetien der **Gardasee.** Doch auch hier muss man sich keine Sorgen wegen der Verständigung machen. Deutsch wird meist verstanden und selbst der Kauf einer deutschen Tageszeitung bereitet hier keine Schwierigkeiten.

Im Norden von bis zu 2000 m hohen Bergen umgeben, erstreckt sich das Gewässer mit seinen zahlreichen Campingplätzen und Badeorten im Süden bis in eine Ebene, in der sich nicht weit entfernt die Stadt **Verona** befindet. Dort, wo Romeo und Julia in einem dramatischen Akt ihr Leben beendeten, beende ich das Vorwort zu diesem Reiseführer, welcher eine wundervolle Landschaft beschreibt.

Und wer nun glaubt, auf dieser Reise keine Sprachkenntnisse erwerben zu können, der irrt: In Südtirol wird auch noch **Ladinisch** gesprochen.

Ich wünsche Ihnen eine gute Reise, viele schöne Wanderungen, bestes Wetter und zahlreiche schöne Erlebnisse in den Tälern, auf den Bergen und am Gardasee. In diesem Sinne: Willkommen in Südtirol, Benvenuti und Bënunì!

Ihr Michael Moll

Blick vom Dorf Tirol (s. S. 192) auf die Brunnenburg

218st-mm

HINWEISE ZUR BENUTZUNG

GPS-KOORDINATEN

Alle GPS-Daten in diesem Buch sind als **geografische Koordinaten** (Breite/Länge; Lat./Lon.) in Dezimalgrad (hddd.dddd) angegeben, also z. B. 46.88295, 11.40787. Die erste Angabe zeigt den Wert für die nördliche Breite (° N), die zweite den für die östliche Länge (° O) an. Alle modernen GPS-Geräte akzeptieren die Schreibung als Dezimalgrad, gegebenenfalls muss das Eingabeformat in den Einstellungen des Gerätes aber erst ausgewählt werden. Einige Geräte verlangen möglicherweise statt des Punktes ein Komma als Trennzeichen.

Das **Kartendatum** ist WGS84.

Umrechnung der Koordinaten

Wenn Sie die GPS-Angaben **von Dezimalgrad in Dezimalminuten** (dd° mm,mmm') umrechnen müssen, so beachten Sie bitte, dass ein Grad 60 (nicht 100!) Minuten hat. Die Angaben in Dezimalgrad können daher nicht einfach durch Kommaverschiebung in Dezimalminuten umgewandelt werden! 46.88295° N sind nicht 46° 88,295'N, sondern 46° 52.977'N. Wer dies nicht beachtet, erhält beträchtliche Fehler. Ein Datenkonverter wie z. B. www.geoplaner.de erleichtert die Umrechnung beträchtlich.

Nutzung der GPS-Koordinaten

Wer ein GPS-Gerät oder Navigationssystem benutzt, das Koordinaten-Eingaben akzeptiert, der kann sich direkt zu den jeweiligen Punkten führen lassen. Praktisch alle GPS-Handgeräte bieten diese Möglichkeit, während manche Navigationssysteme nur Eingaben von Adressen akzeptieren – und Park- oder Stellplätze haben nicht immer eine Adresse.

Einige **Internet-Kartendienste oder Routenplaner** wie GoogleMaps™ (http://google.de/maps) zeigen nach Eingabe der geografischen Daten den gesuchten Punkt an, auf Wunsch mit Satellitenansicht und an vielen Stellen mit StreetView-Funktion.

Koordinaten zum Download

Die **GPS-Koordinaten der Stell- und Campingplätze im Buch** können auf der Verlags-Website www.reise-know-how.de von der Artikelseite dieses Buches als Waypoint-Liste heruntergeladen werden.

Benötigt Ihr Gerät ein **anderes Datenformat als kml oder gpx,** kann die Umrechnung beispielsweise unter www.routeconverter.de oder www.gpsvisualizer.com erfolgen.

SERVICE FÜR MOBILGERÄTE

Durch Einscannen des QR-Codes auf dem Umschlag bzw. die Eingabe der Internet-Adresse **www.reise-know-how.de/womo/suedtirol24** wird ein für den mobilen Einsatz optimierter Internet-Dienst aufgerufen. Damit kann die Lage der Stell- und Campingplätze auf einer Karte und die Route dorthin angezeigt werden. Außerdem können darüber Updates nach Redaktionsschluss aufgerufen werden.

Voraussetzung ist eine Datenverbindung über das Mobilfunknetz oder WLAN.

STELL- UND CAMPINGPLÄTZE

In diesem Wohnmobil-Tourguide wird eine breite Auswahl der in der Region verfügbaren Stell- und Campingplätze mit allen wichtigen Angaben beschrieben. Darüber hinaus listen einschlägige Apps und Stellplatzführer weitere Übernachtungsmöglichkeiten auf. Die Nichterwähnung in unserem Buch bedeutet nicht, dass ein Platz nicht mehr existiert oder eine geringe Qualität aufweist.

ZEICHENERKLÄRUNG

STELL-/CAMPINGPLATZSYMBOLE

1	offizieller Stellplatz mit Womo-Services
1	Campingplatz
P 123	ausgewiesener Parkplatz
123	Picknickstelle
S 123	sonstiger Stellplatz
123	Wanderparkplatz

SERVICE-SYMBOLE STELL- UND CAMPINGPLÄTZE

- Stromanschluss
- Wasserversorgung
- Grauwasser-Entsorgung
- Chemie-WC-Entsorgung
- Toilette
- Dusche
- WLAN
- Haustiere erlaubt

SYMBOLE IN DEN KARTEN

- Bibliothek
- Brunnen
- Denkmal
- Friedhof
- Informationsstelle
- Kirche
- Krankenhaus, Arzt
- Museum
- Parkplatz
- Polizei
- Post
- Rundblick
- Schloss
- Schwimmbad, Therme
- Sehenswürdigkeit
- Sonstiges
- Synagoge
- Theater
- Weinberg
- 999 Seitenzahl der Ortsbeschreibung im Buch

Leichte Orientierung mit dem cleveren Nummernsystem

Die offiziellen Stell- und Campingplätze sind im Text und im Kartenmaterial mit derselben magentafarbenen bzw. blauen ovalen Nummer 1 1 markiert. Eine Liste dieser Stell- und Campingplätze befindet sich auf Seite 236.

Parkplätzen, Picknickstellen und sonstigen Stellplätzen sind ein Symbol und eine fortlaufende rote Nummer vorangestellt wie z. B. P 123.

Die Lage der auf diese Weise markierten Orte kann zusätzlich mithilfe der zu diesem Buch bereitgestellten Web-App auf einer Online-Karte angezeigt werden (s. Umschlag-Rückseite).

Streckenangaben im Text (35 km – km 110)

Die erste Angabe nennt die Entfernung vom vorhergehenden Punkt in der Routenbeschreibung. Die zweite Angabe ist die Gesamtentfernung vom Beginn der Route an.

PREISKATEGORIEN

Die Preiskategorien der Camping- und Stellplätze beziehen sich auf den Durchschnittswert für ein Fahrzeug inkl. zwei Personen in der Hauptsaison.

€	bis 15 €
€€	15–25 €
€€€	25–35 €
€€€€	35–45 €
€€€€€	über 45 €

PRAKTISCHE REISETIPPS A–Z

003st-mm

ANREISE

Die in diesem Buch beschriebene Rundfahrt beginnt am **Brennerpass** und endet weiter westlich am **Reschenpass.** Selbstverständlich kann man die Strecke auch in umgekehrter Reihenfolge abfahren. Ich habe mich bei der Erstellung der Route für diese Variante entschieden, um später am Gardasee direkt an der Uferseite fahren zu können, ansonsten bieten beide Passübergänge jedoch keine nennenswerten Vor- oder Nachteile. Leser aus dem südöstlichen Österreich werden wahrscheinlich den Grenzübergang zwischen Silian und San Candido wählen. Ihnen empfehle ich als Einstieg mit Route 2 zu beginnen und Route 1 zum Schluss zu fahren.

BRENNERPASS

Eigentlich ist der Brennerpass nur rund 50 Kilometer Luftlinie von Deutschland entfernt, trotzdem muss man auf dem Weg dorthin Österreich durchqueren – zugegebenermaßen jedoch an der engsten Stelle des Landes. **Reisenden aus Bayern und der östlichen Bundesrepublik** empfehle ich die **Fahrt über München.** Allerdings führt die Münchner Ringautobahn (A99) nicht ganz um die bayerische Hauptstadt herum: Ausgerechnet auf die A95, die weiter in Richtung Süden führt, trifft sie nicht.

Dennoch ist die Fahrt über die A99 Richtung Germering sinnvoll, dort wechselt man auf die A96 Richtung München-Zentrum. In München-Laim (Ausfahrt 38) fährt man ab, hält sich rechts und trifft drei Kilometer später auf die A95 (Richtung Wolfratshausen, Starnberg, Garmisch-Partenkirchen). Das Ende der Autobahn mündet in die B2 und verläuft über Garmisch-Partenkirchen und Mittenwald bis zur deutsch-österreichischen Grenze.

Auf österreichischer Seite heißt es nun, der Landstraße B177 über Seefeld in Richtung Innsbruck zu folgen.

Achtung: Die **Notfallspuren** hinter Reith bei Seefeld haben ihre Berechtigung. Hier ist es notfalls erforderlich, einen oder auch zwei Gänge herunterzuschalten oder in der 180°-Linkskurve am Restaurant zu pausieren, um die **Bremsen abkühlen zu lassen.** Nach diesem Restaurant kommt keine Notfallspur mehr.

Ab Zirl ist nun zu überlegen, ob man die Autobahn nutzen oder lieber über Landstraßen bis zum Brennerpass fahren möchte (weitere Informationen s. S. 42). Um die **Autobahn** zu nutzen, fährt man hinter Zirl auf der sogenannten Inntalautobahn (A12) bis Innsbruck und am Knoten Innsbruck auf die Brennerautobahn (A13). Diese führt automatisch und stetig ansteigend bis zum Brennerpass bzw. zur österreichisch-italienischen Grenze.

Wer die Mautgebühr sparen möchte, wird rund eine halbe Stunde länger brauchen, es aber über die **Landstraße** auch problemlos nach Italien schaffen. Mit einem modernen Wohnmobil und der entsprechenden Motorisierung ist der Pass problemlos zu bewältigen. Hierfür ist es notwendig, hinter Zirl von der B177 auf die B171 zu wechseln. Hinter dem Innsbrucker Flughafen biegt man dann in die Bachlechnerstraße (B174) ein und folgt dieser bis zur Abzweigung der B182, womit man auf dem direkten Weg nach Süden ist.

Wer aus dem **Westen bzw. Norden Deutschlands** anreist, wird für gewöhnlich die längste deutsche Autobahn, nämlich die A7, bis zu ihrem südlichen Ende fahren. Sie mündet in einen Tunnel, in dem man die Grenze zu Österreich überquert. Besonders an Tagen mit hohem Reiseaufkommen, zum Beispiel vor dem Pfingstwochenende, kann es hier zur sogenannten Blockabfertigung kommen. Dabei muss man vor dem Tunnel **teils erhebliche Wartezeiten** in Kauf nehmen.

Anschließend geht es weiter auf der B179 über Reutte und den Fernpass bis Telfs. Dort besteht nun ebenfalls die Möglichkeit, auf die A12 aufzufahren oder auf die Landstraße B171 zu wechseln und wie oben beschrieben weiterzufahren. Ab hier beträgt die Zeitersparnis auf der Autobahn gegenüber der Landstraße rund eine Dreiviertelstunde – immer vorausgesetzt, es gibt keine Verkehrsstörung, die natürlich auf beiden Fernstraßen entstehen kann.

1 Stellplatz Alpencamp am Wank, Garmisch-Partenkirchen

GPS 47.504468, 11.106631
Großer und ruhiger Stellplatz mit Sanitärgebäude und WLAN oberhalb von Garmisch-Partenkirchen, am Fuße des Wank. **Lage/Anfahrt:** Auf der B2 am Nordrand von Garmisch links auf die Münchner Straße und sofort wieder links den Weg hinauf. **Platzanzahl:** 80; **Untergrund:** Asphalt; **Sicherheit:** beleuchtet; **Preiskat.:** €€€; **Geöffnet:** ganzjährig; **Kontakt:** D-82467 Garmisch-Partenkirchen, Wankbahnstr. 2, Tel. 08221 9677805, www.alpencamp-gap.de

2 Stellplatz Mittenwald

GPS 47.437495, 11.264105
Zentral gelegener Stellplatz am Bahnhof von Mittenwald. **Lage/Anfahrt:** Auf der B2 bis Mittenwald und der Beschilderung zum Stellplatz bzw. zum Bahnhof folgen. **Platzanzahl:** 20; **Untergrund:** Asphalt; **Sicherheit:** Schranke; **Preiskat.:** €€; **Geöffnet:** ganzjährig; **Kontakt:** D-82481 Mittenwald, Albert-Schott-Str. 35

3 Camping Natterer See bei Innsbruck

GPS 47.23787, 11.338749
Ruhiger und sehr komfortabler Platz an einem kleinen See südwestlich von Innsbruck. Haustiere sind in der Hauptsaison nicht erlaubt. Erhält seit Jahren immer wieder Auszeichnungen verschiedener Campingverbände als Europäischer Campingplatz des Jahres und ADAC-Superplatz. **Lage/Anfahrt:** Innsbruck südlich auf der Brennerstraße verlassen (nicht die Autobahn). Am Kreisverkehr bei Natters der Beschilderung zum Natterer See folgen. **Platzanzahl:** 235; **Untergrund:** Wiese; **Sicherheit:** umzäunt, beleuchtet, bewacht; **Preiskat.:** €€€€, Mindestaufenthalt in der Hauptsaison 5 Nächte; **Geöffnet:** Ende April–Ende Oktober; **Kontakt:** A-6161 Natters/Tirol, Natterer See 1, Tel. +43 (0)512 546732, www.natterersee.com

4 Stellplatz Kiefersfelden

GPS 47.612548, 12.18899
Wer noch vor Österreich auf einem Stellplatz nächtigen möchte, sollte Kiefersfelden ansteuern. Duschen und Toiletten können im nahen Freizeitbad genutzt werden. **Platzanzahl:** 16; **Untergrund:** Asphalt; **Sicherheit:** öffentlich zugänglich; **Preiskat.:** €; **Geöffnet:** ganzjährig; **Kontakt:** 83088 Kiefersfelden, Bahnhofstr. 40

5 Camping Hiasenhof, Thiers bei Kufstein

GPS 47.589349, 12.116622
Sehr ruhiger Camping unter freundlicher Führung und mit guter Ausstattung. Der Platz befindet sich gleich hinter der deutsch-österreichischen Grenze am Thiersee. **Lage/Anfahrt:** In Kiefersfelden die Grenze nach Österreich überqueren. Hinter der Autobahnunterführung am Kreisverkehr rechts halten, als ob man auf die Autobahn nach Deutschland zurück will, allerdings vor der Auffahrt sofort wieder links über den Thierberg fahren. In Thiersee links halten und der Beschilderung folgen. **Platzanzahl:** 100; **Untergrund:** Wiese; **Sicherheit:** umzäunt, bewacht, beleuchtet; **Preiskat.:** €€; **Geöffnet:** ganzjährig; **Kontakt:** A-6335 Thiersee, Seebauern 2–3, Tel. +43 (0)5376 5252, www.hiasenhof-thiersee.at

RESCHENPASS

Reisende aus dem Norden oder dem Westen Deutschlands haben die Möglichkeit, über den Reschenpass anzureisen und die Routenvorschläge in diesem Buch rückwärts anzugehen. Für Urlauber aus Bayern oder dem Osten Deutschlands ist die Fahrt über

150st-mm

den Brennerpass jedoch empfehlenswerter. Den Reschenpass erreicht man idealerweise über die deutsche A7 und die anschließende Landstraße B179, die über den Fernpass führt. Auf südlicher Seite des Fernpasses folgt man der B189 bis Imst. Dort erfolgt ein Wechsel auf die B171 Richtung Landeck, von wo man ihr zum Reschenpass folgt.

Achtung! Wer vor Zams abkürzen und auf der B180 den Landeck-Tunnel nutzen möchte, benötigt eine **Vignette,** da diese Strecke als Autobahntunnel deklariert ist. Aufgrund häufiger Kontrollen in diesem Bereich sollte man hier einen großen Teil seiner Urlaubskasse nicht riskieren.

Einer der leichtesten Passübergänge der Alpen ist der Reschenpass

6 Wohnmobilplatz Füssen

GPS 47.58224, 10.701413

Großer Wohnmobilplatz am Nordrand von Füssen mit Brötchenservice, Café und WLAN. Durchgehend geöffnetes Sanitärgebäude. **Lage/Anfahrt:** In Füssen auf der B16 Richtung Norden, am Kreisverkehr links. Anschließend wieder links in die Abt-Hafner-Straße. Die Einfahrt ist beim nächsten Kreisverkehr. Am Anfang der Straße ist ein weiterer kleiner Stellplatz. **Platzanzahl:** 130; **Untergrund:** Asphalt; **Sicherheit:** bewacht, beleuchtet; **Preiskat.:** €€; **Geöffnet:** ganzjährig; **Kontakt:** D-87629 Füssen, Abt-Hafner-Str. 9, Tel. 08362 940104, www.wohnmobilplatz-fuessen.de

7 Wohnmobilstellplatz Pfronten

GPS 47.598169, 10.552201

Moderner und freundlicher Womo-Stellplatz. Als kleiner Abstecher von der eigentlichen Reiseroute empfiehlt sich die Fahrt in das westlich gelegene Pfronten. **Lage/Anfahrt:** Ab Füssen über die B310 bis Pfronten-Weißbach. An der B309 nach rechts, kurz vor Ortsausgang wieder rechts. **Platzanzahl:** 44; **Untergrund:** Asphalt; **Sicherheit:** beleuchtet; **Preiskat.:** €€; **Geöffnet:** ganzjährig; **Kontakt:** 87459 Pfronten, Am Wiesele 7, Tel. 08363 6437, www.wohnmobilstellplatz-pfronten.de

8 Camping Riffler, Landeck

GPS 47.142453, 10.561793

Kleiner Campingplatz am Ufer der Sanna, wenige Schritte vom Zentrum Landecks. **Lage/Anfahrt:** Nach Überquerung der Brücke in Landeck auf der B171 am Kreisverkehr rechts halten. Nach einer Linkskurve liegt der Platz auf der rechten Seite. **Platzanzahl:** 40; **Untergrund:** Wiese; **Sicherheit:** umzäunt, beleuchtet, bewacht; **Preiskat.:** €€€; **Geöffnet:** ganzjährig; **Kontakt:** A-6500 Landeck/Tirol, Bruggfeldstr. 2, Tel. +43 (0)5442 64898, www.camping-riffler.at

MAUT

Mautstraßen werden oft als Abzocke bezeichnet und gerne umfahren und es mag tatsächlich Fälle geben, in denen man sich fragt, welche Gegenleistung man für seinen Mautbetrag erhält. Dennoch darf man nicht vergessen, dass der Bau und der Unterhalt einer Autobahn oder Schnellstraße enorme Kosten verursachen. Mit den Angaben in diesem Buch kann man bis Verona und wieder zurück nach Deutschland fahren, ohne einen Cent an Straßengebühr entrichten zu müssen. Trotzdem kann es vorkommen, dass man lieber auf eine Mautstraße ausweichen möchte, sei es, weil man es eilig hat, es zu Stauungen auf den kostenfreien Straßen kommt, man einfach keine Lust mehr hat, auf den kleineren Straßen zu fahren, oder schlicht, weil die österreichischen Behörden Stau-Ausweichrouten sperren. Mit dieser umstrittenen Maßnahme will man den überregionalen Verkehr, also beispielsweise Reisende auf dem Weg nach Südtirol, auch im Falle eines Staus auf den Hauptrouten halten. Für diese Fälle sind die folgenden Angaben wichtig.

Maut in Österreich

Grundsätzlich sind Autobahnen und Schnellstraßen im gesamten Gebiet der Bundesrepublik Österreich mautpflichtig, sofern sie dementsprechend gekennzeichnet sind. Für Anreisende aus Deutschland betrifft dies zunächst einmal nur die A12 **(Inntalautobahn).** Für das Befahren einer mautpflichtigen Autobahn mit einem Fahrzeug bis zu 3,5 Tonnen wird eine Vignette benötigt. Diese ist an allen Tankstellen Österreichs und auch kurz vor der Grenze sowie beim ADAC und beim österreichischen Pendant, dem ÖAMTC, erhältlich. Diese **Pickerl** genannte Vignette ist in mehreren Varianten erhältlich: 96,40 € für die Jahresvignette, 28,90 € für eine Zwei-Monats-Vignette, 11,50 € für eine 10-Tages-Vignette und 8,60 € für eine 1-Tages-Vignette. Letztere lohnt sich jedoch nur für die Durchfahrt. Wer nur eine Woche in Südtirol beibt und auf dem Rückweg abermals durch Österreich reist, sollte lieber zur 10-Tages-Vignette greifen (Stand Anfang 2024). Für Wohnwagen wird keine besondere Vignette benötigt. Gültig ist das Pickerl immer ab bzw. an dem gelochten Datum.

Seit 2018 existiert eine Video-Vignette, die online bzw. via App bezahlt werden kann und kein Bekleben der Windschutzscheibe mehr erfordert. Erhältlich ist sie zu den gleichen Bedingungen und Preisen wie die Klebevignette auf der Website bzw. in der App der Autobahnen- und Schnellstraßen-Finanzierungs-Aktiengesellschaft, kurz ASFINAG (www.asfinag.at). Ob die im Jahr 2024 eingeführte Tagesvignette ebenfalls ditigal verfügbar sein wird, war bei Drucklegung noch nicht bekannt.

Ohne Vignette sollten Sie niemals eine mautpflichtige Straße befahren. Im günstigsten Fall müssen Sie „nur" 120 € für eine Ersatzmaut entrichten. Können oder wollen Sie vor Ort nicht bezahlen, so wird eine **Anzeige** erstattet, die eine Strafe zwischen 300 und 3000 € nach sich zieht. Achten Sie besonders auf **Raststätten** und **Autobahnparkplätze,** die auch von mautbefreiten Straßen erreichbar sind. Diese zählen zur Autobahn und sind deshalb vignettenpflichtig und wie

256st©photo 5000, stock.adobe.com

bereits erwähnt, ist auch der **Landeck-Tunnel** bei Zams vignettenpflichtig.

Die **Brennerautobahn** (A13) von Innsbruck bis zum Brennerpass ist hingegen vignetten-, aber nicht mautfrei. Hier wird die **Mautgebühr** in Höhe von 11€ an einem Zahlhäuschen entrichtet. Es besteht aber auch die Möglichkeit, sich im Vorfeld der Reise eine Videomautkarte zu besorgen (beim ÖAMTC), um eine eigens eingerichtete Abfertigungsspur benutzen zu dürfen. Auf dieser darf jedoch nur maximal mit Tempo 15 km/h gefahren werden.

Komplizierter wird es für Fahrer eines Wohnmobils mit **mehr als 3,5t zulässigem Gesamtgewicht.** Diese fallen nämlich unter die **Lkw-Maut** und benötigen auf allen mautpflichtigen Autobahnen und Fernstraßen eine sogenannte **GO-Box.** Dieses handliche und 100g wiegende Plastikkästchen ist für eine Bearbeitungsgebühr von 5€ in allen 180 **GO-Vertriebsstellen** in Österreich und im grenznahen Ausland erhältlich. Sie wird vom Fahrer an die Windschutzscheibe geklebt und rechnet die gefahrenen Kilometer mittels Mikrowellentechnik ab. Gezahlt werden kann entweder im Voraus (Prepaidkarte mit einem Mindestbetrag von 75€) oder im Nachhinein per Rechnung. Für Letzteres muss man beim Kauf der Box allerdings mindestens eine Debitkarte/ Girocard vorlegen. Die Höhe der GO-Maut ist von der Eingruppierung in eine von vier Emissionsklassen abhängig. Die Preise je Kilometer variieren von 0,21120€ bis 0,34433€ zzgl. 20% Umsatzsteuer. Sparen kann man hier nur mit einem rein elektrisch betriebenen oder mit Wasserstoff angetriebenen Wohnmobil. Dann liegt der Kilometer zwischen 5 und 7 Cent. Aber das ist aktuell natürlich nur Zukunftsmusik. Detailierte Angaben stehen auf der Website www.go-maut.at. Durch Benutzung der GO-Box entfällt die Mautgebühr auf der Brennerautobahn allerdings nicht.

Maut in Italien

Die Routen in diesem Buch sind so angelegt, dass man in Italien keine Mautgebühr bezahlen muss. Unabhängig davon trifft man in Südtirol sowieso nur auf eine mautpflichtige Straße, die berühmte **Brennerautobahn.** Zwischen dem Brennerpass und der Stadt Verona muss die gesamte Autobahnnutzung bezahlt werden. Das System ist hier jedoch wesentlich einfacher als in Österreich, da man **beim Befahren** der Autobahn am Automaten ein Ticket erhält, welches erst **beim Verlassen** der Autobahn bezahlt werden muss. Man sollte unbedingt darauf achten, dass man das Ticket vor dem Verlassen der Autobahn nicht verliert, denn das würde sehr teuer werden.

Für **Motorräder** und **Kfz mit zwei Achsen** fällt für die Strecke zwischen dem Brennerpass und Verona eine Gebühr von 17,10€ an. Fahrer von Kfz mit **zwei Achsen und einer Gesamthöhe über 1,30m** zahlen 17,80€. Bei Fahrzeugen oder Gespannen mit **drei Achsen** (eine Tandemachse zählt wie zwei Achsen) ist eine Gebühr von 23,20€ zu entrichten. Dafür erhält man außerdem an den Autobahnrastplätzen die Möglichkeit, sich kostenlos in das dortige WLAN-Netz einzuloggen.

Eine mautpflichtige Autobahn erkennt man in Italien übrigens an dem grün-weißen Schild, das in seiner Formgebung an die deutschen Autobahnschilder erinnert. Allerdings existiert auch ein blau-weißes Hinweisschild, mit dem jedoch eine „strada extraurbana principale" gemeint ist – also eine außerstädtische Hauptstraße. Diese Straßen sind in der Regel nicht mautpflichtig.

DIPLOMATISCHE VERTRETUNGEN

ITALIENISCHE BOTSCHAFTEN

- **Deutschland:** Hiroshimastr. 1, 10785 Berlin, Tel. +49 (0)30 254400, https://ambberlino.esteri.it
- **Österreich:** Rennweg 27, 1030 Wien, Tel. +43 (0)1 7125121, https://ambvienna.esteri.it
- **Schweiz:** Elfenstr. 14, 3006 Bern, Tel. +41 (0)31 3500777, https://ambberna.esteri.it

VERTRETUNGEN IN ITALIEN

Deutsche Vertretungen

- **Botschaft der Bundesrepublik Deutschland,** Via San Martino della Battaglia 4, 00185 Rom, Tel. +39 0649213205, www.rom.diplo.de
- **Generalkonsulat,** Via Solferino 40, 20121 Mailand, Tel. +39 026231101, www.mailand.diplo.de
- **Honorarkonsul,** Dr. Gerhard Brandstätter, Dr.-Streiter-Gasse 12, 39100 Bozen, Tel. +39 0471972118

Österreichische Vertretungen

- **Botschaft der Bundesrepublik Österreich,** Via Pergolesi 3, 00198 Rom, Tel. +39 068440141, www.bmeia.gv.at
- **Generalkonsulat,** Piazza del Liberty 8/4, 20121 Mailand, Tel. +39 02783743, mailand-gk@bmeia.gv.at

Schweizer Vertretungen

- **Botschaft der Schweiz,** Via Barnaba Oriani 61, 00197 Rom, Tel. +39 06809571, www.eda.admin.ch/roma

Wenn man die Vignettenpflicht nicht beachtet, wird es richtig teuer

EINKAUFEN

Liberale Geschäftsöffnungszeiten sind in Italien – und somit auch in Südtirol – schon lange an der Tagesordnung. So kann man spätabends noch in den Supermarkt oder sich schon sehr früh beim kleinen Obsthändler an der Ecke mit Vitaminen eindecken. Doch darf man sich auch nicht wundern, wenn gegen **Mittag** die Geschäfte für zwei bis drei Stunden **geschlossen** sind. Die Öffnungszeiten sind von Ort zu Ort unterschiedlich. In der Regel haben aber die Läden in den **Touristenorten,** und insbesondere natürlich die Souvenirshops, durchgehend geöffnet. Auch in großen Supermärkten und an Tankstellen wird man durchgehend Waren erhalten können. Empfehlenswert sind aber natürlich die kleineren Händler, die meist **regionale Produkte** anbieten, von denen man unbedingt probiert haben sollte.

007st-mm

Käse oder „formaggio"? Hauptsache, es schmeckt!

Törggelen

Auch der Herbst hat in Südtirol seinen Reiz, besonders für den Gaumen. Ein ***rustikaler Brauch*** *ist das Törggelen, das in der Zeit zwischen Oktober und Mitte November stattfindet. Es handelt sich dabei um ein kleines Fest nach der Zeit des Weinpressens, zu dem jeder eingeladen wird, der an der Herstellung des Weines beteiligt ist. Daher rührt auch der Name, der sich vom lateinischen Wort für Drehen, „torquere", ableitet, womit das Drehen der Weinpresse gemeint ist. Zu dem Fest, das nach getaner Arbeit veranstaltet wird, gibt es* ***deftige Hausmannskost*** *in Form von Knödeln, Südtiroler Speck und Kraut. Heute wird das Törggelen nicht mehr ausschließlich als Fest gefeiert, sondern in der entsprechenden Jahreszeit, also nach der Traubenernte, in beinahe jedem Restaurant als Speise angeboten. Guten Appetit.*

LEBENSMITTEL

Wer Lebensmittel von Deutschland nach Italien mitbringt, führt unnötige Last mit sich. Einerseits gibt es in Italien selbstverständlich eine **große Auswahl an Lebensmitteln,** die mit der deutschen Auswahl vergleichbar ist, andererseits sollte man sich seine Nahrung auf einem der vielen Märkte frisch kaufen. Lediglich bei **speziellen Nahrungsmitteln,** wie zum Beispiel **Diabetikerkost,** sollte man auf bewährte Lebensmittel zurückgreifen.

SÜDTIROLER PRODUKTE

Südtirol ist bekannt für seinen Wein, nicht umsonst tragen mehrere Ortschaften südlich von Bozen (Bolzano) den Beinamen „an der Weinstraße". Zahlreiche **Weinsorten,** vom Weißburgunder über den Gewürztraminer (Tramin an der Weinstraße) bis zum Riesling, sind zwischen Eisacktal und Etschtal zu finden. Fast einhundert Weinkellereien in der Region laden ein, einen guten Tropfen zu probieren.

Am besten kauft man lokale Produkte natürlich an Ständen wie diesem

220st-mm

Weinberge sind auch am Gardasee keine Seltenheit, doch hier dominieren trotzdem mehr die **Olivenhaine.** In den *frantoi* („Ölmühlen"), die rund um den See zu finden sind, kann man bei der Herstellung von Olivenöl zuschauen und selbiges natürlich dann auch käuflich erwerben.

Zu guter Letzt sei noch der **Südtiroler Speck** erwähnt, den man in fast jeder Ortschaft bekommen kann. Er ist leicht geräuchert und muss mindestens ein halbes Jahr reifen.

Ölmühlen

- **Calvino Gusto Supremo,** 25080 Padenghe sul Garda, Via Calvino 4, www.calvingusto.it, GPS 45.49837, 10.48968
- **Azienda Agricola e Frantoio Montecroce,** 25015 Desenzano del Garda, Viale Andreis 84, www.frantoiomontecroce.it, GPS 45.46949, 10.52381

EINREISEBESTIMMUNGEN

Bereits seit 1997 gilt für die Einreise nach Österreich und Italien das **Schengener Abkommen,** welches den Grenzübertritt innerhalb der EU regelt. Durch diese Voraussetzung finden keinerlei Grenzkontrollen mehr statt. Doch dies bedeutet nicht, dass keine Dokumente mitgenommen werden müssen. Es kann trotzdem immer nach dem **Personalausweis** gefragt werden und bei einer Einreise mit dem Wohnmobil müssen zudem natürlich der **Fahrzeug-** und der **Führerschein** vorhanden sein. Ein **Nationalitätskennzeichen** ist nicht erforderlich, wenn das Kfz-Kennzeichen mit dem blauen Nationalitätssymbol ausgestattet ist. Als sinnvoll kann sich aber die Mitnahme der **grünen Versicherungskarte** erweisen, die bei der Kfz-Versicherung kostenlos ausgegeben wird. Seit der Flüchtlingskrise 2015 und der Coronakrise ab 2020 muss man immer wieder mit Grenzkontrollen am Brenner und auch an anderen Grenzübergängen rechnen, daher sollte man die politische Lage im Auge behalten.

Die folgenden **Warenmengen** können innerhalb der EU zollfrei ein- und ausgeführt werden: 800 Zigaretten oder 200 Zigarren bzw. 1000 g Schnitttabak, 110 l Bier, 90 l Wein oder 20 l Spirituosen unter 22 Vol.-%, 10 l Spirituosen über 22 Vol.- % sowie 10 kg Kaffee.

FESTE UND FEIERTAGE

Die gesetzlichen Feiertage in Italien bzw. in Südtirol weichen ein wenig von denen in Deutschland ab. Als **arbeitsfrei** gelten der 1. und der 6. Januar, Ostermontag (nicht Karfreitag), der 25. April (Tag der Befreiung Italiens), der 1. Mai, Pfingstmontag, der 2. Juni (Tag der Republik Italien), 15. August (Mariä Himmelfahrt), 1. November (Allerheiligen), 8. Dezember (Mariä Empfängnis), Weihnachten (25. Dezember) sowie der Stephanstag am 26. Dezember. Des Weiteren gibt es Feiertage, die nicht gesetzlich geregelt sind, an denen man aber dennoch vor verschlossenen Türen steht. Hierzu zählen zum Beispiel Silvester oder auch der Faschingsdienstag. Zudem gibt es kleinere Regionen, in denen es vereinzelt zu **lokalen Feierlichkeiten** kommen kann.

Bei der Fahrt durch **Österreich** ist zu beachten, dass es dort zusätzlich noch folgende Feiertage gibt: Karfreitag, Christi Himmelfahrt sowie Fronleichnam. Und anstatt der beiden italienischen Gedenktage begeht Österreich seinen Nationalfeiertag am 26. Oktober.

FLORA UND FAUNA

Die Flora Südtirols ist aufgrund der **südlichen Alpenrandlage** je nach Gegend sehr unterschiedlich. In den Tälern rund um Meran und im Bozener Becken ist der **mediterrane Einfluss** bereits deutlich zu spüren. Zypressen, Zitronenbäume und zwischendurch auch mal Palmen sind zu sehen. Diese Lage und das Klima, besonders im Etschtal südlich von Bozen, hat sich jedoch auch der Mensch zunutze gemacht. Fast das komplette Bozener

Becken wird landwirtschaftlich genutzt und ist mit Obst- und Weinfeldern überzogen.

In **höheren Lagen** trifft man vermehrt auf Nadelgehölz, wobei sich das Bild nach Süden hin zu Mischwäldern wandelt. Dort werden Fichten und Tannen von Birken, Buchen und Eichen abgelöst. Kurz vor der Baumgrenze erscheinen schließlich Lärchen und Kiefern, die von Bergwiesen umrahmt werden. Bei einer Wanderung in den Höhenlagen kann man außerdem zahlreiche Alpenblumen wie Enzian und Edelweiß sehen und gelegentlich trifft man auch auf ein Murmeltier, das zusammen mit Gämsen und Steinböcken die Alpenregion bewohnt, während Steinadler in den kargen Felsen der Dolomiten nisten.

GASVERSORGUNG

Wer mit einem Wohnmobil reist, das mit **zwei gefüllten 11-kg-Gasflaschen** ausgestattet ist (graue Flaschen), der kommt im Normalfall damit problemlos durch den gesamten Urlaub. Es kann damit sogar einige Nächte geheizt werden, falls einem in der Nebensaison in den hohen Bergen zu kühl sein sollte.

Geht das Gas während des Italienurlaubs doch zur Neige, sollte man auf jeden Fall einen **Adapter** mit sich führen, da die Anschlüsse der italienischen Gasflaschen nicht an die in Deutschland und Österreich üblichen Druckregler passen. Manche Campingplätze bieten den Umtausch oder auch das Auffüllen der Gasflaschen an, andere Plätze haben wiederum sogenannte Komfortstellplätze inkl. Strom-, TV-, Wasser- und Gasanschluss. Berücksichtigen sollte man bei seiner Planung jedoch, dass Gas in Italien wesentlich teurer ist als in Deutschland.

Eine andere Möglichkeit ist der Kauf von sogenannten **Selbsttankflaschen.** Diese haben ebenfalls ein Volumen von 11 kg und können an jeder Autogastankstelle problemlos gefüllt werden. Allerdings dürfte sich die Anschaffung dieser Flasche für eine einzige Reise nicht lohnen, da der Preis bei über 200 € liegt und der Behälter alle zehn Jahre vom TÜV für weitere 90 € überprüft werden muss. Sinnvoller scheinen hier die Womos mit einem fest eingebauten Gastank, der ebenfalls an den Gastankstellen gefüllt werden kann. Eine Liste von entsprechenden **Autogastankstellen** in Europa findet man unter www.gas-tankstellen.de.

GELD

Italien und auch Österreich gehören beide zur **Eurozone** und man lernt hier die Vorteile der europäischen Währung schätzen, da der früher übliche Umtausch in Lira oder Schilling entfällt.

Innerhalb Europas kann man mit der **Debitkarte** (in Deutschland auch als **Girocard** bekannt) problemlos zahlen und am Automaten Geld abheben. Debitkarten mit Maestro-Funktion sind noch bis zu ihrem Laufzeitende gültig, werden aber seit Juli 2023 sukzessive gegen sogenannte Mastercard-Debit-Karten ausgetauscht, mit denen man ebenfalls im Ausland zahlen und Geld abheben kann. **Kreditkarten** sind auch ein gängiges Zahlungsmittel. Unter Umständen fallen für Auslandszahlungen Gebühren an. Man sollte sich bei der jeweiligen Bank oder beim Kreditkarteninstitut über die Kosten informieren.

Auch das **kontaktlose Bezahlen mittels Smartphone** ist mittlerweile weit verbreitet. Für das Bezahlen von Kleinbeträgen sollte man aber vorsichtshalber **Bargeld** dabeihaben, da manche Geschäftsinhaber die Kartenzahlung erst ab einer Mindestsumme akzeptieren. Das Netz der **Geldautomaten** ist auch in Italien engmaschig und die Benutzerführung an den italienischen Automaten ist meist auch auf Deutsch verfügbar – in Südtirol sowieso.

Für das **Geldabheben** im EU-Ausland gelten die gleichen Konditionen wie in Deutschland. Wie hoch die Kosten sind, hängt von der eigenen Bank ab und sollte vor der Reise erfragt werden. Es kann jedoch vorkommen, dass Geldautomatenbetreiber im jeweiligen Land zusätzliche Gebühren erheben. Die Höhe der Kosten muss am Automaten vor der Bestätigung der Abhebung angezeigt werden.

Weinberge und Obstwiesen sind aus Südtirol nicht wegzudenken

KARTENSPERRUNG

Bei **Verlust der Debit-/Giro-, Kredit- oder SIM-Karte** gibt es für **Kartensperrungen** eine deutsche Zentralnummer (unbedingt vor der Reise klären, ob die eigene Bank bzw. der jeweilige Mobilfunkanbieter diesem Notrufsystem angeschlossen ist). Aber Achtung: Mit der telefonischen Sperrung sind die Bezahlkarten zwar für die Bezahlung/Geldabhebung mit der PIN gesperrt, nicht jedoch für das **Lastschriftverfahren mit Unterschrift.** Man sollte daher auf jeden Fall den Verlust zusätzlich bei der Polizei **zur Anzeige bringen,** um gegebenenfalls auftretende Ansprüche zurückweisen zu können.

In **Österreich** und der **Schweiz** gibt es keine zentrale Sperrnummer, daher sollten sich Besitzer von in diesen Ländern ausgestellten Debit- oder Kreditkarten vor der Abreise bei ihrem Kreditinstitut über den zuständigen Sperrnotruf informieren.

Generell sollte man sich immer die wichtigsten Daten wie **Kartennummer und Ausstellungsdatum separat notieren,** da diese unter Umständen abgefragt werden.

› **Deutscher Sperrnotruf:** Tel. +49 116116 oder Tel. +49 3040504050

› **Weitere Infos:** www.kartensicherheit.de, www.sperr-notruf.de

GESUNDHEIT

Gesetzlich Versicherte haben bei Vorlage der **Europäischen Krankenversicherungskarte** (EHIC, in der Regel auf der Rückseite der normalen Krankenversicherungskarte aufgedruckt) in Italien Anspruch auf eine medizinische Behandlung. Die Kosten werden in der Höhe, die die Krankenversicherung in Deutschland gewährt hätte, erstattet, allerdings muss man meist in Vorleistung gehen und sollte daher alle **Belege aufbewahren.** Behandlungen bei **Privatärzten** (Zahnärzte praktizieren beispielsweise meist privat) werden dagegen nicht übernommen.

Um das Risiko auszuschließen, auf Kosten sitzenzubleiben, und um einen möglichen Rücktransport zu gewährleisten, empfiehlt sich, eine zusätzliche **Auslandskrankenversicherung** abzuschließen und vor der Behandlung mit dem Arzt zu klären, ob die Versichertenkarte von ihm zur Abrechnung anerkannt wird.

Das **Apothekensystem** in Italien gleicht dem in Deutschland: In jeder Ortschaft findet man welche und wenn eine geschlossen hat, so steht auf einem Aushang, an welche nächstgelegene Apotheke man sich wenden kann.

Ansonsten ist eine **normale Reiseapotheke** mit allen üblichen Medikamenten, Pflastern und Salben für eine Italienreise vollkommen ausreichend. Wer sich vorgenommen hat, in Südtirol zu wandern, und dies sonst nicht gewohnt ist, sollte einige (Blasen-)Pflaster mehr einpacken.

HAUSTIERE

Die Mitführung des **Europäischen Heimtierausweises**, mit dem gängige Impfungen nachgewiesen werden können, ist Pflicht. Gültig ist er jedoch nur, wenn das Tier gleichzeitig eine Kennzeichnung in Form einer **Tätowierung** oder eines **Mikrochips** hat, **entwurmt** und **gegen Tollwut geimpft** ist. Damit wird die Einreise des Haustieres in andere EU-Staaten sehr vereinfacht und stellt kein Problem dar. Lediglich die Höchstzahl an Tieren ist auf fünf pro Person beschränkt. Achtung: Eine Tollwutimpfung muss für die Einreise nach Italien mindestens 20 Tage, für Österreich aber mindestens 30 Tage alt sein, dabei darf sie jedoch nicht länger als 11 bzw. 12 Monate her sein.

Auch die Einreise mit sogenannten **Kampfhunden** ist wieder erleichtert worden. Galt für Italien bis März 2009 noch dieselbe „Rasseliste" wie für die Einreise nach Deutschland, so wird jetzt nur noch ein Register von individuellen Hunden geführt, die durch aggressives Verhalten auffällig wurden. In Österreich gibt es keine einheitliche Rasseliste. Die Regelungen für sogenannte Listenhunde unterscheiden sich je nach Bundesland. Weitere Informationen findet man unter www.oesterreich.gv.at/themen/freizeit_und_strassenverkehr/haustiere/1/2.html.

In Italien gilt eine **generelle Leinenpflicht** und eine **Maulkorbpflicht in öffentlichen Verkehrsmitteln** (Bus, Bahn, Schiff und Seilbahn). Die ständige Mitnahme eines Maulkorbs wird daher dringend empfohlen.

Zu beachten ist, dass Hunde nicht in den **Gardasee** dürfen und es gibt hier auch nur wenige Strandabschnitte, an denen ein Hund angeleint geführt werden darf. Namentlich sind dies die Strände von Salò, Tignale, Tremosine, Nago Torbole, Bardolino, Brenzone, Lazise, Peschiera, Torri del Benaco und Sirmione.

Futter für den Vierbeiner findet man in Italien ohne weitere Probleme, lediglich die Marken unterscheiden sich von denen aus der Heimat, was unter Umständen zu Umstellungsproblemen führen kann.

Auf den meisten **Campingplätzen** (wenn auch nicht generell auf allen) ist die Mitnahme eines Hundes oder einer Katze erlaubt, jedoch gebührenpflichtig.

INFORMATIONEN

ENIT

Der erste Ansprechpartner für Informationen über Italien ist die **Italienische Zentrale für Tourismus,** kurz **ENIT.** Sie gibt Auskunft und Tipps und verschickt auf Anfrage auch Prospektmaterial, von dem man jedoch nicht allzu viele Informationen erwarten sollte, denn dient es vielmehr zur Einstimmung auf den Urlaub. Weitaus informativer sind die Prospekte und Hinweise der **Südtirol Marketing Gesellschaft** (s. S. 23), die sich ausschließlich mit dieser Region befasst.

011st-mm

Hilfreiche Informationsstellen sind überall präsent

In Deutschland

- **ENIT,** Direktion für Deutschland, Österreich und die Schweiz, Schaumainkai 87, 60596 Frankfurt/Main, www.enit.de

In Österreich

- **ENIT,** Mariahilfer Straße 1b/Mezzanin - Top XVI, 1060 Wien, Tel. +43 (0)1 5051639, www.enit.at

IM INTERNET

Im 21. Jh. ist eine Internetpräsenz unabdingbar und daher findet man viele Informationen über Italien auch schon zu Hause am Computer. Auf ihrer deutschsprachigen Webseite erhält man von der **ENIT** zahlreiche Infos über das Land und seine Reiseregionen. Zudem können über die umfangreiche Seite Prospektmaterial angefordert werden. Ebenfalls sehr informativ und benutzerfreundlich ist die Seite der Südtirol Marketing Gesellschaft. Weiterhin gibt es viele **Websites** von Italien- und Südtirolfreunden. Jede Region und fast jede Ortschaft bietet auch eine eigene, meist mehrsprachige Website an:

- **www.enit.de:** Das offizielle Portal des italienischen Tourismusverbandes mit zahlreichen Informationen über die einzelnen Regionen und Städte sowie allgemeinen Reiseinfos, Unterkunftsmöglichkeiten, Verkehrsbestimmungen und einem Formular zur Katalogbestellung
- **www.suedtirol.info:** Die Internetpräsentation der Südtirol Marketing Gesellschaft ist mindestens ebenso informativ wie die Seite der ENIT, bezieht sich aber speziell auf den Bereich Südtirol. Man findet u. a. zahlreiche Reisehinweise, Fotos, Wettervorhersagen und interaktives Kartenmaterial.
- **www.italienforum.info:** Ein privates Forum zu ganz Italien mit weit über 90.000 Beiträgen. Wer detaillierte Fragen hat, erhält hier freundlich und umgehend Informationen und Tipps.
- **www.molls-reiseforum.de:** Der Autor dieses Buches bietet ebenfalls ein Forum zum Austausch von Reiseinformationen an.
- **www.campingsuedtirol.com:** Ausführliche Website der Vereinigung der Campingplatzbetreiber Südtirols (VCS). Sämtliche Campingplätze der Region, die sich dem Verband angeschlossen haben, werden ausführlich vorgestellt. Über eine interaktive Karte kann man sofort die Orte der einzelnen Campingplätze ansteuern, zudem ist die Seite sehr übersichtlich und benutzerfreundlich gestaltet. Aber aufgepasst: Es handelt sich hier natürlich nur um die Plätze in Südtirol, Plätze am Gardasee sind nicht verzeichnet.

IN ITALIEN

Beinahe jeder Ort in Südtirol bzw. im nördlichen Italien hat ein eigenes **Touristenbüro.** Diese sind zwar mit dem Buchstaben „i" gekennzeichnet, können aber dennoch manchmal leicht übersehen werden. Beinahe alle Büros sind gut ausgestattet und bieten kostenlose Prospekte, Informationen und gelegentlich auch einen kostenlosen Internetanschluss, den man zur Recherche nutzen darf. Die Mitarbeiter sprechen in Südtirol durchgehend Deutsch, außerhalb der Provinz aber zumindest Englisch. Zudem befindet sich in Bozen das Büro der **Südtirol Marketing Gesellschaft:**

- **Südtirol Information,** Pfarrplatz 11, 39100 Bozen, Tel. +39 (0) 471094000, www.suedtirol.info

KARTEN

STRASSENKARTEN

Eine Landkarte für die im Buch beschriebenen Regionen ist nicht ganz leicht zu finden. Entweder gibt es Karten für Südtirol oder für die Region rund um den Gardasee, aber selten für beides.

Eine gute Karte stammt aus der Serie world mapping project des **Reise Know-How Verlags.** Die praktische und übersichtliche **Straßenkarte „Italien“** ist speziell für Reisende konzipiert und im Maßstab 1 : 900.000 erhältlich. Sie ist nach neuester Kartografie-Technik erstellt und enthält ein aktuelles Straßenbild. Zudem kann sie komplett oder in Abschnitten auf der Verlagswebsite in digitaler Form heruntergeladen werden.

Außerdem ist im Reise Know-How Verlag auch die **Karte „Italien, Nord“** erhältlich. Die 70x100 cm große Karte deckt den gesamten in diesem Reiseführer beschriebenen Raum und die anderen oberitalienischen Seen in einem Maßstab von 1 : 400.000 ab.

Im Kartenverlag **Kümmerly+Frey** ist die mehrsprachige **Landkarte „Trentino – Südtirol“** erschienen. Sie gilt auch als die offizielle Karte des Touring Club Italiano und hat den Maßstab 1 : 200.000. Zudem deckt sie nicht nur Südtirol ab, sondern reicht auch bis zum südlich gelegenen Venedig. Sie schließt also den Gardasee und Verona mit ein.

DIGITALE KARTEN

Mit einer digitalen Karte auf CD kann man bereits zu Hause am Computer oder auch unterwegs mit dem Laptop die Route planen und verfolgen. Digitale Karten bieten u. a. die Möglichkeit, beliebige Punkte per Adresse oder Koordinaten zu suchen und sie sich auf der Karte anzeigen zu lassen, und sie umfassen oft einen Routenplaner und sogenannte **Points of Interest (POI)** wie z. B. Restaurants, Tankstellen etc.

Die detaillierte Straßenkarte **„City Navigator® Europe NT – Alpen sowie Deutschland und Norditalien“** enthält alle wichtigen Informationen für Reisen in die entsprechenden Länder und ist mit zahlreichen Point of Interests versehen. Sie wurde von Navteq Maps entwickelt und wird von **Garmin** für zahlreiche hauseigene Geräte angeboten. Weitere Informationen auch unter www.garmin.de.

Auch **TomTom** (www.tomtom.com) bietet diverses Kartenmaterial für seine Geräte an, dazu zählt zum Beispiel eine detaillierte Karte für Italien sowie eine Karte für West- und Mitteleuropa. Sämtliche Karten aus dem Hause TomTom werden nach eigenen Angabe alle drei Monate aktualisiert.

Zu guter Letzt natürlich auch noch der Hinweis auf die Benutzung von Onlinekartenmaterial für das Smartphone oder den Tablet-PC. Geräte mit dem Android-Betriebssystem bieten die Möglichkeit, vorab im heimischen WLAN-Netz Kartenkacheln von Google-Maps™ herunterzuladen und auf dem Gerät zu speichern. Diese können dann vor Ort offline genutzt werden.

Wer außerdem ein tragbares GPS-Gerät mit sich führt, der hat die Möglichkeit, sich freies Kartenmaterial von www.openstreetmap.de auf das Gerät zu laden. Dies hilft nicht nur bei Wandertouren im Gebirge, sondern auch bei Spaziergängen durch die Ortschaften.

WANDERKARTEN

Wanderfreunde werden bei der Auswahl der passenden Karte entweder im österreichischen **Kompassverlag** (www.kompass.de) fündig oder kaufen sich die Karten direkt in Italien. Der Kompassverlag bietet beispielsweise ein vierteiliges Kartenset im Maßstab 1 : 50.000 an, das auch GPS-tauglich ist.

Der italienische **Verlag Tabacco** bietet eine Fülle an verschiedenen Wanderkarten im Maßstab 1 : 25.000 an. Hier lohnt sich ein Blick auf die verlagseigene, deutschsprachige Website, die man unter www.tabaccoedit

rice.com findet. Dort kann man sich einen Kartenausschnitt anschauen und erhält auch Informationen über die Bezugsmöglichkeiten der Karten in Deutschland oder Österreich. Alternativ hierzu ist auch die Webseite **www. mapfox.de** empfehlenswert, wo die entsprechenden Karten aus dem Tabacco-Verlag bestellt werden können.

PANNE/UNFALL

Als Wohnmobilist sollte man möglichst einen geeigneten **Werkzeugkoffer** im Fahrzeug mit sich führen, um kleinere Pannen bestenfalls selbst beheben zu können. Auf jeden Fall sollte vor Reiseantritt das Fahrzeug noch einmal gründlich durchgecheckt werden.

Sollte dennoch der Ernstfall eintreten und es muss der Pannendienst gerufen werden, ist eine **ADACplus-Mitgliedschaft** sehr zu empfehlen. Was vielleicht an dieser Stelle wie Werbung klingen mag, sind eigene Erfahrungen, da mir die „gelben Engel" im Ausland tatsächlich schon mehrfach unkompliziert aus der Klemme geholfen haben. Außerdem ist man bei einem Anruf von Italien nach München mit deutschsprachigen Helfern verbunden, die für die Weiterreise sorgen.

Bei einem **Unfall** mit einem italienischen Verkehrsteilnehmer sollten Sie unbedingt Kfz-Nummer, Versicherungsnummer und Versicherungsgesellschaft des Unfallgegners notieren. Letztere stehen auf einem Aufkleber an der Windschutzscheibe. Formblätter für die Unfallaufnahme sind beim ADAC bzw. in Österreich beim ÖAMTC erhältlich. Besser ist es jedoch, direkt die Polizei hinzuzuziehen.

Ansonsten gelten die **üblichen Verhaltensregeln** bei einer Panne oder einem Unfall: Ruhe bewahren, Warnweste anziehen, Unfallstelle absichern, Insassen hinter der Leitplanke warten lassen und bei Personenschaden selbstverständlich Erste Hilfe leisten und den Notarzt benachrichtigen.

Notrufnummern

- **Polizei** (Polizia): Tel. 112
- **Rettungswagen** (Soccorso Pubblico di Emergenza): Tel. 118
- **Feuerwehr** (Vigili del Fuoco): Tel. 115
- **ADAC-Notrufzentrale München:** Tel. +49 (0) 89222222 (24 Std. besetzt, Hilfe bei Panne, Unfall, Diebstahl, Verlust von Papieren, Kreditkarten u. a.)
- **Italienischer Pannendienst ACI:** Tel. 803116 (vom italienischen Festnetz aus kostenlos), Tel. 800116800 (Mobilfunknetz)
- **Schutzbrief-Nothilfe ÖAMTC:** Tel. +43 (0)1 2512000
- **ACS-Pannendienst Schweiz:** Tel. +41 (0)44 6288899

PARKEN UND RASTEN

Schmale Täler, durch die sich malerisch ein Fluss schlängelt, steile Felswände rechts und links der Straße, unterbrochen von Feldern und engen Orten – Bleibt da Platz zum Parken bzw. Rasten? Diese Frage kann eindeutig bejaht werden. **Außerhalb von Ortschaften** gibt es immer wieder mal einen kleinen Parkplatz, manchmal sogar idyllisch gelegen und mit Picknicktischen liebevoll hergerichtet. Leider werden diese Parkplätze oft erst sehr spät oder gar nicht angekündigt, sodass man hier vorausschauend fahren sollte, um nicht abrupt bremsen zu müssen. Bei der Überquerung von Pässen findet man am höchsten Punkt der Straße meist große Parkplätze, an denen man natürlich nicht ohne anzuhalten vorbeifährt.

Schwieriger kann es jedoch **in Ortschaften und Städten** werden, wobei in den meisten Fällen Großparkplätze (oft nur wenige Gehminuten vom Zentrum entfernt) sehr gut ausgeschildert sind. An **touristischen Höhepunkten** trifft man meist auf große Parkplätze, die allerdings kostenpflichtig sind.

Richtig eng, im wahrsten Sinne des Wortes, wird es am **Lago di Garda (Gardasee).** Der See mit seiner Uferstraße kann zwar sehr gut umrundet werden, doch man will ja zwischendurch auch mal anhalten, was besonders in der Hauptsaison mit einem großen Wohnmobil schwierig werden kann. Zwischen den einzelnen Ortschaften findet man kaum Parkgelegenheiten und die wenigen, die es gibt, sind meist sehr klein oder schon belegt. Innerhalb der Ortschaften am Gardasee wird das Parken zudem oft noch durch **Höhenbegrenzungen** unmöglich gemacht.

Insbesondere in den letzten Jahren sind viele **Parkplätze** weggefallen, auf denen zuvor gegen Gebühr sogar noch übernachtet werden durfte. Grund hierfür ist der Campingboom, der vor allen Dingen während und nach der Coronapandemie aufkam und mit zum Overtourism beigetragen hat.

Die sinnvollste Möglichkeit ist daher, direkt einen der unzähligen **Campingplätze** anzusteuern und die Umgebung zu Fuß beziehungsweise die benachbarten Orte mit dem Linienbus oder mit dem Fahrrad zu erkunden.

REISEZEIT

Südtirol kann grundsätzlich das ganze Jahr hindurch bereist werden. Aber natürlich sollte man im Winter ein taugliches Wohnmobil fahren und sich den Wetterbedingungen anpassen. Nicht wenige der Campingplätze in Südtirol haben auch in den **Wintermonaten** geöffnet, was Skiurlaubern natürlich äußerst gelegen kommt. Auch die Weihnachtszeit und der Übergang ins neue Jahr sind dementsprechend eine besonders beliebte Reisezeit. Mitunter kann es sogar passieren, dass die Übernachtungspreise in der „dunklen" Jahreszeit teurer sind als in den Sommermonaten. Am Gardasee ist es im Winter hingegen sehr ruhig. Es sind dort kaum Touristen unterwegs, was jedoch auch dazu führt, dass viele Campingplätze, Restaurants und auch ein Teil der Sehenswürdigkeiten geschlossen haben. Der Lago di Garda wirkt entsprechend ausgestorben, was jedoch für Wanderungen in den Weinbergen auch reizvoll sein kann. Zu beachten ist jedoch, dass es auch am Gardasee empfindlich kalt sein kann.

Parken mit Seeblick ist mit etwas Glück auch am Gardasee möglich, hier an der Via Gardesana

012st-mm

222st-mm

In der **Hochsaison von Juli bis August** ist es genau umgekehrt. Sowohl Südtirol als auch der Gardasee sind zu diesem Zeitpunkt sehr gut besucht. Das führt dazu, dass man Unterkünfte am besten im Voraus reserviert und man viel Geduld mitbringen muss – sei es auf der Uferstraße am See oder in touristischen Ballungszentren wie Verona, Bozen oder dem Pragser Wildsee. In der Tagespresse war sogar schon der Begriff „Overtourism“ zu lesen. Gemeint sind damit von Touristen überfüllte Orte, unter denen die Anwohner, aber auch die Besucher selbst zu leiden haben. Im konkreten Fall ging es um die beliebte Ortschaft Sirmione am Südufer des Gardasees. In diesem Zusammenhang wurde aus Platzgründen sogar ein Fahrradverbot in der Altstadt ausgesprochen.

Sehr zu empfehlen ist eine Reise vom **Spätsommer bis in den Herbst** hinein. Die Preise werden wieder günstiger, der Besucheransturm ist auf ein Normalmaß gesunken und in den Bergen bieten sich wunderbare Wanderungen an. Grundsätzlich gilt dies natürlich auch für den Frühling, doch hier können manche Wanderwege in den oberen Höhenlagen noch verschneit sein.

Schwierig wird es in den kurzen Zeiträumen zwischen Herbst und Winter sowie zwischen dem Winter und Frühling. In dieser **Übergangszeit** haben viele Campingplätze geschlossen und es existiert kaum eine touristische Infrastruktur.

SICHERHEIT

Grundsätzlich kann Italien als **sicheres Reiseland** betrachtet werden und besonders in den idyllischen Tälern Südtirols kann man sich Verbrechen kaum vorstellen. Dennoch sind auch hier die **üblichen Sicherheitsvorkehrungen** zu beachten:

An **Geldautomaten** sollte man auf gefälschte Kartenleser achten. Wertsachen oder Schmuck sollten weder übermäßig in der Öffentlichkeit zur Schau gestellt noch im Auto zurückgelassen werden. Zweiräder am Wohnmobil müssen gesichert sein. Dunkle Gassen sollte man nachts bzw. in der Dunkelheit meiden. Freies Übernachten sollte wohlüberlegt sein und niemals an Autobahnrastplätzen in Erwägung gezogen werden. Es gilt, je abgelegener der Übernachtungsplatz, desto sicherer – aber wahrscheinlich auch desto einsamer.

Die Polizei steht einem im Notfall hilfreich zur Seite

In **Verona** ist es empfehlenswert, auf dem dortigen Campingplatz zu übernachten bzw. auf dem Stellplatz zu parken, von wo aus man dann in aller Ruhe die Stadt besichtigen kann. Auf den anderen Parkplätzen der Stadt ist es bereits häufiger vorgekommen, dass Fahrzeuge aufgebrochen wurden, wie auch der Autor dieses Reiseführers erleben musste. Man sollte hier also unbedingt seine Wertgegenstände aus dem Auto nehmen. Im Schadensfall meldet man einen Diebstahl am besten der Polizei.

Einige wichtige italienische Begriffe

Guten Morgen!	*Buon giorno!*
Guten Tag!	*Buon giornata!*
Auf Wiedersehen!	*Arrivederci!*
ja/nein	*sì/no*
bitte/danke	*per favore/grazie*
geöffnet	*aperto*
geschlossen	*chiuso*
Kirche	*chiesa*
Stunde	*ore*
Toilette	*bagno*
Hilfe	*aiuto*
Polizei	*polizia*
Arzt	*medico*
Zahnarzt	*dentista*
Apotheke	*farmacia*
Krankenhaus	*ospedale*
Montag	*lunedì*
Dienstag	*martedì*
Mittwoch	*mercoledì*
Donnerstag	*giovedì*
Freitag	*venerdì*
Samstag	*sabato*
Sonntag	*domenica*
eins	*uno*
zwei	*due*
drei	*tre*
vier	*quattro*
fünf	*cinque*
sechs	*sei*
sieben	*sette*
acht	*otto*
neun	*nove*
zehn	*dieci*
hundert	*cento*
tausend	*mille*

SPRACHE

In Südtirol ist die Amtssprache neben **Italienisch** auch **Deutsch** und auch am Gardasee wird auf Campingplätzen und in Restaurants oftmals Deutsch verstanden. Ein Italienisch-Sprachkurs vor der Reise lohnt sich daher nicht.

Sämtliche amtlichen **Beschilderungen** sind in Südtirol zweisprachig aufgeführt und manch ein Geschäftsmann hat sogar nur einen deutschen Schriftzug an seinem Laden. Wer aber auf das Erlernen einer Fremdsprache nicht verzichten möchte, der kann sich mit der dritten Amtssprache Südtirols befassen. Hierbei handelt es sich um **Ladinisch,** welches von rund 30.000 Menschen gesprochen wird und damit zu einer europäischen Minderheitensprache gehört. In Bozen wird der Autofahrer zum Beispiel auf den dortigen digitalen Verkehrsschildern zwar in allen drei Sprachen willkommen geheißen, doch trifft man in der Praxis eher selten auf die ladinische Sprache.

In diesem Buch sind alle Ortschaften Südtirols grundsätzlich in der deutschen und mindestens ein Mal in Klammern zusätzlich auch in der italienischen Schreibweise aufgeführt.

STRASSEN

Die Straßenverhältnisse in Italien sind kaum von denen in Deutschland zu unterscheiden. Besonders in Südtirol sind die Straßen, auch in entlegenen Tälern und auf Bergpässen, in **gutem Zustand.** Selbstverständlich sind Bergstraßen kurvenreich und können auch schon mal eng werden, größere Probleme bereiten sie aber selten. Man sollte allerdings bei der Reiseplanung beachten, dass aufgrund der Bergpässe eine Fahrt von A nach

B etwas länger dauern kann, als es auf der Landkarte den Eindruck macht.

Die wichtigste Straße in Südtirol ist natürlich die **Brennerautobahn (A22).** Sie führt von Norden (ab Innsbruck) nach Süden über Bozen und Trient östlich am Gardasee vorbei. Auch die Straße von Bozen in das Vinschgau bis Meran ist autobahnähnlich ausgebaut und zudem kostenfrei. Als Alternative zur kostenpflichtigen Brennerautobahn bietet sich die Strada statale 12 an, die mit einer deutschen Bundes- bzw. Landstraße vergleichbar ist.

STRASSENBEZEICHNUNGEN

Eine **Strada statale (Staatsstraße)** wird immer mit SS abgekürzt und oft fälschlicherweise als Superstrada bezeichnet. Letzteres bezeichnet jedoch eine autobahnähnliche Straße. Das Ziffernsystem entspricht dem in Deutschland: Je kleiner die Zahl, desto wichtiger und besser ausgebaut ist die Straße.

Rund um den Gardasee kann es besonders in der Hauptsaison eng werden. Um den See herum führt in unmittelbarer Nähe zum Ufer eine Straße entlang. Lediglich an der Südseite des Gardasees verläuft sie auch abseits des Ufers und bietet somit keinen Blick auf den See. Die Straße ist zwar in einem guten Zustand, jedoch durchgehend einspurig, sodass es nicht selten zu längeren Staus kommt.

Bis auf den südlichen Gardaseeabschnitt zwischen Peschiera und Salò wird die Straße auch gerne als **Via Gardesana** bezeichnet, wobei sie unterteilt wird in **Gardesana Occidentale** (Westufer von Salò bis Riva del Garda) und **Gardesana Orientale** (Ostufer von Riva del Garda bis Peschiera).

Manche Straßenbezeichnungen werden durch die Wörter „bis" und „dir" ergänzt. „Bis" bedeutet „zusätzlich" und bezeichnet eine Alternativroute, während „dir" für „Direccione" steht und mit dem deutschen Wort Richtung übersetzt wird. Das bedeutet, dass es sich bei der SS47dir um eine Straße handelt, die zur SS47 führt.

Pässe befahren

Sicherheit geht immer vor. Im Straßenverkehr sowieso und erst recht auf steilen Gebirgsstraßen. Ein Wohnmobil darf nicht mit dem Pkw in der Heimat verglichen werden. Dreieinhalb oder gar mehr Tonnen wollen sicher ins Tal gebracht werden und dafür sollte man tunlichst die Motorbremse benutzen und in den kleinsten Gang schalten. Es gilt die Faustregel, dass man bei einer Passabfahrt den Gang einlegt, in dem man den Pass auch hinauffahren würde. Doch zur Sicherheit sollte man lieber noch langsamer fahren und drängelnde Fahrzeuge von hinten getrost ignorieren. Zur Not hält man lieber auch mal an einer etwas übersichtlicheren Stelle an und lässt die anderen überholen. Gleichzeitig können die Bremsen wieder ein wenig abkühlen, die man aber ohnehin so wenig wie möglich einsetzen sollte.

Man nutzt besser die Motorbremse, auch wenn sich der Motor dabei in der Regel sehr gequält anhört.

BESCHILDERUNG

In Südtirol sind sämtliche Verkehrsschilder **zweisprachig** aufgeführt. Oben steht die deutsche Bezeichnung des angekündigten Ortes, während darunter die Ortschaft auf Italienisch aufgeführt ist. Die Zweisprachigkeit **endet** aber abrupt **an der Provinzgrenze Südtirols** und ab dort geht es ausschließlich auf Italienisch weiter.

Weitere Unterschiede zur Beschilderung in Deutschland gibt es bei den Autobahn- und Landstraßen. Während in Deutschland die **Autobahnschilder** blau sind, werden in Italien damit **Landstraßen** angezeigt. Italienische Autobahnschilder sind hingegen grün. **Braune Hinweisschilder** führen wiederum zu touristisch interessanten und sehenswerten Orten.

An manchen **Serpentinen,** die auf einen Pass führen, stehen direkt an den Kurven

Tipps für den Wohnmobiltouristen

- *__Lkw-Verbote__ sollten auch bei Wohnmobilfahrern Berücksichtigung finden, denn schnell stellt sich heraus, dass eine Straße in eine Gasse mündet, in der ein Wenden und Rangieren nicht ohne Weiteres möglich ist.*
- *Wer mit einem __langsamen Fahrzeug__ unterwegs ist und besonders bei Bergpässen den Kopf einer Autoschlange bildet, sollte gelegentlich rechts anhalten und die anderen Fahrzeuge vorbeilassen.*
- *Auch bei Abfahrten von Pässen schadet es nicht, wenn man zwischendurch eine Pause einlegt, um ein __Überhitzen der Bremsen zu vermeiden.__ Selbstverständlich sollte dies aber schon von vornherein durch ein frühzeitiges Herunterschalten verhindert werden.*
- *Italiener __hupen__ oft und gerne. Auf Schnellstraßen dient dies jedoch nicht der Nötigung, sondern vielmehr als Hinweis, dass der Hupende überholen wird. Dies ist eigentlich nicht ungewöhnlich, denn diese Verkehrsregel hat auch in Deutschland Gültigkeit, wird jedoch von deutschen Autofahrern nie angewendet.*
- *Nicht immer findet man mit einem größeren Wohnmobil einen geeigneten __Parkplatz.__ Daher sind manche Parkmöglichkeiten im Buch nicht ganz zentral und mit einem Fußweg verbunden.*

kleine Wegsteine, die mit einer Ziffer angeben, wie viele Kurven noch bis zum Passübergang folgen. Nicht selten werden auch die Höhenmeter angegeben. An Landstraßen existieren ebenfalls **Kilometermarkierungen.** Eine arabische Ziffer gibt die Kilometerzahl an, während eine römische Ziffer die Hunderter-Marke anzeigt.

STROM

In Italien gibt es 230 Volt Wechselstrom, aber es passen nicht alle deutschen Stecker in die italienischen Steckdosen. Unterschieden wird zwischen kleinen und großen Stromabnehmern. Zu den kleinen gehören z. B. Handyladegeräte, zu den großen Stromabnehmern in der Regel Geräte mit den dicken Schutzkontaktsteckern. Letztere passen nicht in alle italienischen Steckdosen, daher ist es notwendig, sich für diese Geräte einen **Adapter (spina di addatamento)** zu besorgen, der in jedem italienischen Elektroladen vorrätig ist.

Die deutschen Stecker unterscheiden sich nur um wenige Millimeter von den italienischen und so scheint es, als ob man mit ein wenig Kraftanstrengung den Stecker einstecken könnte. Bitte dennoch beim Anschließen von Geräten **nicht einfach Gewalt anwenden!** Das Ergebnis ist meistens eine kaputte Steckdose, die nicht nur Geld kostet, sondern auch ein Sicherheitsrisiko darstellt.

Eine **10-m-Kabeltrommel** ist für die Stromsäule auf dem Campingplatz meistens ausreichend, weniger sollten es aber nicht sein. Manche der Plätze haben zu den üblichen dreipoligen **CEE-Steckdosen** auch die **handelsübliche Steckdose** als Alternativangebot.

TANKEN

Die Versorgung mit Benzin oder Diesel ist südlich der Alpen natürlich **kein Problem.** In jeder größeren italienischen Ortschaft befindet sich mindestens eine Tankstelle, doch **selten** haben sie **rund um die Uhr geöffnet.** Die meisten schließen am späten Abend oder auch während der Mittagsstunden. Ganztägig geöffnete Tankstellen findet man nur in großen Städten. Das Betanken ist dank **Tankautomaten** in manchen Fällen auch außerhalb der Öffnungszeiten möglich. Hierfür benötigt man allerdings dementsprechend eine **Kreditkarte.**

Die **Preise** haben im Sommer 2012 hohe Wellen geschlagen, denn erstmals wurde zur Hauptreisezeit die 2-Euro-Marke geknackt. Zwei Jahre später, als der Diesel in Deutschland sogar weniger kostete als im traditionell günstigen Österreich, zahlte man an den italienischen Zapfsäulen rund 1,35 € für den Liter. Von diesen Preisen kann man heute nur noch träumen, denn durch den Ukraine-Krieg stieg der Dieselpreis erneut an und 2023 waren Preise unter 1,70 € eine Seltenheit.

Besonders günstig kann man tanken, wenn man zum Abschluss der Reise über den Reschenpass nach Österreich hineinfährt und bei Hinterrauth die Straße 184 verlässt. Über eine Serpentinenstraße erreicht man Samnaun, das einzige zollfreie Gebiet der Schweiz. Hier lag der Dieselpreis Mitte 2023 bei rund 1,41 € je Liter.

Wie jeder Wohnmobilist weiß, ist aber beim Thema Dieselpreis schon seit Jahren mit hohen Schwankungen zu rechnen und nach den Preisen, die uns heute noch als Abzocke erscheinen, sehnen wir uns vielleicht in naher Zukunft schon zurück.

TELEFON, HANDY UND INTERNET

Die **Ländervorwahl** von Italien lautet +39. Die ehemaligen **Ortsvorwahlen** (beginnend mit „0“) sind heute fester Bestandteil der Rufnummer, man muss sie also auch bei Ortsgesprächen und Gesprächen aus dem Ausland mitwählen. Mobilfunknummern beginnen dagegen nicht mit einer „0“.

Speichern Sie im Mobiltelefon die Nummern Ihrer Freunde und Verwandten am besten direkt mit der Vorwahl für Deutschland, sonst machen Sie möglicherweise telefonische Bekanntschaft mit einem Italiener, der dieselbe Rufnummer innerhalb Italiens besitzt.

Das italienische **Mobilfunknetz** ist sehr gut ausgebaut. So besteht auch in den tiefen Tälern Südtirols fast immer eine Handyverbindung. Ausnahmen, besonders in sehr abgelegenen Regionen, bestätigen natürlich die Regel.

In der EU gibt es **keine Roaminggebühren** mehr. Damit ist das Telefonieren und Surfen mit dem Handy im EU-Ausland so günstig wie zu Hause – es sei denn, man nutzt das Handy im Ausland über einen längeren Zeitraum hinweg, dann können je nach Anbieter Nutzungsobergrenzen gelten.

WLAN-Nutzer werden mit ihrem Laptop oder Smartphone nicht nur auf den Campingplätzen ein Netzwerk finden, sondern sich auch in verschiedenen Restaurants als Gast einloggen können.

Vorwahlen

- **Deutschland** +49
- **Österreich** +43
- **Schweiz** +41
- **Italien** +39

ÜBERNACHTEN

Frankreich, Deutschland und Italien – das sind die drei großen Nationen, in denen das Wohnmobil gerne als Reisemöglichkeit genutzt wird. Dementsprechend ist die Infrastruktur in diesen drei Staaten verhältnismäßig gut und das **einmalige Nächtigen** in einem Wohnmobil außerhalb von Camping- bzw. offiziellen Stellplätzen wird geduldet und teilweise auch offiziell erlaubt. Italien ist dabei das liberalste Land, was dazu führt, dass selbst bei einem ausgewiesenen Übernachtungsverbot kaum Kontrollen stattfinden. Dennoch wird natürlich allein schon aus Sicherheitsgründen von den italienischen Behörden auf die große Anzahl an Campingplätzen hingewiesen. Kein Wohnmobilist muss sich Sorgen darüber machen, ob er am Abend einen Übernachtungsplatz finden wird.

CAMPING

Wie schon erwähnt, ist Camping in Italien sehr populär und so kommt es nicht von ungefähr, dass man auf zahlreiche Campingplätze trifft. In Südtirol sind es 40 an der Zahl, die alle der **Vereinigung der Campingplatzbetreiber Südtirols (VCS)** angehören. Die Anzahl klingt zunächst einmal recht niedrig, berücksichtigt man aber, dass sie überwiegend in den Tälern und damit an den im Buch beschriebenen Routen liegen, wird man feststellen, dass die Plätze gut über die Region verteilt sind.

Am kleineren Gardasee findet man hingegen mehr Campingplätze, die Unterkunft bieten. Jede Ortschaft verfügt über mindestens ein bis zwei Anlagen, von denen sich aber nicht jede direkt am Ufer befindet. In vielen Fällen liegt noch die Via Gardesana, die Uferstraße, dazwischen.

Die **Öffnungszeiten** der einzelnen Plätze sind sehr unterschiedlich. Sowohl in Südtirol als auch am Lago di Garda existieren Plätze, die ganzjährig geöffnet sind, aber auch Anlagen, die nur in der sommerlichen Hauptsaison Besucher empfangen. Zudem sind nicht alle Campingplätze des Gardasees in diesem Reiseführer aufgeführt. Es wurde eine Auswahl getroffen, die sich überwiegend nach der Lage und der Ausstattung richtet.

Grundsätzlich sind alle Campingplätze sehr **modern eingerichtet** und verfügen über **jeglichen Komfort.** Das führt allerdings auch dazu, dass man gewisse Einrichtungen mitbezahlt, obwohl man sie gar nicht nutzt, besonders, wenn man nur eine Nacht bleiben möchte. Außerdem gibt es auch Campingplätze, die in der Hauptsaison nur an Touristen vermieten, die länger als sieben Nächte bleiben. Dies ist jedoch an entsprechender Stelle erwähnt.

Besonders am **Südufer des Gardasees** reihen sich die Campingplätze teilweise wie Perlen an einer Kette auf. Hier sollte sich jeder nach seinem persönlichen Geschmack entscheiden, denn die Auswahl ist beinahe schon zu groß. In der Regel unterscheiden sich die Campingplätze in der Ausstattung und in den Preisen nur geringfügig. Eine ganz klare Entscheidung gegen diese Plätze muss

Camping am Toblacher See 18

man treffen, wenn man ein ruhiges und idyllisches Plätzchen sucht. Mit bis zu 300 Parzellen auf einem Campingplatz, die teilweise sehr dicht aneinander grenzen, kann diese Voraussetzung am Seeufer kaum erfüllt werden. Dennoch sind die Besitzer sehr um das Wohlergehen der Gäste bemüht und überwiegend sehr hilfsbereit.

STELLPLÄTZE

Leider sind Wohnmobilstellplätze in Südtirol im Vergleich zum Rest Italiens **Mangelware.** In der Regel handelt es sich bei den im Buch genannten Stellplätzen um solche, die sich vor einem Campingplatz befinden und von eben diesem betrieben werden. Ein positiver Nebeneffekt ist, dass man dort dann die sanitären Einrichtungen mitbenutzen darf. Auf Italienisch haben Stellplätze die Bezeichnung **Area di Sosta per Camper.**

FREIES STEHEN

Immer wieder stellt sich die Frage, ob in bestimmten Regionen das freie Übernachten im Wohnmobil erlaubt ist. In Südtirol wird dies durch ein **Informationsblatt des Verbraucherschutzes** beantwortet. Dabei wird darauf hingewiesen, dass das Parken eines Wohnmobils natürlich grundsätzlich erlaubt ist. Bedingung ist allerdings, dass das Fahrzeug nur mit den Rädern den Boden berührt, kein Grauwasser bzw. Abwasser abgelassen wird und das Fahrzeug nicht mehr als die eigene Größe an Straßenfläche einnimmt. Das bedeutet, dass schon das Aufstellen einer Trittstufe aus Plastik und erst recht das Ausfahren einer Markise nicht mehr zum einfachen Halten zählt, sondern als Campingaufenthalt gewertet wird. Letzteres ist streng verboten, doch die **einfache Übernachtung in einem stehenden Fahrzeug** wiederum ist erlaubt. Wer sich also unauffällig verhält und Tisch, Stühle sowie den Grill nur auf offiziellen Stell- bzw. Campingplätzen benutzt, wird in Südtirol keinerlei Schwierigkeiten haben, vorausgesetzt man befindet sich nicht in einem touristischen Hotspot, in einem Naturschutzgebiet oder in einem anderen Bereich, in dem es durch lokale Anordnung verboten ist. Kurzum, im Zweifel ist es besser, eine der

☑ *Am Haidersee gibt es einen Campingplatz* 178 *mit Restaurant*

223st-mm

regulären Übernachtungsmöglichkeiten anzusteuern. Halteverbote können nur erlassen werden, wenn die Maßnahme auch artverwandte Fahrzeuge mit denselben Maßen betrifft und die entsprechende Stelle aus Gründen der Fahrzeuggröße oder des Gewichts nicht befahren werden kann.

Einige Gemeinden gehen dennoch dazu über, das Übernachten im Wohnmobil **verbieten zu wollen.** Dies sollte man, auch wenn es unverständlich sein mag, respektieren und es nicht zu solchen Situationen kommen lassen, wie man sie in schöner Regelmäßigkeit beispielsweise am Campingplatz Gretl am Kalterer See (151) beobachten konnte. Der dortige Platz bietet vor seinen Toren einen Stellplatz an und nur 20 m vor diesem Stellplatz befindet sich ein Parkplatz, auf dem das Übernachten laut Beschilderung verboten ist. Dennoch sah man bis zur Errichtung einer Höhenbeschränkung auch in der Nebensaison beinahe täglich rund ein Dutzend Wohnmobile dort stehen, die das Verbot schlichtweg ignorierten.

Die Frage nach dem freien Stehen am **Gardasee** stellt sich kaum, da es dort schon schwierig genug ist, überhaupt einen Parkplatz zu finden, geschweige denn, eine Möglichkeit, um außerhalb eines Campingplatzes zu übernachten. Ähnlich, aber nicht ganz so arg, ist die Lage in den besiedelten Tälern Südtirols. Es kann sich lohnen, den nächsten Pass zu erklimmen und sich dort auf einem der meist großen Parkplätze nach einer Übernachtungsgelegenheit umzuschauen.

URLAUBSAKTIVITÄTEN

WASSERSPORT

Sicherlich denkt man bei einer Fahrt in die Berge nicht zuerst an Wassersport, doch auch dieser ist in Südtirol und natürlich vor allem am Gardasee möglich. Dass man Tretbootfahren weniger als Sport bezeichnen kann, ist selbstverständlich. Doch wer etwas

221st-mm

015st-mm

Ruhe und Einsamkeit auf den Seen genießen möchte, der hat an mehreren Gewässern die Gelegenheit, in die Pedale zu treten oder sich alternativ ein Ruderboot auszuleihen. An den Südtiroler Seen ist dies nicht immer der Fall, doch spätestens am Gardasee kann man den Angeboten gar nicht mehr entgehen.

Wagemutige Wasserratten werden viel Spaß beim **Rafting** bzw. **Canyoning** haben. Einige Flüsse in den Südtiroler Tälern bieten diese Möglichkeit und wer keine Erfahrung darin besitzt, wendet sich an die örtlichen Touristeninformationen. Diese vermitteln gerne den Kontakt zu Veranstaltern, die den Sport im Programm haben.

Wer die Seen von unten sehen möchte, findet auch hierzu Gelegenheit. Doch meist muss ein **Tauchgang** vorher den örtlichen Behörden mitgeteilt werden. Auch hierüber geben die örtlichen Touristenbüros Informationen heraus. Lediglich auf ein schönes Taucherlebnis am Kirchturm im Reschensee sollte man sich keine großen Hoffnungen machen. Der See ist sehr flach, insbesondere die Stelle, an der der Kirchturm aus dem Wasser ragt. Zudem steht der Turm tief im Schlick, sodass man allerhöchstens zwei Meter tief tauchen kann. Von den anderen Bauwerken des ehemaligen Dorfes ist ohnehin gar nichts mehr zu sehen. Je nach Wasserstand ist es sogar möglich, den Kirchturm bei einem kurzen Spaziergang auf einem Schotterwall einmal komplett zu umrunden. 2023 war der See fast komplett ohne Wasser. Grund hierfür war neben einer lang anhaltenden Trockenheit auch eine Baumaßnahme, denn die Uferstraße soll weiter in Richtung See verlegt werden, um den Straßenverkehr vor Felsabgängen zu schützen. In diesem Zusammenhang wird auch ein Radweg gebaut, der einmal komplett um den See verlaufen wird. Die Arbeiten sollen im Jahr 2025 abgeschlossen werden.

⊡ Herausforderung und Grund zur Freude: eine erfolgreiche Passüberquerung mit dem Fahrrad

⊡ Kitesurfen kann man nicht nur am Meer, sondern auch in den Bergen

Schließlich bleibt noch das **Schwimmen,** dem man besonders im Gardasee an fast jedem Campingplatz frönen kann. Die meisten Strände haben einen Bademeister und der Uferbereich ist mit Bojen markiert.

RADFAHREN

Mit dem Fahrrad durch die Berge? Was für die meisten auf den ersten Blick abschreckend wirkt, ist eine wunderbare Art, die Ortschaften in den Tälern näher kennenzulernen, erst recht, wenn man zu denen gehört, die sich in der jüngeren Vergangenheit für eines der immer beliebteren E-Bikes entschieden haben. Das hat man auch in Südtirol erkannt und so ist es nicht verwunderlich, dass Südtirol über ein sehr gut ausgebautes Fahrradwegenetz verfügt und sich sogar die Landeshauptstadt Bozen als fahrradfreundliche Stadt betitelt.

Es gibt verschiedene klassische Routen durch die Täler wie zum Beispiel der **Pustertalradweg,** der auf einer Länge von 61 km durch das gesamte Tal führt und die beiden Ortschaften Mühlbach (Rio di Pusteria) und

Innichen (San Candido) miteinander verbindet. Selbstverständlich geht es nicht ganz ohne Höhenmeter, doch angesichts der Berge auf beiden Seiten der Radwege, sind diese fast schon zu vernachlässigen. Weitere Radwege verlaufen z. B. vom Brenner bis Bozen oder als Tagesausflug in das Passeiertal. Doch die längste und schönste Radroute beginnt am **Reschenpass** und folgt auf einer Länge von über 300 km dem Lauf der Etsch, bis man Verona erreicht hat. Fast die komplette Strecke des Etsch-Radwegs wird auf einem asphaltierten Radweg zurückgelegt, der nur selten mit einer Straße in Berührung kommt. Zudem besitzt er so gut wie keine Steigungen, weil er immer in unmittelbarer Flussnähe verläuft. Das bedeutet aber auch, dass man auf diesem Wege den Gardasee ausspart.

Den Gedanken, vielleicht den Gardasee zu umrunden, sollte man jedoch derzeit verwerfen. Es existiert leider noch kein separater Radweg, der einmal komplett um den schönen See führt, und aufgrund des starken Verkehrs, besonders in der Hochsaison, würde eine Tour auf der Uferstraße nicht nur keinen Spaß machen, sondern wäre auch gefährlich. Doch das Projekt **„Garda by bike"** ist bereits angelaufen und soll bis zum Jahr 2026 fertiggestellt sein. Dann wird ein 140 km langer Rundweg um den Gardasee verlaufen, für den bereits jetzt bei Limone teils spektakuläre Wege in den steil abfallenden Fels eingelassen wurden. Es bleibt aber abzuwarten, ob der Fertigstellungstermin des ambitionierten Projekts gehalten werden kann. Mancherorts liegen noch gar keine konkreten Umsetzungspläne vor. So oder so wird der geplante Radweg ohnehin nur sukzessive gebaut.

Wer mit dem Rad hoch hinaus will, der ist mit einem **Mountainbike** natürlich gut bedient. Die Mountainbiketrails in Südtirol ergeben zusammen eine Gesamtstrecke von über 4500 km. Dabei besteht die Möglichkeit, den Kronplatz zu umrunden oder sich auf den Schotterpisten bei Bruneck auszutoben. Einzig eine Fahrt zu den Drei Zinnen in den Dolomiten ist grundsätzlich verboten, da dort die Anzahl der Wanderer auf den schmalen Wegen zu hoch ist.

WANDERN

Man begeht einen großen Fehler, wenn man bei einer Reise nach Südtirol seine Wanderschuhe im heimischen Schuhschrank lässt. In der gesamten Region gibt es zahlreiche Wanderwege, bei denen für jeden etwas dabei ist – angefangen bei einem kurzen **Lehrpfad durch die Weinberge** über themenbezogene Routen bis hin zu Wanderungen über alpine Geröllfelder. In beinahe jedem Ort gibt es Ausgangspunkte zu mehrstündigen Wanderungen in den umliegenden Bergen, die teilweise auch von Anfängern gegangen werden können. Die örtlichen Touristeninformationen sind mit Infomaterial gut ausgestattet und können Empfehlungen aussprechen und Routenübersichten aushändigen. Dennoch sollte das eigene Können nicht überschätzt werden, besonders wenn es in höhere Lagen gehen soll. Neben dem festen Schuhwerk ist vielfach auch eine gute Kondition vonnöten und ein Blick auf die Wettervorhersage ist Voraussetzung, bevor man sich in die Berge begibt. Doch es gibt auch kleinere Wanderungen, die gar nicht in die Höhe gehen und mit denen ein bestimmtes Ziel (Flussquelle, Klamm, Aussichtspunkt etc.) erreicht werden kann.

Wer viel Zeit mitbringt und sich auf eine mehrtägige Wanderung begeben möchte, der hat mit den **Dolomitenhöhenwegen** und zahlreichen Berghütten *(rifugio)* ausreichend Gelegenheit hierfür. Zurzeit existieren zehn Dolomitenhöhenwege mit einer Länge zwischen 90 und 200 km, deren Erwanderung ein bis drei Wochen dauern können. Ausgeschildert sind die Wege mit einem Dreieck, doch bevor es losgehen kann, sollte man sich über die entsprechende Route ausführlich informieren, da es auf einigen Abschnitten auch Klettersteige zu bewältigen gibt.

Beliebt sind auch die sogenannten **Waalwege,** die entlang historischer Wasserläufe führen. Insbesondere im Meraner Land und im Vinschgau ermöglichen sie eine tolle Aussicht bei verhältnismäßig wenig Steigungen. Hier ist auch der **Meraner Höhenweg** sehr populär, der auf einer Strecke von mehr als 90 Kilometern das Bergmassiv der Texelgruppe umrundet.

WINTERSPORT

Im Winter nach Südtirol? Wer ein geeignetes Wohnmobil sein Eigen nennt und aktiv Wintersport betreiben möchte, der wird zwischen Reschenpass und den Dolomiten sicherlich fündig werden.

Südtirol verfügt über 1800 km **Langlaufloipen** von einfachen Strecken mit 3 km Länge und 30 Höhenmetern bis hin zu langen Pisten von 25 km und sogar 60 km Länge. Doch bei den Bergen in Südtirol denkt man zunächst eher an **Skiabfahrten** und das zu Recht. Profis starten sicherlich sofort mit der Trametschpiste bei Brixen (Bressanone), die mit 9 km die längste Südtirols ist, während Anfänger in einer der zahllosen **Skischulen** mit dem Unterricht beginnen können. Zudem bieten manche Ortschaften spezielle Erlebnisse wie das Nachtskifahren unter künstlicher Beleuchtung an.

Wer es ruhiger angehen lassen möchte, der ist auf eigens dafür gespurten **Winterwanderwegen** richtig oder kann sich spezielle Schneeschuhe unter die Füße schnallen, um im Tiefschnee oder im Hochgebirge das Wandern zu genießen.

VERKEHRSREGELN

Große Unterschiede in den Verkehrsregeln wird man bei einer Fahrt nach Südtirol nicht erkennen. Auch das berühmte italienische Temperament ist im deutschsprachigen Italien beim Autofahren nicht weitverbreitet. Aber auch die Fahrt entlang des Gardasees ist entspannend, abgesehen von der Tatsache, dass es in den Sommermonaten auf den Uferstraßen extrem voll ist. Und der Stress bei einem Ausflug nach Verona hält sich in Grenzen, da sich Park- und Stellplatz außerhalb der alten Stadtmauern befinden und es keinen Bedarf gibt, mit dem Wohnmobil in die Altstadt zu fahren – sowieso ist schon wegen der kleinen Gassen davon abzuraten.

Wichtig für den Geldbeutel ist es aber, die Verkehrsregeln und insbesondere die **Geschwindigkeitsbegrenzungen** einzuhalten. Italien hat einen sehr strengen Bußgeldkatalog, der sogar dazu führen kann, dass Fahrzeuge beschlagnahmt und gepfändet werden, wenn die Strafe vor Ort nicht bezahlt werden kann. **Wohnmobile unter 3,5 t Gesamtgewicht** dürfen innerorts maximal 50 km/h, außerorts 90 km/h, auf Schnellstraßen 110 km/h und auf Autobahnen 130 km/h fahren. Bei Regen gelten auf Schnellstraßen 90 km/h und auf Autobahnen 110 km/h.

Schwerere Wohnmobile dürfen auf Schnellstraßen grundsätzlich nur 80 km/h und auf Autobahnen 100 km/h fahren, innerorts aber natürlich auch 50 km/h. Radarkontrollen finden nicht selten statt und man sollte sich unbedingt an die Einhaltung der

Einige wichtige Verkehrsschilder

Caduta (di) sassi	*Steinschlag*
Deviazione	*Umleitung*
Galleria	*Tunnel*
Inizio zona tutelata	*Beginn der Parkverbotszone*
Rallentare	*Langsam fahren*
Parcheggio	*Parkplatz*
Passo	*Pass*
Senso unico	*Einbahnstraße*
Tornante	*Serpentine*
Tutte le direzioni	*Alle Richtungen*
Uscita	*Ausfahrt*
Zona di silenzio	*Hupverbot*

Beschränkungen halten. Die **Promillegrenze** liegt bei 0,5 Promille.

Zudem existieren noch einige Verkehrsregeln, die es auf deutschen Straßen nicht gibt:

Alle **Dachlasten und Ladungen,** die über das Fahrzeugheck nach hinten hinausragen, müssen mit einer 50 x 50 cm großen, rot-weiß gestreiften Warnbake gekennzeichnet sein. Das gilt auch für Fahrradträger oder Träger für Motorroller.

Wie mittlerweile auch in Deutschland besteht in Italien die Pflicht zur Mitnahme einer **fluoreszierenden Warnweste,** die zudem griffbereit vorliegen muss. Sinnvoll ist es, für jeden Mitfahrer eine Warnweste im Fahrzeug zu haben. Warnwesten und Warnbaken erhält man in jeder ADAC-Geschäftsstelle.

Auch tagsüber muss man das **Licht** an seinem Auto **einschalten,** allerdings nur außerhalb von geschlossenen Ortschaften. Um jedoch nicht ständig das Licht an- und ausschalten zu müssen, empfiehlt es sich, das Abblendlicht gleich beim Start des Motors anzumachen.

Das **private Abschleppen** auf Autobahnen ist grundsätzlich verboten. An Bordsteinen mit schwarz-gelber bzw. gelber Markierung besteht **Parkverbot.**

Und auch wenn es ständig zu sehen ist: Das unerlaubte und plötzliche Spurwechseln sowie das Zurücksetzen im Mautstellenbereich ist verboten, selbstverständlich auch das Wenden. Es sollte daher frühzeitig die Geschwindigkeit verringert werden, um in Ruhe schauen zu können, welche **Mautspur** die richtige ist.

VER- UND ENTSORGUNG

Mit den Ver- und Entsorgungsstellen ist es ähnlich wie mit den Womo-Stellplätzen. Hier geht es nach dem Motto: Wofür welche einrichten, wenn es jede Menge Campingplätze gibt? Daher ist die Entsorgung eigentlich kein Problem. Wer aber nicht auf einen Campingplatz möchte, der sollte am besten mal an einer Tankstelle nachfragen. Nicht selten befinden sich irgendwo versteckt auf dem Gelände Entsorgungsmöglichkeiten.

Keine wilde Entsorgung!

Manche tun es und werden es immer wieder tun. Sie leben nach dem Motto „es ist ja nur Wasser und es versickert ja auch gleich“ und öffnen in einem scheinbar unbeobachteten Augenblick einfach ihren Abwassertank. Wenn es nur Wasser wäre, aber anscheinend wird vergessen, dass es sich auch um ***Spülmittel, Duschgel, Zahnpasta und Essensreste*** *handelt. Manche schütten ihr Zeug auch einfach mittels Schüssel aus der Tür ins Gebüsch und den Inhalt der Toilette gleich hinterher, getreu dem Motto „Sieht ja keiner und was weg ist, ist weg“. Nicht nur, dass es* ***verboten*** *ist, ist es auch ganz einfach eine Sauerei – der Natur gegenüber und auch dem Gastgeberland Italien. Außerdem schadet man mit diesem Verhalten dem Ruf aller Wohnmobilreisenden und darf sich nicht wundern, wenn man in bestimmten Ländern oder Regionen bereits jetzt schon nicht mehr gern gesehen wird und dieser Fall eines Tages dann auch in Südtirol eintritt.*

Wer partout ***Campingplätze*** *zur Übernachtung vermeiden möchte, der sollte zumindest dort entsorgen. In den meisten Fällen ist hier ein kleines finanzielles „Dankeschön“ hilfreich. Wer also jemanden beim „Womo-Wasserlassen“ beobachtet, der sollte ihn einfach mal darauf ansprechen. Wenn derjenige demnächst auch nur ein einziges Mal aus Gewissensbissen ordentlich entsorgt, dann hat es sich schon gelohnt!*

ROUTE 1

DURCH DAS WIPPTAL IN DAS PUSTERTAL

017st-mm

Strecke:

Brenner (Brennero, s. S. 42) – **Sterzing** (Vipiteno, 5 km, s. S. 43) – **Abstecher: Ratschings** (Racines, hin und zurück 12 km, s. S. 45) – **Freienfeld** (Campo di Trens, 6 km, s. S. 46) – **Franzensfeste** (Fortezza, 17 km, s. S. 47) – **Brixen** (Bressanone, 8 km, s. S. 49) – **Kloster Neustift** (Abbazia di Novacella, 4 km, s. S. 56) – **Natz-Schabs** (Naz-Sciaves, 4 km, s. S. 57) – **Mühlbach** (Rio di Pusteria, 4 km, s. S. 57) – **Sankt Lorenzen** (San Lorenzo di Sebato, 21 km, s. S. 58) – **Bruneck** (Brunico, 4 km, s. S. 60)

Streckenlänge:

ohne Abstecher ca. 73 km
mit Abstecher ca. 85 km

Vorseite: Bei Brixen (s. S. 49) trifft das Eisacktal auf das Pustertal

289st-mm

ROUTENÜBERSICHT

BRENNERPASS, WIPPTAL, FRANZENSFESTE UND DAS APFELHOCHPLATEAU

Der Brennerpass, der als höchster Punkt des Wipptales gilt und gleichzeitig die Grenze zwischen Österreich und Italien bildet, ist legendär. Von diesem Startpunkt der Reise durch Südtirol geht es zunächst bergab durch das Wipptal, wo durch die vielen Campingplätze eine gute Infrastruktur für Wohnmobilfahrer ebenso gegeben ist wie zahlreiche Parkplätze, die zu Wanderungen an den Steilhängen rechts und links der Brennerstraße einladen. Als erste größere Ortschaft wird die alte Bischofsstadt Brixen besichtigt, die sich mit Laubengängen und einer verwinkelten Altstadt stilvoll präsentiert. Über das Apfelhochplateau mit seinen endlosen Apfelfeldern verläuft die Fahrt von Brixen aus in das berühmte Pustertal. Das Flüsschen Rienz fließt gemächlich durch das Tal und bietet an seinem Ufer viele Möglichkeiten zum Picknicken, bevor am Ende der Route erneut ein Stadtrundgang, diesmal durch Bruneck, folgt.

Rund um Brixen (s. S. 49) kann man auch mal vom Womo aufs Fahrrad umsteigen

BRENNER (BRENNERO)

Bereits im österreichischen Innsbruck beginnt das nach Süden verlaufende **Wipptal,** obwohl man im Tal selbst einen Pass überqueren muss – den berühmten Brennerpass. Vom Pass aus trägt der Gebirgseinschnitt die Bezeichnung Oberes Wipptal und führt bis Franzensfeste (Fortezza).

Zunächst wirkt das Tal jedoch wie eine überfüllte Hauptverkehrsader, was im Grunde genommen auch zutrifft. Denn der Brennerpass gilt als eine der wichtigsten Alpenquerungen zwischen Nord und Süd. Dementsprechend ist das Tal nicht nur von der Autobahn geprägt, sondern auch vom Bahnverkehr und der kleineren Landstraße, die aber nicht minder befahren ist. Aber auch wenn man immer wieder auf die Autobahn bzw. auf verschiedene Brückenelemente der Schnellstraße blickt, so ist eine Fahrt durch das Wipptal eher auf der SS12 zu empfehlen, damit die einzelnen Ortschaften nicht verpasst werden.

Der erste Ort auf dem Weg nach Süden trägt denselben Namen wie der Pass und war bis zum Schengener Abkommen vom **Grenzübergang** geprägt. Mit dem Wegfall der Grenzschranken und -kontrollen ist Brenner als Grenzdorf ein wenig in die Bedeutungslosigkeit abgerutscht. Von den einstigen Grenzhäuschen ist nicht mehr viel zu sehen und lange Autoschlangen existieren ohnehin nicht mehr. Allerdings sollte man ein Auge auf die politische Entwicklung haben. Auch auf dem touristischen Sektor spielt Brenner durch seine Lage als höchstgelegener Ort im Wipptal eher im Winter eine Rolle.

Zur Gemeinde Brenner gehört auch das Dorf **Gossensass (Colle Isarco),** das man nach kurzer Fahrt auf der SS12 erreicht und welches deutlich von der hohen Autobahnbrücke am östlichen Ortsrand geprägt ist. Zu Beginn des letzten Jahrhunderts hatte Gos-

Brennerpass

Der Brennerpass ist einer der wichtigsten Alpenübergänge zwischen Österreich und Italien und dementsprechend auch viel befahren. Schon ***Goethe*** *überquerte die Alpen über den Brennerpass, aber er war natürlich nicht der Erste: Bereits in der Steinzeit wurde der Brenner als Übergang genutzt – wie man spätestens 1991 feststellen konnte, als nicht weit entfernt der sogenannte* ***Ötzi*** *gefunden wurde.*

In der zweiten Hälfte des 18. Jahrhunderts ließ die Habsburger Kaiserin Maria Theresia von Österreich den Pass als ***Reiseroute*** *ausbauen. Rund ein Jahrhundert später konnte die erste* ***Eisenbahn*** *von Nord nach Süd fahren und noch einmal einhundert Jahre darauf wurde nach sechsjähriger Bauzeit die* ***Brennerautobahn*** *fertiggestellt. Sie verläuft neben der Brennerstraße und der Eisenbahnverbindung, und das an manchen Stellen so dicht, dass alle drei Streckenverbindungen direkt nebeneinander liegen. Besonders deutlich wird dies südlich vom Brennersee, kurz vor der Grenze zu Italien und noch wenige Kilometer auf italienischer Seite.*

Der wichtigste Bauabschnitt der Brennerautobahn liegt aber noch auf österreichischer Seite, nur wenige Kilometer von Innsbruck entfernt. Leicht bogenförmig führt die dort sechsspurige Autobahn in 190 m Höhe über das Wipptal und war damit jahrzehntelange die höchste Brücke Europas. Dieses Attribut verlor sie allerdings im Jahr 2004 durch die Fertigstellung der Brücke bei Millau in Südfrankreich.

Auch wenn man durch die Autobahn nicht mehr durch das Tal fahren und die steile Brennerstraße nutzen muss, so hat man auch auf der Brücke noch eine Steigung von über 4 % zu überwinden. Wer die Zeit und die Muße hat, sollte ruhig die ***Brennerstraße*** *nutzen, um einen fantastischen Ausblick auf die Autobahnbrücke genießen zu können. Zudem spart man sich noch die Mautgebühren, die zu der üblichen Vignettenpflicht hinzukommen* *(s. S. 15)**.*

018st-mm

sensass die Möglichkeit, zu einem großen Kurort aufzusteigen, als man die entdeckten **Thermalquellen** touristisch nutzen wollte und der Ort sogar von Kaiser Franz Joseph I. zur Marktgemeinde ernannt wurde. Doch der Erste Weltkrieg und die daraus resultierende Teilung Tirols in Nord und Süd beendeten diese Bestrebungen. Erst seit der Jahrtausendwende führt man wieder Probebohrungen nach den Quellen durch.

Touristeninformation

› **Tourismusverein Gossensass,** Ibsenplatz 2, 39041 Gossensass (Colle Isarco), Tel. 0472 632372, www.gossensass.org

Parken

P 1 **Brennerpass,** GPS 46.998358, 11.502224

Der Zwölferturm ist das Wahrzeichen von Sterzing und überragt die Stadt

STERZING (VIPITENO)

(5 km – 5 km)

Vor der Touristeninformation in Sterzing steht als Denkmal eine Lore und erinnert an den Bergbau, den es vor langer Zeit in der Umgebung gegeben hat. Abgebaut wurde hier jedoch keine Kohle, sondern wertvolles Silber, was die Stadt ab dem 14. Jahrhundert aufblühen ließ. Die Bergwerksschächte gehörten zwar dem schwäbischen Adelsgeschlecht der **Fugger,** doch auch für Sterzing fiel immer noch so viel ab, dass man die nördlichste Stadt Italiens nach einem verheerenden Stadtbrand in der ersten Hälfte des 15. Jahrhunderts wieder komplett aufbauen konnte. Aus dieser Zeit stammen auch heute noch zahlreiche Gebäude, die sich nördlich und südlich des Wahrzeichens, dem Zwölferturm, befinden.

Ursprünglich diente der **Zwölferturm (Torre delle dodici)** als Stadttor, wurde dann aber von der örtlichen Feuerwehr genutzt, um einen Stadtbrand von vornherein entdecken und löschen zu können. Ausgerechnet auf dem Turm gab es später einen Brand, dem der gotische Helm zum Opfer fiel. So wurde in den 1870er-Jahren die treppenförmige Turmspitze aufgesetzt, die noch heute sichtbar ist.

Südlich des Turms erstreckt sich die **Neustadt (Via Cittá Nuova),** mit der jedoch nur eine Straße gemeint ist. Die Neustadt gibt einem aber schon mal einen Vorgeschmack auf das, was man in Brixen und Bozen noch sehen wird, nämlich die typische Architektur Südtirols mit ihren Laubengängen und den kleinen idyllischen Fensterläden in den oberen Etagen, unter denen sich bunt bepflanzte Blumenkästen befinden, während die Händler in den Arkaden im Erdgeschoss ihre Waren feilbieten. An zahlreichen der Bürgerhäuser befinden sich Hinweisschilder, die die Geschichte der Bauwerke erläutern.

019st-mm

Nicht zu übersehen ist das spätgotische **Rathaus** auf der linken Seite der Neustadt, welches auch von innen besichtigt werden sollte. Der Ratssaal, der nach dem berühmtesten Sohn der Stadt benannt wurde, dem Autor und Verleger Vigil Raber, weist eine einfache Wandtäfelung mit einer hübschen Balkendecke auf. Im Innenhof kann man zudem einen Meilenstein der Römer besichtigen, der in der Nähe von Sterzing gefunden wurde und zeigt, wie wichtig das Wipptal schon vor 2000 Jahren als Reiseroute war. Direkt vor dem Rathaus erhebt sich das Denkmal des hl. Johannes von Nepomuk, der die Stadt vor Überschwemmungen bewahren soll.

Zurück zum Zwölferturm sieht man an der Nordseite des dortigen Stadtplatzes direkt neben der Touristeninformation die **Spitalkirche.** Von außen wirkt sie etwas unscheinbar, doch ein Blick in das Hauptschiff lohnt sich. Im Jahr 1402, drei Jahre nach Fertigstellung der Kirche, schuf der Maler Hans von Bruneck wahrhaft meisterliche Deckenfresken.

Abschließend sei noch das **Deutschordenshaus** ganz im Süden von Sterzing erwähnt. Das dreiflügelige Gebäude wurde im 13. Jahrhundert ursprünglich als Hospiz errichtet, aber wenig später an den Deutschen Orden übergeben. Zum Gebäudeensemble gehört auch die Sterzinger Pfarrkirche, die drei Jahrhunderte lang einen Altar des Ulmer Meisters Hans Multscher beherbergte. Der Altar brachte es auf eine Höhe von zwölf Metern und besaß vier kunstvolle Altarbilder. Heute befindet er sich im Multscher- und Stadtmuseum, welches wiederum im barocken Ostflügel des Deutschordenshauses untergebracht ist.

9 Stellplatz Brennero, Sterzing

GPS 46.880255, 11.437084

Der Stellplatz gehört zum großen Lkw-Rastplatz der Autobahn, aber er kann auch über die Bundesstraße erreicht werden und ist für die Lage erstaunlich ruhig. **Lage/Anfahrt:** Südlich von Sterzing auf die SS44 abbiegen (am Kreisverkehr in der Nähe vom Deutschordenshaus rechts abbiegen), nach Unterquerung der Autobahn links abbiegen und bis zum Ende fahren. **Platzanzahl:** 120; **Untergrund:** Asphalt; **Sicherheit:** beleuchtet, beschrankt; **Preiskat.:** €€; **Geöffnet:** ganzjährig; **Kontakt:** 39040 Sterzing, an der SS508

126st-mm

Sehenswertes

› **Hl.-Geist-Kirche/Spitalkirche,** Am Stadtplatz, 39049 Sterzing, tgl. 8.30–12 Uhr und 14.30–18 Uhr, samstagnachmittags und So geschlossen

› **Rathaus,** Neustadt 21, 39049 Sterzing, Mo–Do 8.15–12.30 und 16–17 Uhr, Fr 8.15–12.30 Uhr. Im Innenhof, werktags durchgehend von 8 bis 18 Uhr zugänglich, können ein Mithrasstein und ein römischer Meilenstein besichtigt werden.

› **Multscher- und Stadtmuseum,** Deutschhausstr. 11, 39049 Sterzing, Anfang Mai–Ende Okt. Di–Sa 9.30–12.30 und 14.30–17.30 Uhr, Eintritt 2,50 €

Touristeninformation

› **Tourismusverein Sterzing, Freienfeld, Wiesen-Pfitsch,** Stadtplatz 3, 39049 Sterzing, Tel. 0472 765325, www.sterzing.com

Gastronomie

› **Hotelrestaurant Lilie,** Neustadt 49, 39049 Sterzing, www.hotellilie.it. Leckere lokale Gerichte in drei verschiedenen Speisesälen. Sterzings traditionelles Wirtshaus seit Mitte des 15. Jahrhunderts.

Parken

P **2 Sterzing,** GPS 46.899795, 11.43287

◁ *In manchen Hinterhöfen von Sterzing lässt es sich stilvoll speisen*

ABSTECHER: RATSCHINGS (RACINES)

(hin und zurück 12 km)

Südlich von Sterzing führt die SS44 nach Westen, genauer gesagt in das Ratschingstal. Hauptort ist die gleichnamige Gemeinde **Ratschings,** die sich am Ufer des **Ridnauner Baches** erstreckt. Die Gemeinde ist im Winter für ihre Biathlonstrecken bekannt und in den Sommermonaten für zahlreiche Wanderwege. Letztere reichen von einer schwierigen Rundwanderung bis zur einfachen Besteigung des 2189 m hohen Rosskopfes. Für die kurze Überwindung der 334 Höhenmeter wird ungefähr eine Stunde veranschlagt, was gut an einem Vormittag zu schaffen ist. An der Bergstation der Rosskopfbahn führt der Wanderweg 24 als leichter Bergweg hinauf. Über weitere Wanderwege hält das Touristenbüro natürlich Informationen bereit.

In **Ridnaun (Ridanna)** bei Ratschings ist auch das dortige Bergwerk, das Teil des Südtiroler **Bergbaumuseums** ist, sehenswert. Die Bergbauwelt Ridnau-Schneeberg gilt als eines der höchstgelegenen Bergwerke Europas und diente zur Förderung von Silber, Blei, Zink und vor allem Erz. Die Verwaltung des Bergwerk-

257st©LianeM, stock.adobe.com

museums wirbt damit, dass man den Betrieb innerhalb von 24 Stunden wieder aufnehmen könne, so gut erhalten seien alle Stollen und Arbeitsmaterialien. Damit man sich davon überzeugen kann, bietet die Bergbauwelt verschiedene Führungen an, die von zwei bis zu zehn Stunden dauern können. Die 10-stündige Führung wird als Ganztagesexkursion bezeichnet, bei der man die harten Arbeitsbedingungen im Hochgebirgsbergbau erfahren kann. Nach der Ausstattung mit Stiefeln, Jacke und einem Helm mit Stirnlampe kann man unter anderem selbst nach Mineralien und Eisenerz suchen und diese mit Schlägel und Eisen abbauen. Das lohnenswerte Programm des Museums reicht von der Mineraliensuche auf den alten Erzfeldern über die Besichtigung eines Knappendorfes bis zur Stollenwanderung und einer Grubenfahrt.

Wer sich für den Bergbau nicht begeistern kann, sollte in der Nähe von Ratschings aber zumindest die **Gilfenklamm** besucht haben. Auf einem bequemen Weg wandert man knapp 20 Minuten durch den Wald, bis man die ersten Wasserfälle hört und kurz danach auch schon oberhalb des Geschehens steht. Über schmale Brücken geht man zwischen engen Felswänden, während unter einem das kristallblaue Wasser tosend durch die **Schlucht** donnert. Für das Naturschauspiel muss jedoch Eintritt bezahlt werden.

Sehenswertes

- **Bergbaumuseum,** 39040 Ridnaun, April–Anfang Nov. Di–So 10–18 Uhr, im August auch Mo, Führung 10 €, ohne Führung 5 €, www.bergbaumuseum.it
- **Gilfenklamm,** 39040 Ratschings, Anfang Mai–Anfang Nov. tgl. 9.30–17.30 Uhr, im Juli und August 9–18 Uhr, Eintritt 7 €

Touristeninformation

- **Tourismusverein Ratschings,** Jaufenstraße 1, 39040 Gasteig (Casateia), Tel. 0472 760608, www.ratschings.info

FREIENFELD (CAMPO DI TRENS)

(6 km – 11 km)

Auf dem Weg nach Freienfeld (Campo di Trens), das nur wenige Kilometer von Sterzing entfernt liegt, passiert man zwei Burgen, die sich links und rechts der SS12 und der Autobahn erheben. Auf der linken Seite befindet sich auf einem Felsvorsprung **Burg Sprechenstein (Castel Pietra)** mit ihrem markanten Rundturm. Sehenswert ist dort die kleine Erasmuskapelle, eine Besichtigung der Burg ist jedoch nur von außen möglich, da sich das Bauwerk in Privatbesitz befindet. Berühmter und auch kunsthistorisch wertvoller ist die

Andreas Hofer

Der berühmteste Wirt in Südtirol dürfte wohl Andreas Hofer sein. 1767 in St. Leonhard in Passeier geboren, avancierte Hofer zum ***Freiheitskämpfer*** *gegen Napoleon und das verbündete Bayern. Anfang April 1809 regte sich in ganz Tirol der Widerstand, als die bayerische Armee damit begann, Zwangsrekrutierungen durchzuführen. Im Laufe des Jahres kam es zu vier bedeutsamen Schlachten, die als* ***Bergisel-Schlachten*** *in die Geschichte eingingen. Die ersten drei endeten zwar mit Siegen für die Freiheitskämpfer um Andreas Hofer, doch das Kaisertum Österreich verlor am Ende dennoch gegen Frankreich, was zum* ***Frieden von Schönbrunn*** *führte. Dieser Friedensschluss wurde aber* ***von Tirol nicht anerkannt*** *und brachte Hofer dazu, ein viertes Mal gegen die Franzosen zu kämpfen. Dieses Mal konnte er jedoch keinen Sieg erringen und trat daher die Flucht an. Im folgenden Winter wurde er in der Nähe seines Geburtsortes gefangengenommen und wenig später durch ein französisches Kriegsgericht* ***zum Tode verurteilt.*** *Am 20. Februar 1810 wurde Andreas Hofer im lombardischen Mantua exekutiert. Da Hofer in Tirol/Südtirol als Nationalheld gilt, begegnet man seinem Namen überall – insbesondere auf Straßenschildern.*

gegenüberliegende **Burg Reifenstein (Castel Tasso).** Sie wurde niemals erobert und musste auch keinerlei Zerstörungen hinnehmen, weshalb sie weitgehend im Original erhalten blieb. Der Südteil der Burg ist von einer einfachen Ringmauer umgeben, während sich im Norden eine Vorburg mit Spitzbogentor und mehreren Wehrgängen befindet, die von der Hauptburg durch einen tiefen Graben getrennt ist. Die Burg kann jedoch nur im Rahmen von Führungen mit mindestens vier Personen besichtigt werden. Die Führung dauert rund eine Stunde.

Wenig später erreicht man schließlich den kleinen Ort **Freienfeld,** der aus dem Zusammenschluss von Stilfes und Trens entstand. Bekannt ist der Ort für die zentral gelegene **Wallfahrtskirche Maria Trens.** Als Vorbild für das Gnadenbild, welches in der zweiten Hälfte des 15. Jahrhunderts erschaffen wurde, diente der bereits erwähnte Altar der Sterzinger Pfarrkirche.

Sehenswertes

› **Burg Reifenstein (Castel Tasso),** April–Okt. Mo–Fr 14–18 Uhr, Eintritt Erwachsene 9 €, Kinder 7 €

◁ *Auf einem Hügel bei Sterzing erhebt sich das Castel Pietra*

FRANZENSFESTE (FORTEZZA)

(17 km – 28 km)

Bevor man das Wipptal verlässt, passiert man zunächst noch einen See, der durch die Stauung des Flusses Eisack entstand. Gleich dahinter erhebt sich die sogenannte **Franzensfeste.** Die gleichnamige dazugehörige Ortschaft befindet sich noch vor dem See, bietet jedoch keinen Grund für einen längeren Aufenthalt.

Im Jahr 1809 versuchten **napoleonische Truppen** durch das Wipptal weiter nach Süden zu gelangen. Bei Franzensfeste gerieten sie jedoch in einen Hinterhalt, der durch den Tiroler Freiheitskämpfer **Andreas Hofer** eingeleitet wurde. Seine 500 Schützen schafften es, die fünfmal stärkeren Truppen aus dem Norden aufzuhalten und zurückzudrängen. Um nach den napoleonischen Kriegen mögliche spätere Angriffe aus dem Norden zu verhindern, beschloss **Kaiser Franz Joseph I.,** in der Nähe eine Festung errichten zu lassen – die Franzensfeste. Diese wurde nach dreijähriger Bauzeit im Jahr 1839 fertiggestellt und besaß zu Spitzenzeiten über 80 Kanonen und konnte mit 1000 Soldaten verteidigt werden.

Zu einem tatsächlichen Einsatz dieser Festung ist es jedoch nie gekommen. Schon früh verlor Franzensfeste an strategischer Bedeutung und diente später nur noch als Munitionslager.

Seitdem das italienische Militär die **Zitadelle** im Jahr 2002 verlassen hat, kann das mächtige Bauwerk, welches sich immerhin über einen Quadratkilometer erstreckt, im Rahmen einer Führung besichtigt werden. Hierzu wird jedoch festes Schuhwerk empfohlen, da man auch durch den unterirdischen Gang geführt wird, der über 457 Stufen den oberen und den unteren Festungsabschnitt miteinander verbindet.

Die Franzensfeste gehört zu den Südtiroler Landesmuseen, einem Zusammenschluss der bedeutendsten Museen in Südtirol.

Sehenswertes

› **Franzensfeste,** Mitte April bis Ende Oktober Di–So 10–18 Uhr. Führungen Mai–Okt. Di–So um 11 und 15 Uhr, Preis 9 €, www.franzensfeste.info

Ein Teil der mächtigen Franzensfeste

Parken

P 3 **Franzensfeste,** GPS 46.776104, 11.629372

Mit der Franzensfeste verlässt man zugleich das Wipptal und erreicht das **Eisacktal.** Obwohl der Fluss Eisack bereits am Brenner entspringt und einen bisher begleitet hat, wird die Bezeichnung Eisacktal erst ab der Franzensfeste benutzt. Der Eisack (Isarco) ist der zweitgrößte Fluss Südtirols und mündet nach fast einhundert Kilometern südlich von Bozen (Bolzano) in den Fluss Etsch (Adige).

Service

› Von der Franzensfeste in Richtung Brixen, genau zwischen der Autobahn und der SS12, befindet sich die Kostner-Tankstelle (GPS: 46.758787, 11.637982) mit Entsorgungsstation für Grauwasser und Chemie-WC. Die Entsorgungsmöglichkeit steht etwas versteckt gegenüber den Waschboxen. Achtung: Nur Entsorgung, keine Übernachtungsmöglichkeit.

Weiter auf der SS12 erreicht man **Vahrn (Varna).** Es ist zwar eine eigenständige Gemeinde, doch bei einem Blick auf die Karte und einer Fahrt durch den Ort beschleicht einen das Gefühl, es handele sich eher um ein Stadtviertel von Brixen (Bressanone). Es existiert weder ein Dorfzentrum noch findet man nennenswerte Sehenswürdigkeiten. Eine Ausnahme bildet das **Kloster Neustift** (s. S. 56), das allerdings im Nordosten von Vahrn gelegen ist und erst nach der Besichtigung von Brixen besucht werden sollte. Ein guter Ausgangspunkt für eine Besichtigung des Klosters, aber auch für einen Besuch in Brixen ist der Campingplatz Löwenhof ⑪.

⑩ Camping Vahrner See, Vahrn

GPS 46.761194, 11.634575

Dieser kleine Campingplatz mit Rasenflächen liegt zwischen der Brennerautobahn und dem Vahrner See. **Lage/Anfahrt:** Auf der SS12 an der Mautstelle der Autobahn vorbei und an der ersten Möglichkeit rechts abbiegen. Nach der Autobahn- und Eisenbahnbrücke sofort zu sehen. **Platzanzahl:** 15; **Untergrund:** Wiese; **Sicherheit:** beleuchtet, bewacht; **Preiskat.:** €€€; **Geöffnet:** Apr.–Okt.; **Kontakt:** 39040 Vahrn, Vahrner Seeweg 6, Tel. 0472 832169, https://camping-vahrner-see.com

125st-mm

BRIXEN (BRESSANONE)

(8 km – 36 km)

Für die Besichtigung von Brixen sollte man sich unbedingt Zeit nehmen. Die Geschichte der Stadt nahm im Jahr 901 ihren Anfang, womit sie zu den ältesten Gemeinden Südtirols zählt. Der letzte karolingische Herrscher, König Ludwig das Kind, überließ den Königshof Prihsna dem Bischof Zacharias von Säben. Diese Schenkung wird als Gründungsdatum der Stadt angesehen. Der Bischof ließ ein Münster errichten und noch im selben Jahrhundert wurde der Bischofssitz in das heutige Brixen verlegt. Brixen war damit jahrhundertelang sehr einflussreich, was aber durch die Säkularisation zu Beginn des 19. Jahrhunderts abrupt endete. Erst der spätere Tourismus brachte einen erneuten Aufschwung in die Stadt, die dem Besucher zahlreiche Kunstdenkmäler bietet.

Brixen verfügt über ein Parkleitsystem, bei dem es sich für Wohnmobilisten empfiehlt, **Parkplatz 3** (dritter Kreisverkehr links, s. S. 55) anzusteuern. Parkplatz 2 führt zu einer Tiefgarage, während Platz 3 eigentlich für Reisebusse ausgeschildert ist. Doch zu diesem Reisebusparkplatz gehört auch ein Parkplatz, der zwar wenige Schritte mehr in das Stadtzentrum erfordert, aber deutlich leerer ist und vor allem von Womo-Reisenden als inoffizieller Übernachtungsplatz genutzt wird.

Wer der Parkempfehlung folgt, der geht nun über den ruhigen Fischzuchtweg (Via del Laghetto) und die Kassianstraße (Via San Cassiano) ins Zentrum. Dabei trifft man automatisch auf den kleinen Pavillon der Tou-

Die Deckenfresken des Brixener Doms präsentieren sich im prächtigen Barock

risteninformation. Gleich dahinter erscheint auf der rechten Seite das Kreuztor, durch welches man in den verkehrsberuhigten Altstadtbereich gelangt.

Bevor man sich nun auf direktem Weg zum Domplatz begibt, sollte man zuvor erst nach links in die Straße **Kleine Lauben (Via Portici Minori)** abbiegen. Direkt dahinter folgt ihr Pendant, **Grosse Lauben (Via Portici Maggiori).** Die Bürgerhäuser dieser Einkaufsstraße bieten auf der gesamten Strecke schöne Arkadengänge und begleiten einen bis zum Pfarrplatz. Besonders das vorletzte Gebäude auf der linken Seite ist hervorzuheben. Es handelt sich um das sogenannte Pfaundlerhaus und stammt mit seinen schmiedeeisernen Gittern aus der Zeit der Renaissance.

Am Pfarrplatz ist der 72 m hohe **„Weiße Turm"** der St.-Michaels-Pfarrkirche nicht zu übersehen. Ein Blick auf das helle Dach verrät schon, woher der Turm seinen Spitznamen hat. So wie sich der Turm präsentiert, steht er bereits seit der Mitte des 15. Jahrhunderts unverändert hier. Die vier Erker unterhalb des Daches dienten einstmals der Brandwache, die den Kirchturm als Beobachtungsturm nutzte. Auf der rechten Seite erhebt sich die dazugehörige romanische Pfarrkirche aus dem 11. Jahrhundert, die im Inneren mit barockem Stil und zahlreichen Deckenfresken besticht.

Der Höhepunkt von Brixen ist jedoch der **Dom** gleich nebenan. Der erste Dom an dieser Stelle wurde aus Anlass der Verlegung des Bischofssitzes nach Brixen Ende des 10. Jahrhunderts errichtet. Sein heutiges Aussehen erhielt die Kirche jedoch nach mehreren Bränden und einem Neubau im 18. Jahrhundert. Im Inneren befinden sich ein ca. 200 m² großes Deckengemälde des Barockmalers Paul Troger und eine Orgel mit über 3000 Pfeifen.

Vom Dom und auch vom Domplatz aus, gelangt man zum romanischen Kreuzgang,

Nur wenige Meter vom Brixener Dom entfernt erhebt sich die Jahrtausendsäule

124st-mm

dessen künstlerische Ausarbeitung sehenswerter ist als der noch verhältnismäßig junge Dom. Der **Kreuzgang** selbst stammt aus dem 13. Jahrhundert, die Deckenfresken in den Gewölben aus den zwei folgenden Jahrhunderten. Den Innenhof ziert ein kleiner Garten, während sich an der Wand das Grab eines der Bischöfe von Brixen befindet. Weitere Bischofsgräber findet man am Domportal sowie im Inneren des Gotteshauses.

Zwischen Pfarrkirche und Dom befindet sich ein weiterer kleiner Garten, an dessen Mauer ein Denkmal zur Erinnerung an die Toten des Zweiten Weltkriegs errichtet wurde. Durch den Garten gelangt man zur Rückseite der Pfarrkirche bzw. des „Weißen Turms".

Dort beginnt die **Adlerbrückengasse (Via Ponte Aquila)** mit weiteren sehenswerten Bürgerhäusern und der Weg nach **Stufels,** das man bei einem Gang über die Eisack-Brücke erreicht, wo man schon mit einem Hinweisschild auf das „Fürstentum" aufmerksam gemacht wird. Dabei handelt es sich jedoch um eine kleine Übertreibung, denn Stufels ist lediglich ein Stadtviertel Brixens, jedoch immerhin das älteste. Archäologische Untersuchungen bringen immer wieder Funde zutage, die beweisen, dass sich hier schon lange vor der Zeit der Stadtgründung Menschen angesiedelt hatten. Von den Ausgrabungen ist jedoch nicht viel zu sehen, dafür präsentiert sich Stufels mit zahlreichen denkmalgeschützten Gebäuden, deren Fassaden zum Teil schön verziert sind.

Zurück am Domplatz sollte man hier ein Blick auf das am Nordrand gelegene Haus mit der Turmspitze werfen. Es handelt sich um das **Rathaus,** welches mit seinen Zinnen am Dach ein wenig an eine mittelalterliche Burg erinnert. Auf der gegenüberliegenden Seite des Platzes sieht man einen modernen Brunnen, der erst vor wenigen Jahren erbaut wurde. Gleich dahinter erhebt sich vor dem Diözesanmuseum die Jahrtausendsäule. Sie wurde anlässlich des 1000-jährigen Jubiläums der Stadtgründung im letzten Jahrhundert aufgestellt und zeigt an der Spitze ein goldenes Lamm, das Wappentier der Stadt. Auf dem Sockel ist die Figur von Bischof Zacharias, dem Stadtgründer, zu sehen.

In Brixen flaniert man unter den Laubengängen

Brixen

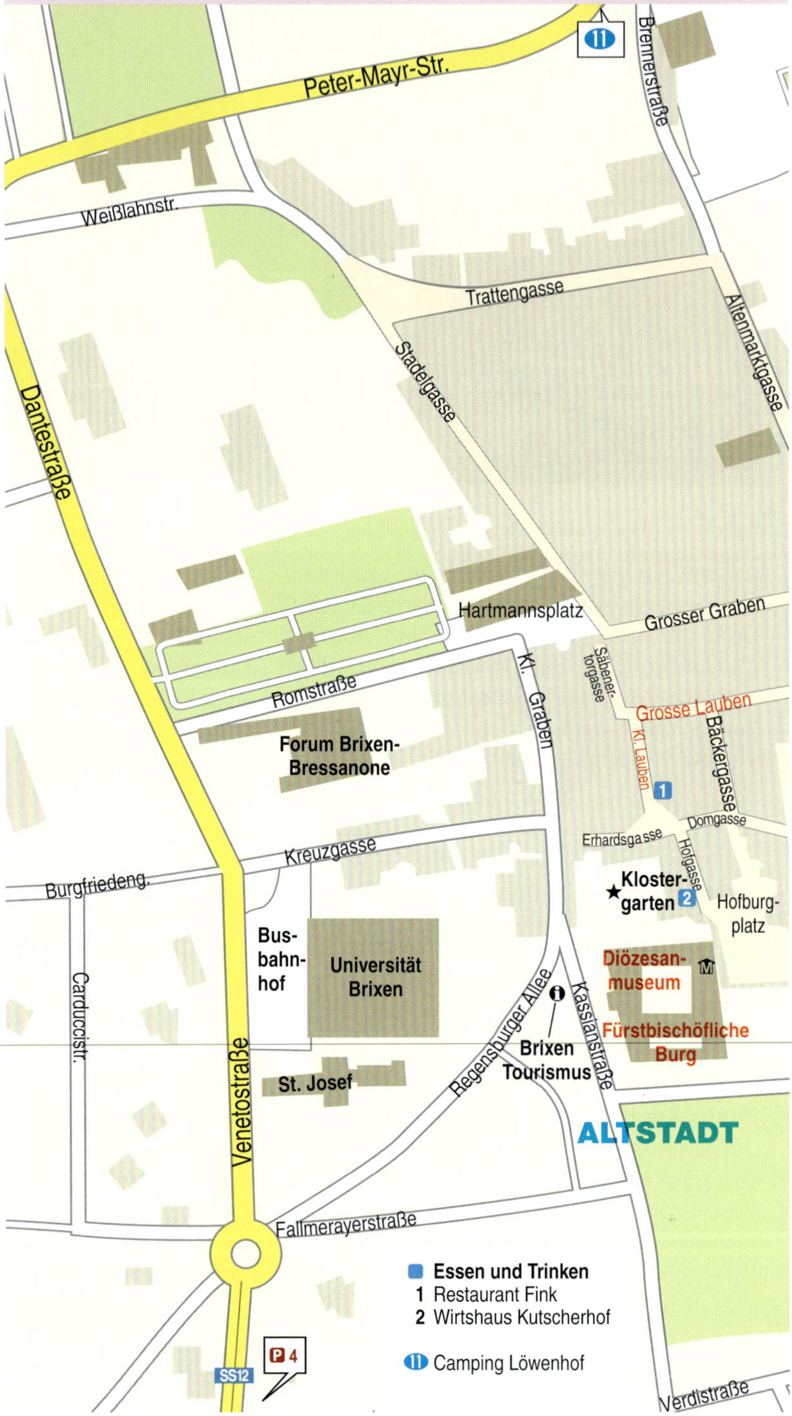

Peter-Mayr-Str.
Brennerstraße
Weißlahnstr.
Trattengasse
Altenmarktgasse
Stadelgasse
Dantestraße
Hartmannsplatz
Grosser Graben
Säbener-torgasse
Romstraße
Kl. Graben
Grosse Lauben
Kl. Lauben
Bäckergasse
Forum Brixen-Bressanone
Domgasse
Erhardsgasse
Hofgasse
Kreuzgasse
Burgfriedeng.
Kloster-garten
Hofburg-platz
Bus-bahn-hof
Universität Brixen
Diözesan-museum
Fürstbischöfliche Burg
Carduccistr.
Regensburger Allee
Kassianstraße
Brixen Tourismus
Venetostraße
St. Josef
ALTSTADT
Fallmerayerstraße
Essen und Trinken
1 Restaurant Fink
2 Wirtshaus Kutscherhof
11 Camping Löwenhof
SS12
P 4
Verdistraße

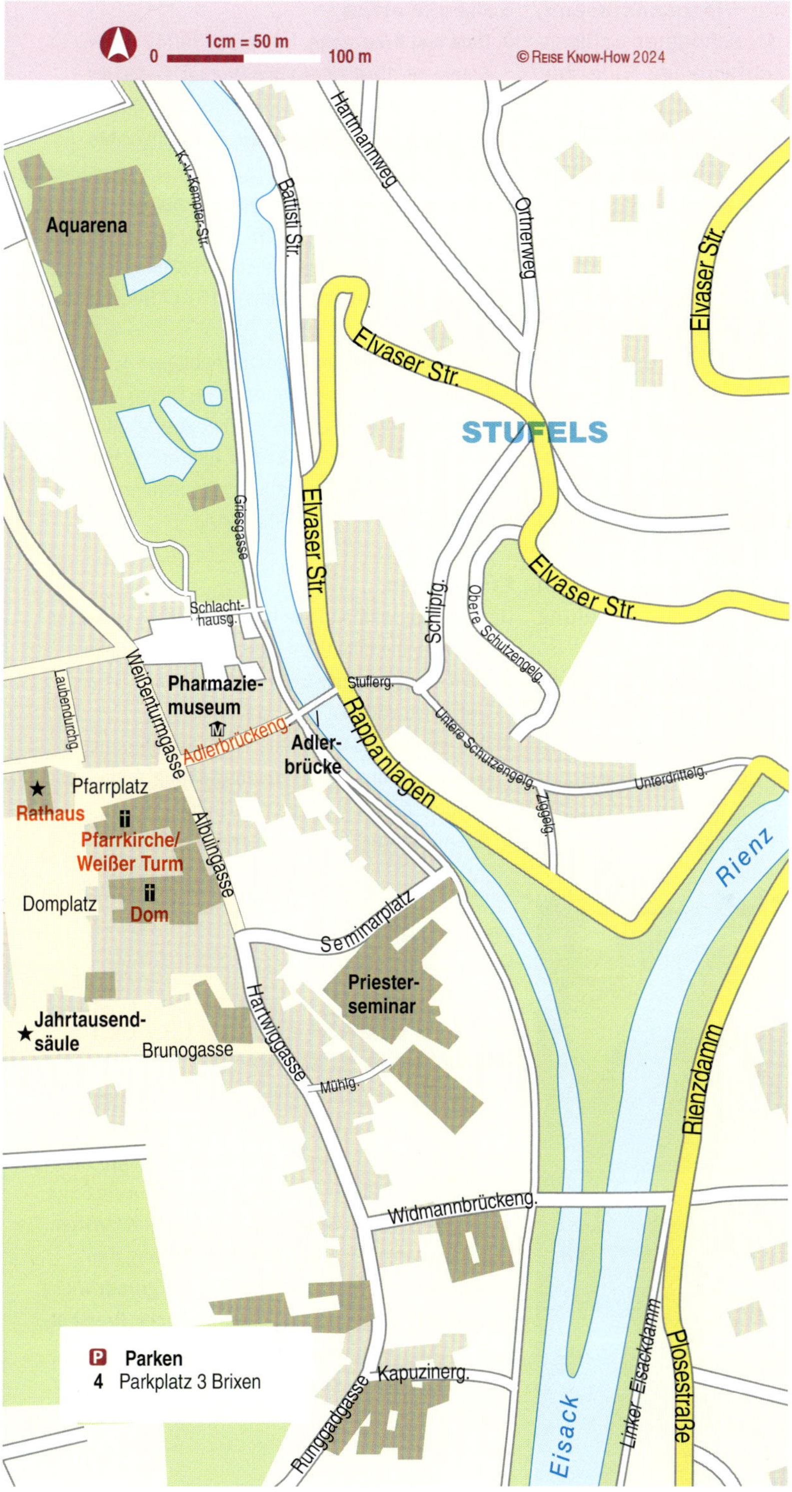
1cm = 50 m
0
100 m
© Reise Know-How 2024
Aquarena
K.-v.-Kempter-Str.
Battisti Str.
Hartmannweg
Ortnerweg
Elvaser Str.
Elvaser Str.
STUFELS
Elvaser Str.
Elvaser Str.
Griesgasse
Schlacht-
hausg.
Schlipfg.
Obere Schutzengelg.
Stuflerg.
Rappanlagen
Weißenturmgasse
Laubendurchg.
Pharmazie-
museum
Adlerbrückeng.
Adler-
brücke
Untere Schutzengelg.
Unterdrittelg.
Ziggelg.
Rienz
Pfarrplatz
Rathaus
Pfarrkirche/
Weißer Turm
Albuingasse
Domplatz
Dom
Seminarplatz
Priester-
seminar
Hartwiggasse
Jahrtausend-
säule
Brunogasse
Mühlg.
Rienzdamm
Widmannbrückeng.
Parken
4 Parkplatz 3 Brixen
Kapuzinerg.
Runggadgasse
Eisack
Linker Eisackdamm
Plosestraße

Das bereits erwähnte **Diözesanmuseum** befindet sich in einem der schönsten Schlosshöfe Südtirols. Der rechtwinklige Innenhof ist geprägt von den Loggien aus der Zeit der Renaissance. Sie umfassen alle drei Etagen auf der Süd- und der Nordseite der Brixener Hofburg. Die beiden anderen sich gegenüberliegenden Gebäudefassaden lassen ebenso wie die Hofkapelle einen Barockstil erkennen. Nicht minder sehenswert ist auch das Innere der Hofburg, insbesondere der **Kaisertrakt** im Westflügel, den Fürstbischof Graf Künigl zu Beginn des 18. Jahrhunderts umbauen ließ. Neben verschiedenen temporären Ausstellungen zeigt das Diözesanmuseum Sammlungen mittelalterlicher sowie auch neuzeitlicher Kunst, u. a. von Paul Troger und Jan Mabuse.

Weitere Höhepunkte des Museums sind der **Brixner Domschatz** und die Abteilung Krippen und Heilsgeschichte. Letztere ist im Erdgeschoss untergebracht und zeigt neben zwei Großkrippen zahllose kleiner Krippen der letzten drei Jahrhunderte. Über den angrenzenden Hofgarten gelangt man wieder zur Kassianstraße und somit zum Ausgangspunkt des Stadtrundganges zurück.

Sehenswertes

› **Dom und Kreuzgang,** Domplatz, 39042 Brixen, Ostern bis Allerheiligen und Dez. tgl. 7–18 Uhr, sonst 7–12 und 15–18 Uhr, Führungen durch Dom und Kreuzgang von Ostern bis Allerheiligen Mo–Sa 10.30 und 15 Uhr

› **Diözesanmuseum und Krippen,** Hofburgplatz 2, 39042 Brixen, März–Okt. Di–So 10–18.30 Uhr, Eintritt 10 €, Krippenmuseum Ende November–Anfang Januar tgl. außer Weihnachten 10–17 Uhr, Eintritt 10 €

› **Pharmaziemuseum,** Adlerbrückengasse 4, 39042 Brixen, www.pharmaziemuseum.it, Di und Mi 14–18 Uhr, Sa 11–16 Uhr, Juli und August tgl. Mo–Fr 14–18 Uhr und Sa 11–16 Uhr, Eintritt 5 €. Interessante Ausstellung über die Arzneimittelherstellung und die Geschichte der Pharmazie

Führungen

Der Tourismusverband von Brixen vermittelt und veranstaltet verschiedene themenbezogene Führungen.

› **Dom und Kreuzgang:** Mo–Fr 10.30 und 15 Uhr, Treffpunkt Vorhalle Dom, kostenlos

› **Brixens Blaues Gold:** Klassische Stadtführungen oder auch Führung mit Weinbegleitung. Anmeldung im Tourismusbüro Brixen notwendig.

› **Abendführung:** nur zu ausgewählten Terminen, 8 €

225st-Camping Löwenhof

⑪ Camping Löwenhof, Vahrn-Neustift/Brixen

GPS 46.734261, 11.647267

Hotelanlage mit Campingplatz und Wellnessanlage, zum Hotel gehören ein Restaurant und ein Freibad, Letzteres darf kostenfrei benutzt werden. **Lage/Anfahrt:** Am Ortseingang von Vahrn auf der linken Seite. In das Zentrum von Brixen sind es gut zwei Kilometer. Guter Ausgangspunkt für einen Spaziergang zum Kloster Neustift. **Platzanzahl:** 50; **Untergrund:** Wiese; **Sicherheit:** umzäunt, beleuchtet, bewacht; **Preiskat.:** €€€–€€€€€, abhängig von der Parzellengröße; **Geöffnet:** ganzjährig; **Kontakt:** 39040 Vahrn-Neustift/Brixen, Brennerstr. 60, Tel. 0472 836216, www.loewenhof.it

› **Theatralische Erlebnisführungen:** Nur nach vorheriger Ticketbuchung, dafür wird einem aber mehr als nur ein Rundgang geboten. Hier ist man auf der Spur von Meuchelmördern und Hexenmeistern und begegnet dabei „historischen Figuren".

Touristeninformation

› **Tourismusverein Brixen,** Regensburger Allee 9, 39042 Brixen, Tel. 0472 836401, www.brixen.org

Gastronomie

› **Wirtshaus Kutscherhof,** Hofgasse 6, 39042 Brixen. Nettes Restaurant in den historischen Mauern der ehemaligen Kutschenremise am Hofburgplatz. Lokale Gerichte und Pizzen.

› **Restaurant Fink,** Kleine Lauben 4, 39042 Brixen, www.fink1896.it. Rustikales wie Spanferkel und Gulasch.

12 Stellplatz Camping Gamp, Klausen

GPS 46.641159, 11.573131

Stellplatz, der zum Campingplatz Gamp in Klausen gehört. Er liegt etwas unterhalb des Campingplatzes. Im Preis ist die Nutzung der sanitären Einrichtung und des Schwimmbades des Campingplatzes nicht enthalten. **Lage/Anfahrt:** Brixen auf der SS12 südwärts Richtung Bozen verlassen. In Klausen auf die SS242d, über den Fluss und am Kreisverkehr nach rechts. Der Stellplatz befindet sich hinter der Zufahrt zum Campingplatz Gamp auf der linken Seite. **Platzanzahl:** 20; **Untergrund:** Rasen, Schotter; **Sicherheit:** eingezäunt, Tor; **Preiskat.:** €€; **Geöffnet:** ganzjährig; **Kontakt:** Campingplatz Gamp, Familie Schöpfer, Griesbruck 10, 39043 Klausen, www.camping-gamp.com

Parken

P 4 **Parkplatz 3 Brixen,** GPS 46.706657, 11.651022, Schilfweg

Service

› Entsorgungsstation (GPS: 46.704283, 11.649022) an der Esso-Station im Süden von Brixen. An der SS12 gleich hinter dem Kreisverkehr am P3 steht links die Tankstelle. Achtung: Nur Entsorgungsstation, keine Übernachtungsmöglichkeit.

122st-mm

⊡ *Der Weiße Turm der Pfarrkirche St. Michael*

123st-mm

KLOSTER NEUSTIFT (ABBAZIA DI NOVACELLA)

(4 km – 40 km)

Auf der SS12 verlässt man die Stadt wieder nach Norden bis zum Kreisverkehr, an dem die SS49 abzweigt. Auf dieser gelangt man weiter nordwärts und erreicht auf der linken Seite das bereits erwähnte Kloster Neustift aus dem 12. Jahrhundert, das sich zwischen den hauseigenen Weinreben erhebt. Als Ausgangspunkt für eine Besichtigung bietet sich der Campingplatz Löwenhof 11 an.

Das Kloster wurde früher als **Hospiz** genutzt, diente aber auch als **Raststätte für Pilger** auf dem Weg nach Rom bzw. nach Venedig, wenn diese dort nach Jerusalem einschiffen wollten. Zum Besitz gehören neben den Weinfeldern auch ein Sägewerk, eine Mühle sowie Ackerland und Wälder, was dazu führt, dass das Kloster auch heute noch weitgehend autark ist. Der mehrflügelige Gebäudekomplex kann von innen besichtigt werden, wobei besonders die Stiftsbibliothek mit über 60.000 Büchern Aufmerksamkeit verdient und natürlich auch die Basilika mit ihrer imposanten barocken Ausstattung nicht ausgelassen werden darf.

Erwähnenswert sind auch die Innenhöfe. Einer von ihnen ist mit einem **gotischen Kreuzgang** versehen, wobei die Deckenfresken leider schon sehr in Mitleidenschaft gezogen sind. Der andere beherbergt einen überdachten Brunnen, ebenfalls im Barockstil. Hier sollte man das Augenmerk auf die Bilder unterhalb des Daches richten. Die acht Weltwunder der Antike werden kunstvoll dargestellt, obwohl es ja eigentlich nur sieben Weltwunder gab. Als Weltwunder Nummer acht wird selbstbewusst Kloster Neustift präsentiert.

Bei einer Führung wird einem abschließend auch der **Weinkeller** präsentiert. Drei zum Kloster gehörende Weingüter versorgen das Stift mit Trauben, die in der Stiftskellerei zu köstlichem Wein reifen können. Selbstverständlich kann dieser auch nach einer kleinen Kostprobe erstanden werden.

Sehenswertes

› **Kloster Neustift,** Stiftstr. 1, 39040 Vahrn, www.kloster-neustift.it, Mo–Sa 10–17 Uhr, Eintritt Museum (ohne Führung) 12 €, Führungen (nur nach Voranmeldung) Mo–Sa 10 und 14.30 Uhr, 15 €

⊼ *Blick in den Domhof mit seinem Kreuzgang*

⊻ *Wo das Wipp- und das Pustertal aufeinandertreffen, befindet sich die Gemeinde Natz-Schabs*

NATZ-SCHABS (NAZ-SCIAVES)

(4 km – 44 km)

Die SS49 führt bergauf zu einem **Hochplateau,** das gerne als Apfelhochplateau bezeichnet wird. Kein Wunder, hat der **Obstanbau** in Südtirol doch eine lange Tradition und jeder zehnte Apfel, der irgendwo in Europa gegessen wird, hing an einem Südtiroler Baum. Rund um Eisack und Etsch befindet sich das größte zusammenhängende Anbaugebiet Europas und alleine in Natz-Schabs werden über 11.000 Tonnen der Sorten Golden Delicious, Elstar und Boskoop geerntet. Um einen kleinen Eindruck der Apfelplantagen zu erhalten, lohnt sich eine Wanderung auf dem Hochplateau. Zahlreiche markierte Rundwege beginnen im Hauptort Schabs, aber auch in den kleinen Ortschaften Aicha (Aica), Natz (Naz), Raas (Rasa) und Viums (Fiumes), die zum Gemeindeverband gehören.

Natürlich wundert es nicht, dass ein Besuch von Natz-Schabs gerade im Spätsommer bzw. im Herbst lohnend ist, wenn während der sogenannten Sunnseitn-Wochen („Sonnenseiten"-Wochen) das große **Apfelfest** begangen wird.

Touristeninformation

› **Tourismusverein Natz-Schabs,** Dorfplatz Natz, 39040 Natz-Schabs, Tel. 0472 415020, www.natz-schabs.info

Gastronomie

› **Gasthaus Zur Linde,** Aicha 4, 39040 Natz-Schabs, dienstags geschlossen. Einfaches Gasthaus mit Terrasse und Südtiroler Spezialitäten wie Törggelen

MÜHLBACH (RIO DI PUSTERIA)

(4 km – 48 km)

Das im enger werdenden Tal befindliche Mühlbach, das ebenfalls über die SS49 erreicht wird, konnte sich eine Zeit lang damit rühmen, Geburtsort von Maria Peintner zu sein, der Mutter des verstorbenen Joseph Ratzinger, besser bekannt als Papst Benedikt XVI. Allerdings stellte sich nach der Papst-Euphorie 2005 heraus, dass die Mutter des Kirchenoberhauptes im bayerischen Mühlbach geboren wurde und nicht in Südtirol.

Mühlbach selbst ist schnell durchquert, insbesondere, da die SS49 am Ortszentrum vorbeiführt. Doch nur wenige Hundert Meter weiter trifft man auf die **Mühlbacher Klause,** eine Wehranlage, die sich mächtig auf der linken Talseite erhebt. Mit ihrer Lage am Ufer der Rienz bildet sie die Grenze zwischen dem Eisacktal und dem hier beginnenden Pustertal. In früheren Zeiten war dies gleichzeitig die Grenze zwischen den Grafschaften Tirol und Görz, weshalb man bereits im 13. Jahrhundert eine Grenzfestung errichten ließ. Die damalige Festung bestand aus einer wehrhaften Mauer und zwei Türmen und befand sich weiter westlich, also in Richtung Mühlbach. Von der Anlage sind jedoch nur noch vereinzelte Überreste eines der beiden Türme vorhanden.

Die heutige Klause entstand in der zweiten Hälfte des 15. Jahrhunderts und diente zunächst als Zollstation. Als Görz jedoch im Jahr 1500 an Tirol fiel, war die Festung als Grenzstation zwar bedeutungslos geworden, konnte aber immer noch hervorragend als mittelalterliche Mautstation genutzt werden. Erst bei den Kämpfen gegen Napoleon musste die Festung schwere Zerstörungen hinnehmen, die zum Zerfall führten.

Bis weit in das 20. Jahrhundert führte die damalige Staatsstraße weiterhin mitten durch die Klause, heute kann man bequem daran vorbeifahren und in das Pustertal gelangen.

Sehenswertes

› **Mühlbacher Klause,** 39038 Mühlbach, Juni–Sept. Do 9–12 und 14.30–18 Uhr, Juli und Aug. auch Sa 9–12 Uhr

Touristeninformation

› **Tourismusverein Gitschberg Jochtal,** Jochtalstr. 1, 39037 Mühlbach, Tel. 0472 886048, www.gitschberg-jochtal.com

Im Pustertal folgt schon bald die nächste Sehenswürdigkeit. Wenn man im folgenden Ort Niedervintl auf die SP40 wechselt, gelangt man nach **Terenten,** wo man einige der Südtiroler **Erdpyramiden** (s. S. 100) ansehen kann. Außerdem kann man in Niedervintl die sogenannte **Lodenwelt** besuchen. Der Loden ist ein besonders widerstandsfähiger Wollstoff, der bereits im Mittelalter verwendet wurde und gern für die Herstellung von Jagd-, Wander- oder Trachtenkleidung genutzt wird. Näheres erfährt man im kleinen Museum der Lodenwelt, doch die meisten Anreisenden suchen den Shoppingbereich auf, in dem man Trachtenmode, aber auch italienische Designermode erstehen kann. Abgerundet wird die Lodenwelt von der **Schaukäserei Capriz,** in der man bei der Entstehung von Käse zuschauen darf und natürlich auch probieren kann. Und nicht zu vergessen: Beim Lodenwirt kann man gut speisen und die ein oder andere Flasche Wein darf hier auch den Besitzer wechseln.

Sehenswertes

› **Lodenwelt,** GPS 46.815153, 11.738113, direkt neben der Pustertaler Straße bzw. E66, www.lodenwirt.com/urlaub-dolomiten/lodenwelt

SANKT LORENZEN (SAN LORENZO DI SEBATO)

(21 km – 69 km)

Auf der weiteren Fahrt (SS49) durch das **Pustertal** ist das erste sehenswerte Örtchen die Gemeinde Sankt Lorenzen. Wenige Meter vor dem Ort mündet der Fluss Gader, von rechts aus dem gleichnamigen Gadertal kommend, in die Rienz. Die Rienz fließt durch das gesamte Pustertal. Sie entspringt bei den Drei Zinnen im Osten, bevor sie über 500 Höhenmeter hinter sich lässt und nach 80 Kilometern bei Brixen in den Eisack mündet.

Gegenüber der Gadermündung in die Rienz erhebt sich **Schloss Sonnenburg (Castel Badia)** auf einem steil abfallenden Felsen. Ursprünglich befand sich auf dem Felsen eine kleine Burg, die im 11. Jahrhundert dem Benediktinerorden geschenkt wurde. Das neu geschaffene Nonnenkloster wurde schnell wohlhabend, jedoch Ende des 16. Jahrhunderts vom Blitz getroffen, was zu seiner völligen Zerstörung führte.

Die dann neu errichtete Burg wurde bereits 200 Jahre später verlassen, worauf die Gebäudeteile verfielen. Erst Mitte des 20. Jahrhunderts erwarb ein Privatmann aus Deutschland die Burgruine und ließ die Anlage zu einem herrschaftlichen Schlosshotel umbauen. Dennoch kann Schloss Sonnenhof besichtigt werden (täglich 10–18 Uhr), wobei die spätromanischen Fresken in der Krypta der Klosterkirche besonders sehenswert sind.

In der Ortschaft Sankt Lorenzen selbst verdient die **Pfarrkirche zum hl. Laurentius** Aufmerksamkeit. Sie gilt als eine der ältesten Kirchen des Pustertals und weist verschiedene Bauelemente auf, die darauf hindeuten, dass die Kirche zwischen dem 13. und dem 16. Jahrhundert mehrfach umgebaut wurde. Doch schon 1000 Jahre zuvor hatte es an dieser Stelle einen Kirchenbau gegeben. Der wertvollste Kunstgegenstand im Gotteshaus ist die Statue der Muttergottes mit dem Jesuskind und der Traube, die aus dem 15. Jahrhundert stammt und ein Teil des damaligen Flügelaltars war.

Zuletzt sollte nicht unerwähnt bleiben, dass das heute fast unscheinbare Sankt Lorenzen einstmals die wichtigste Ortschaft des gesamten Tales war. Zu Zeiten der Römer hieß die Siedlung Sebatum und war eine wichtige Grenze zwischen verschiedenen Provinzen. In der Nähe der Staatsstraße zeugt auch heute noch ein römischer Meilenstein von der damaligen Bedeutung. Rund um den Sonnenburger Kopf im Norden der Gemeinde wurde ein **archäologischer Lehrpfad** eingerichtet, der anhand verschiedener Schautafeln die historischen Funde rund um Sankt Lorenzen erläutert.

Die Pfarrkirche zum hl. Laurentius ist eine der ältesten Kirchen des Pustertals

Sehenswertes

- **Schloss Sonnenburg,** 39030 St. Lorenzen, tgl. 10–18 Uhr
- **Museum mansio sebatum im Rathaus,** 39030 St. Lorenzen, www.mansio-sebatum.it, Mo–Fr 8–12 und 15–18, Sa 9–12 Uhr, 5 €. Archäologische Fundstücke aus Sankt Lorenzen und das einzige Museum in Südtirol, das sich mit der Römerzeit befasst.

Touristeninformation

- **Tourismusverein St. Lorenzen,** Josef-Renzler-Str. 9, 39030 St. Lorenzen, Tel. 0474 474092

⓭ Camping Wildberg, St. Lorenzen

GPS 46.781651, 11.899116

Ein schöner Campingplatz in Waldrandlage mit rustikal eingerichteter Rezeption, allerdings auch neben einem Eisenbahngleis. Der Swimmingpool kann von den Besuchern kostenlos genutzt werden. **Lage/Anfahrt:** Die SS49 wird bei Bruneck-West verlassen. Über die Josef-Renzler-Straße bis zur Dorfstraße. Am Ende werden die Gleise überquert, der Platz liegt dahinter. **Platzanzahl:** 90; **Untergrund:** Wiese; **Sicherheit:** bewacht, beleuchtet; **Preiskat.:** €€€€€; **Geöffnet:** Mai-Anfang Nov. und Anfang Dez.-Mitte April; **Kontakt:** 39030 St. Lorenzen, Dorfstr. 9, Tel. 0474 474080, www.campingwildberg.com

Die kleine Ortschaft St. Lorenzen befindet sich kurz vor Bruneck

BRUNECK (BRUNICO)

(4 km – 73 km)

Zwischen Sankt Lorenzen und Bruneck verlässt man die SS49 an der Ausfahrt Bruneck-West und folgt auf der SP12 der Beschilderung in das Stadtzentrum. Bruneck wirkt größer, als es ist, was sicherlich auch daran liegen mag, dass der Ort eine eigene geräumige Ortsumfahrung besitzt. Bei genauerer Betrachtung ist Bruneck jedoch recht überschaubar und kann bequem an einem Tag besichtigt werden.

Lohnenswert ist es, vor oder nach der Stadtbesichtigung auch noch eine Wanderung oder eine Fahrt auf den südlich gelegenen Hausberg, den **Kronplatz,** zu unternehmen. Der 2275 m hohe Berg ist Namensgeber für die Tourismusvereinigung in der Region wie auch schon die Straßenschilder verraten. Eine Besonderheit auf dem Gipfel ist die sogenannte **Concordia2000.** Auf einem Fundament von

152st-mm

11 m Durchmesser wurde im Jahr 2003 eine Friedensglocke errichtet. Mit ihren über 18 t Gewicht ist sie eine der schwersten Glocken im alpenländischen Raum. Allein der Klöppel wiegt eine halbe Tonne und lässt in der Glocke mit ihren 3 m Durchmesser die Note „Cis" erklingen. Mittwochs und von Fr bis So sollte man zur Mittagszeit daher ein wenig Abstand zur Glocke walten lassen.

2015 wurde auf dem Kronplatz das sechste der **Messner Mountain Museen** eröffnet. Unter dem Namen **Corones** befasst es sich mit den Themen „Klettern und Bergsteigen". Damit sei sein Museumsprojekt, so Reinhold Messner, der dies als seinen 15. Achttausender bezeichnet, abgeschlossen.

Bruneck ist ein malerisches Fleckchen

⑭ Wohnmobilstellplatz Ritterkeller, San Vigilio

GPS 46.706436, 11.928981

Auf dem großen Parkplatz des Restaurants Ritterkeller übernachtet man in sehr ruhiger Lage. Wenn es voll ist, steht man unter Umständen dicht beieinander. **Lage/Anfahrt:** Südwestlich von Kronplatzgipfel am Ortsrand von San Vigilio. Westlich von Bruneck die SS49 verlassen und der SS244 folgen. Von dieser wenig später in Richtung Furkelpass/St. Vigil und im Ort weiter Richtung Furkelpass und hinter dem Restaurant Ritterkeller rechts; **Platzanzahl:** 50; **Untergrund:** geschottert; **Sicherheit:** Schrankenanlage; **Preiskat.:** €€€; **Geöffnet:** ganzjährig; **Kontakt:** Str. Ras Costa 2, 39030 San Vigilio, Tel. 0474 501418, www.ritterkeller.it

Auf der Nordseite des Bahnhofs von Bruneck (Stegener Markplatz) befindet sich ein Parkstreifen, der auch zum Übernachten genutzt wird. Gleich gegenüber erreicht man durch eine Unterführung den Bahnhofsvorplatz.

121st-mm

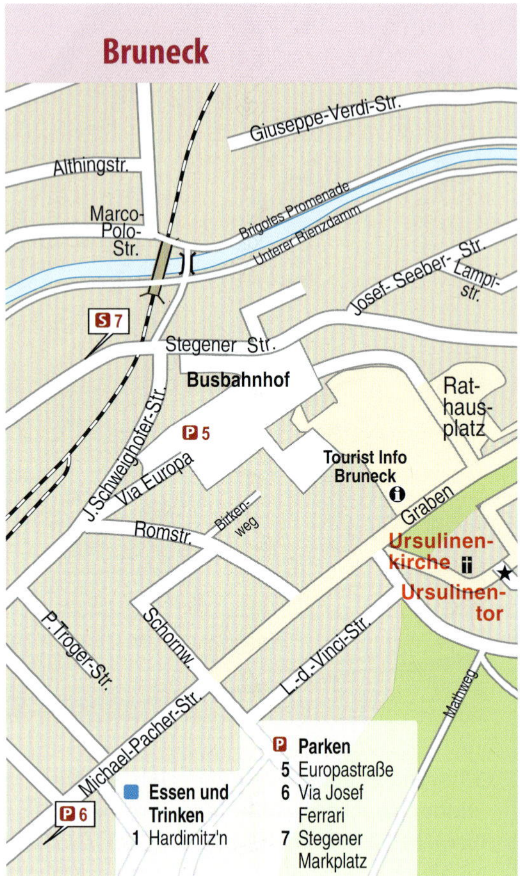

Unterwegs über die Marconistraße und die Michael-Pachler-Straße sieht man schon den Turm der **Ursulinenkirche.** Dieses Gotteshaus stammt aus der ersten Hälfte des 15. Jahrhunderts und beherbergt sehenswerte Fresken. Direkt rechts neben der Kirche erreicht man durch das **Ursulinentor,** dem westlichen von vier mittelalterlichen Stadttoren, die mittelalterliche Stadtgasse. Sie ist heute mehr eine Einkaufsstraße, dennoch sind noch einige reich verzierte Hausfassaden und interessante Giebelkonstruktionen an den Dächern zu sehen. Besonders am Ende der Gasse, genauer gesagt am östlichen Stadttor, werden zahlreiche Fresken präsentiert. Gleich hinter dem schmalen Durchgang geht es rechts ein wenig hinauf zur **Rainkirche.** Dieses im 17. Jahrhundert barockisierte Gotteshaus ist der hl. Katharina gewidmet und besticht mit einem Zwiebelturm. Sowohl an der Außenfassade als auch im Inneren der Kirche wird die Lebensgeschichte der hl. Katharina mit zahlreichen Fresken dargestellt.

Die wehrhaften Mauern von Schloss Bruneck beherbergen das Museum Ripa von Reinhold Messner (s. S. 63)

Von der Kirche aus erreicht man auf einem kleinen, bergauf führenden Waldweg **Schloss Bruneck.** Früher war das Hauptportal auf der Südseite stilecht nur über eine Zugbrücke erreichbar. Damit war die über 750 Jahre alte Burg gut befestigt und erhielt im Laufe der Zeit mehrere Um- und Anbauten. Auch im 21. Jh. wurde wieder gebaut, denn im Inneren

wurde 2011 mit dem MMM Ripa das fünfte der insgesamt sechs Museen von **Reinhold Messner** eröffnet. Es ist Teil des **Messner Mountain Museums** und stellt Bergvölker aus Asien, Afrika, Südamerika und Europa sowie ihre Religionen und ihre Kultur vor.

Vom Schlossberg geht es wieder hinab zum **Ragentor,** das die Stadtgasse von der Oberstadt trennt. Diese ist von einem trapezförmigen Platz mit Mariensäule geprägt. Gestiftet wurde die Säule zu Beginn des 18. Jahrhunderts von Anton von Wenzl, Freiherr von Sternbach. Nach ihm ist auch das Palais benannt, welches sich gleich hinter der Säule erhebt.

Die Straße **Oberragen** führt noch am Palais vorbei bis zur Pfarrkirche und zum dahinterliegenden Friedhof. Ein Hinweisschild verrät, dass bereits im 13. Jahrhundert an dieser Stelle eine kleine Kapelle errichtet wurde und nur wenige Meter weiter sind Pilgermuscheln zu erkennen, die den Jakobsweg nach Santiago de Compostela markieren.

Zurück zur Stadtgasse sollte man sich rechts halten, um die **Rienz** zu überqueren. Einerseits lohnt ein Blick auf die Bürgerhäuser, die direkt bis an das Flussufer heranreichen, andererseits befinden sich dort noch die **Heiliggeistkirche** und das **Stadtmuseum.** Das Gotteshaus stammt aus dem 14. Jahrhundert und ist im barocken Stil gehalten. Sehenswert ist die künstlerische Darstellung der Taufe Jesu Christi aus dem 18. Jahrhundert vom Südtiroler Barockmaler Franz Sebald Unterberger.

Das **Stadtmuseum** wurde in alten Stallungen eingerichtet und beschäftigt sich überwiegend mit der Grafik des 20. Jahrhunderts, so ist auch eine komplett eingerichtete Künstlerwerkstatt im Museum untergebracht. Neben der Ausstellung zur Grafik zeigt das Museum aber auch eine Sammlung spätgotischer Werke des Brunecker Künstlers Michael Pacher. Malereien und Schnitzereien von Pacher sind in Südtirol an mehreren Orten zu finden. So gestaltete er die Sakristeidecke im bereits besichtigten Kloster Neustift (s. S. 56), aber auch das Tympanon der Stiftskirche in Innichen (San Candido). Weitere Werke, zum Teil prunkvolle Altäre, existieren in Bozen (Bolzano) und in Deutschland sowie Österreich.

Vom Kapuzinerplatz gelangt man zur Straße Am Graben (Bastioni), die mit einem breiten Bürgersteig und einigen Cafés aufwartet. Dort ist das letzte Stadttor, das **Florianitor,** zu sehen. An seiner Fassade befinden sich eine Zeichnung des Brunecker Stadtwappens sowie Abbildungen des hl. Florian und des Stadtgründers Bischof Bruno. Im Übrigen kann in der dahinterliegenden Florianigasse, kurz vor der Stadtgasse, eine Statue des hl. Floriani besichtigt werden, die sich an einer Hauswand befindet. Über die Straße Am Graben gelangt man schließlich wieder zur Ursulinenkirche zurück, von wo aus man schnell wieder am Bahnhof bzw. am Stellplatz ist.

Sehenswertes

› **Schloss Bruneck,** Schlossweg 2, 39031 Bruneck, www.messner-mountain-museum.it, geöffnet vom zweiten Sonntag im Mai bis zum 1. November, Mi–Mo 10–18 Uhr sowie von Weihnachten bis Ende April 12–18 Uhr, 14 €.

› **Messner Mountain Museum Corones,** Kronplatz, Enneberg, von Ende Nov. bis Mitte April und vom 1. So im Juni bis zum 2. Sonntag im Okt. 10–16 Uhr, 14 €, www.messner-mountain-museum.it

Touristeninformation

› **Tourist Info Bruneck,** Rathausplatz 7, 39031 Bruneck, Tel. 0474 555722, www.bruneck.com

Gastronomie

› **Restaurant und Steakhouse Hardimitz'n,** Seilbahnstr 7, 39031 Bruneck, www.hardimitzn.com. Gemütliches Lokal im Stil einer urigen Bauernstube.

› **Gasthof Restaurant Oberraut,** Via Ameto 1, 39031 Bruneck, www.oberraut.it, donnerstags geschlossen. Lokale und Wildspezialitäten.

Parken

P **5 Europastraße Bruneck,** GPS 46.796273, 11.933599

P **6 Via Josef Ferrari Bruneck,** GPS 46.790801, 11.928786

Sonstiger Stellplatz

S **7 Stegener Markplatz Bruneck,** GPS 46.794979, 11.928263. Einfacher Ort zum Übernachten für 5 € auf gemischtem Parkplatz.

ROUTE 2

DURCH DAS PUSTERTAL ZU DEN DOLOMITEN

153st-mm

Strecke:

Bruneck (Brunico, s. S. 60) – **Welsberg-Taisten** (Monguelfo-Tesido, 17 km, s. S. 68) – **Pragser Wildsee** (Lago di Braies, 11 km, s. S. 69) – **Toblach** (Dobbiaco, 15 km, s. S. 72) – **Abstecher nach Innichen und Sexten** (San Candido und Sesto, hin und zurück 24 km, s. S. 73) – **Abstecher zu den Drei Zinnen** (Tre Cime di Lavaredo, hin und zurück 12 km, s. S. 76) – **Cortina d'Ampezzo** (32 km, s. S. 79)

Streckenlänge:

ohne Abstecher ca. 75 km
mit Abstecher ca. 111 km

◁ *Vorseite: Oft geht es mit dem Sessellift in die Höhen, so wie hier bei Innichen (s. S. 73)*

290st-mm

ROUTENÜBERSICHT

ENGE TÄLER UND TÜRKIS SCHIMMERNDE SEEN AUF DEM WEG IN DIE DOLOMITEN

Der Fluss Rienz, der sich durch das reizvolle Pustertal schlängelt, wird auf dieser Route zum treuen Begleiter. Steile Berghänge rechts und links des Weges laden zu Wanderungen ein und spätestens an den Drei Zinnen kann man der Verlockung dann nicht mehr widerstehen. Dieses Wahrzeichen der Dolomiten ist einer der jüngeren Teile des UNESCO-Weltnaturerbes und eine beliebte Wanderregion.

Zuvor lohnen sich noch Aufenthalte an so idyllischen Gewässern wie dem Pragser Wildsee oder dem Toblacher See. Zum Abschluss der Etappe winkt dann noch ein Rundgang durch den Olympia-Ort Cortina d'Ampezzo.

So unfassbar nah kommt man den Bergen mit dem Wohnmobil

WELSBERG-TAISTEN (MONGUELFO-TESIDO)

(17 km – 17 km)

Auf dem Weg von Bruneck nach Welsberg-Taisten passiert man zunächst **Rasen-Antholz (Rasun Anterselva),** das am Ausgang des Antholzer Tales liegt. Am Ende des immer enger werdenden, 21 km langen Tales befindet sich der **Antholzer Wildsee,** der 38 m tief und zugleich der drittgrößte der wenigen Seen Südtirols ist. Auf einem **Naturlehrpfad** kann man ihn bei einer Wanderung umrunden.

Hinter dem See geht es über Serpentinen steil bergauf bis zum **Staller Sattel.** Ein Abstecher nach Österreich ist an dieser Stelle nicht zu empfehlen, da die Auffahrt zum Passübergang für Wohnwagen und Busse gesperrt ist und der Verkehr auf dieser Straße aufgrund ihrer Enge mit einer Ampel geregelt werden muss. Die Grünphase auf italienischer Seite ist nur von der 30. bis zur 45. Minute jeder Stunde vorgesehen.

Touristeninformation

› **Tourismusverein Antholzertal,** Niederrasner Straße 35F, 39030 Rasen im Antholzertal, Tel. 0474 496269, www.antholzertal.com

⑮ Camping Residence Corones, Rasen-Antholz

GPS 46.775052, 12.036283

Ruhiger Platz mitten in einem Wäldchen mit Anschluss an einen Radweg. Auf dem Platz gibt es ein Restaurant, ein Freibad und eine Saunalandschaft. **Lage/Anfahrt:** Von der SS49 links auf die SP44 Richtung Rasen. Am Kreisverkehr links und hinter der Autowerkstatt Veider links in den Waldweg. **Platzanzahl:** 130; **Untergrund:** Wiese; **Sicherheit:** beleuchtet, bewacht; **Preiskat.:** €€€€; **Geöffnet:** Mitte Mai–Okt. und Mitte Dez.–Mitte April; **Kontakt:** 39030 Rasen-Antholz, Rasen-Antholz 124, Tel. 0474 496490, www.corones.com

⑯ Camping Antholz, Rasen-Antholz

GPS 46.864506, 12.109573

Der Campingplatz mit Rasenplätzen befindet sich direkt an der Straße im Antholzer Tal und auf dem Weg zum Staller Sattel. **Lage/Anfahrt:** im Pustertal auf die SP44 wechseln und in Richtung Antholz fahren. Kurz hinter dem Ort befindet sich der Platz auf der rechten Seite. **Platzanzahl:** 200; **Untergrund:** Schotterrasen, Wiese; **Sicherheit:** bewacht, beleuchtet; **Preiskat.:** €€€€; **Geöffnet:** Ganzjährig; **Kontakt:** 39030 Rasen-Antholz, Obertaler Straße 10, Tel. 0474 492204, www.camping-antholz.it

226st-Camping Antholz©Horst Oberrauch

Auf dem Weg nach Osten passiert man im Pustertal ebenfalls einen grünlich schimmernden See, doch dieser ist nicht natürlichen Ursprungs. Man erkennt schon von der SS49 die Staumauer des **Olanger Stausees,** der sich aus der Rienz gebildet hat.

Parken

P 8 **Welsberger Stausee,** GPS 46.760527, 12.062218

Hinter dem See empfiehlt es sich am Kreisverkehr erst die zweite Ausfahrt zu benutzen. Sie führt nach Welsberg-Taisten, während die SS49 durch einen über einen Kilometer langen Tunnel an Welsberg vorbeiführt.

Auch dieser Ort hat einen Lehrpfad zu bieten. Er führt allerdings nicht um einen See herum, sondern um das **Schloss Welsberg** aus dem 12. Jahrhundert. Wie schon Schloss Sonnenburg erhebt sich auch dieses Schloss auf einer Felsspitze. Durch den hohen Bergfried ist es weithin sichtbar, was nicht verwundert, da der Turm ursprünglich zu Beobachtungszwecken errichtet wurde. Die restliche Anlage der Kernburg entstand erst im Anschluss.

Im Ort selbst kann die **Pfarrkirche** besichtigt werden, die ein Altargemälde von Paul Troger beherbergt. Der Barockmaler, der bereits am Brixener Dom in Erscheinung trat, wurde 1698 in Welsberg geboren. An seinem Geburtshaus beginnt ein **Rundweg** an der Kirche vorbei bis zum Schloss. Die Touristeninformationen geben hierzu eine Informationsbroschüre heraus. Beim Rundgang stößt man übrigens auch auf einen Bildstock, der mit Fresken von Michael Pacher versehen ist.

Touristeninformation

› **Tourismusbüro Gsieser Tal,** St. Martin 10a, 39030 Gsieser Tal, Tel. 0474 978436, www.gsieser-tal.com

128st-mm

Die Kapelle „Zur Schmerzhaften Muttergottes" am Pragser Wildsee

PRAGSER WILDSEE (LAGO DI BRAIES)

(11 km – 28 km)

Nur wenige Kilometer hinter Welsberg-Taisten sollte man unbedingt einen kleinen Abstecher in das **Pragser Tal** machen. Die Straße dorthin zweigt von der SS49 ab und unterquert zunächst die Eisenbahngleise. Nach rund 6 km stetiger Bergauffahrt endet die Straße an drei aufeinanderfolgenden, kostenpflichtigen Parkplätzen, von denen idyllische Wanderwege zum **Pragser Wildsee** führen. Der See gilt als einer der schönsten Südtirols, und das nicht zu Unrecht. Umgeben von hohen Bergen erstreckt sich der See auf einer Höhe von fast 1500 m über dem Meer. Auf der Wasseroberfläche spiegelt sich der Seekofel mit einer Höhe von 2810 m, der bereits zu den Dolomiten gehört. Deutlich zu sehen ist jedoch, dass der Wasserspiegel in früheren Zeiten höher lag und das Gewässer immer kleiner wird.

Ein vier Kilometer langer, vom Schwierigkeitsgrad her wenig anspruchsvoller **Rundweg**

führt direkt am Ufer des Sees entlang und sollte nicht ausgelassen werden. Teilweise führt der Weg am Felshang entlang. Picknickplätze laden unterwegs zu kleinen Pausen ein.

In der Zeit von **Mitte Juli bis Mitte September** ist die **Anreise** zwischen 9.30 und 16 Uhr jedoch nicht mehr ganz einfach. Um den starken Besucherandrang zu regulieren, wird die Zufahrt in diesem Zeitraum stark eingeschränkt. Ein kostenpflichtiger **Shuttlebus** pendelt dann von Toblach (s. S. 72) und Welsberg (s. S. 68) bis zum Seeufer. In Schmieden, am Beginn des Tals, gibt es den Parkplatz P1, den man vorab reservieren kann, jedoch leider nur für Pkw. Von dort aus kann man dem rund sechs Kilometer langen Weg zu Fuß oder mit dem Rad folgen. Wer mit dem Wohnmobil bis zum See möchte, muss online eine Durchfahrtreservierung für 40 € buchen. Darin enthalten ist ein Voucher für Restaurants und Shops im Wert von 20 €. Jedoch gilt auch die darin enthaltene Parkplatzreservierung nur für Pkw und nicht für Campingfahrzeuge.

Um den Pragser Wildsee in der Hauptsaison gleichzeitig günstig und bequem erleben zu können, gilt also das **Früher-Vogel-Prinzip:** Vor 9.30 Uhr ist das Tal noch kostenlos befahrbar und die Ausfahrt kann jederzeit erfolgen. Eine Garantie, einen Parkplatz zu erhalten, hat man dann trotzdem nicht, denn schwenkbare Höhenbeschränkungen können die Zufahrt auf den Parkplatz verhindern.

› Infos und Durchfahrtreservierung: www.prags.bz

Touristeninformation

› **Tourismusverein Pragser Tal,** Außerprags 78, 39030 Prags (Braies), Tel. 0474 748660, www.pragsertal.info

Gastronomie

› **Mösslhof,** Innerprags 15, 39030 Innerprags. Hausgemachte Fleischgerichte

Zwischen den Parkplätzen und dem Seeufer befindet sich, nicht zu übersehen, das **Hotel Pragser Wildsee,** das in den letzten Tagen des Zweiten Weltkrieges eine wichtige Rolle spielte. 139 Gefangene der SS aus verschiedenen Konzentrationslagern wurden damals zunächst nach Dachau und von dort nach Südtirol gebracht und sollten nun exekutiert

Der Pragser Wildsee ist von einer Bergkulisse umgeben

154st-mm

werden. Unter ihnen befanden sich prominente Persönlichkeiten wie der ehemalige Premierminister von Frankreich (Léon Blum), der einstige Bundeskanzler Österreichs (Kurt von Schuschnigg), der Premierminister von Ungarn (Miklós Kállay) sowie Familienangehörige der Attentäter vom 20. Juli 1944. Als sich der Gefangenentransport am 30. April 1945 in der nahe gelegenen Ortschaft Niederdorf (Villabassa) befand, wurden die zum Tode Verurteilten durch das tatkräftige Einschreiten des Wehrmachtsoffiziers Wichard von Alvensleben befreit. Die Hotelbesitzerin am Pragser Wildsee nahm die Menschen auf und versorgte sie, bis die amerikanischen Truppen am 4. Mai eintrafen und sie vorerst in Gefangenschaft nahmen. Im Hotel ist seit 2006 das sogenannte **„Zeitgeschichtsarchiv Pragser Wildsee"** untergebracht, das ausführlich über dieses Ereignis berichtet und bemüht ist, Dokumente darüber zusammenzutragen. Eine Besichtigung ist nur nach vorheriger schriftlicher und begründeter Antragstellung möglich.

Touristeninformation

› **Tourismusverein Niederdorf,** Bahnhofstraße 3, 39039 Niederdorf, Tel. 0474 745136, www.niederdorf.it

Auf idyllischen Pfaden kann man den Pragser Wildsee umrunden

Emma Hellenstainer

Niederdorf (Villabassa) ist eine Ortschaft, die man schnell durchquert hat. Erwähnenswert ist hier jedoch die ehemalige Einwohnerin Emma Hellenstainer, die die Auszeichnung der berühmtesten Wirtin Tirols erhielt und für ihre Verdienste in der Tourismusbranche sogar von Kaiser Franz Josef I. mit dem goldenen Verdienstkreuz ausgezeichnet wurde. Das Besondere daran ist, dass Emma Hellenstainer im 19. Jahrhundert lebte, also in einer Zeit, in der man als Frau selten Gelegenheit hatte, sich zu beweisen. Sie baute den Gasthof ihres Ehegatten, den Schwarzen Adler, zu einer Unterkunft mit gehobenem Standard aus und änderte den Namen in Hotel Emma. Zu sehen ist das Hotel in der Frau-Emma-Straße 5 in Niederdorf. Es wurde durch die liebenswerte Art der ehemaligen Gastgeberin weit über das Pustertal hinaus bekannt und zum Vorbild für andere gastronomische Betriebe. Ihre Söhne bauten schließlich das Hotel am Pragser Wildsee sowie das Hotel Emma in Meran.

TOBLACH (DOBBIACO)

(15 km – 43 km)

Vom Abzweig zum Pragser Wildsee fährt man weiter auf der SS49 gen Osten bis Toblach, das schon immer als Kreuzungspunkt zwischen der Ost-West-Route durch das Pustertal und der Südroute durch das Höhlensteintal nach Venedig galt. Doch bei Toblach kreuzen sich nicht nur Täler und Straßen, auch die hier entspringenden Flüsse fließen in verschiedene Richtungen. Das **Toblacher Feld** gilt als **Wasserscheide** zwischen dem Mittelmeer und dem Schwarzen Meer, denn die beiden **Flussquellen der Drau und der Rienz** befinden sich nicht weit vom Ort Toblach entfernt. Während die Rienz durch das Pustertal in den Eisack mündet und somit in das Mittelmeer fließt, fließt die Drau gen Osten und auf österreichischer Seite in die Donau, die wiederum in Rumänien in das Schwarze Meer mündet.

Dieser Besonderheit hat Toblach aber nicht zu verdanken, dass der Ort ein **beliebtes Ferienziel** ist. Dies liegt vielmehr an den zahlreichen Freizeitmöglichkeiten, die Toblach bietet. So findet sich im Hochpustertal rund um Toblach eine Vielzahl an **Wanderwegen** und **Fahrrad- bzw. Mountainbikestrecken,** zu denen die Touristeninformation ausführliche Streckenkarten aushändigt.

Höhepunkt der Region – im wahrsten Sinne des Wortes – ist der Gebirgsstock **Drei Zinnen,** das Wahrzeichen der Dolomiten. Er ist von der etwas höher gelegenen, zu Toblach gehörenden Gemeinde Wahlen (Valle San Silvestro) bei guter Sicht schon zu erkennen.

Kulturinteressierte werden sich zudem für die **Toblacher Pfarrkirche** begeistern können. Sie steht auf den Grundmauern einer ehemaligen romanischen Kirche und stammt aus der zweiten Hälfte des 18. Jahrhunderts. Nicht zu übersehen ist der frei stehende Kirchturm, der sogar vier Meter höher ist als der Weiße Turm von Brixen.

Stolz ist man in Toblach auch auf das **Komponierhäuschen** im Wildpark und auf die **Gustav-Mahler-Stube.** Mahler ließ das Komponierhäuschen erbauen, um ungestört an seinen Werken arbeiten zu können. Der Komponist verweilte drei Sommer lang in Toblach, weshalb hier bis heute in jedem Sommer die Gustav-Mahler-Musikwochen veranstaltet werden. Die Stube und das Häuschen sind noch im originalen Zustand und wirken, als ob Mahler jeden Augenblick hereinkommen und seine zehnte Symphonie vervollständigen würde.

Zu guter Letzt lohnt ein Besuch in der **Schaukäserei,** wo man sich in einer Ausstellung über die Entstehung und Geschichte der Käseherstellung informieren kann. Zudem besteht die Möglichkeit, an einer Führung durch die Käseproduktion teilzunehmen und natürlich nicht nur zu probieren, sondern auch echten Südtiroler Käse zu erstehen.

Sehenswertes

- **Schaukäserei Drei Zinnen,** 39034 Toblach, Pustertaler Str. 3c, Di–Sa 8–19, So 10–17 Uhr, Eintritt 5 €, mit Verkostung 8–10 €, www.3zinnen.it
- **Komponierhäuschen,** 39034 Toblach, im Wildpark. Das kleine Holzhäuschen befindet sich auf einem Privatgrundstück und kann nur in den Sommermonaten bis ca. Mitte September besichtigt werden.
- **Gustav-Mahler-Stube,** Altschluderbach 3, 39034 Toblach, Di und Sa 11–12 Uhr, Eintritt frei

Touristeninformation

- **Drei Zinnen Marketing,** Dolomitenstr. 29, 39034 Toblach, Tel. 0474 913156, www.drei-zinnen.info

Gastronomie

- **Pizzeria Hans,** Pustertaler Straße 9, 39034 Toblach, www.pizzeria-hans.com. Leckere Holzofenpizzen
- **Restaurant Seeschupfe,** Toblacher See 3, 39034 Toblach, www.toblachersee.com. Rustikale Speisen und angenehme Atmosphäre

17 Camping Olympia, Toblach

GPS 46.734647, 12.194245

Gut ausgestatteter Campingplatz inkl. Saunalandschaft, Whirlpool, beheiztem Freibad, Restaurant und Lebensmittelladen. **Lage/Anfahrt:** Direkt an der SS49

157st-mm

zwischen Niederdorf und Toblach auf der linken Seite. **Platzanzahl:** 350; **Untergrund:** Wiese; **Sicherheit:** bewacht, beleuchtet; **Preiskat.:** €€€€; **Geöffnet:** ganzjährig; **Kontakt:** 39034 Toblach, Campingstr. 1, Tel. 0474 972147, www.camping-olympia.com

⑱ Camping Toblacher See, Toblach

GPS 46.706413, 12.218434

Campingplatz im engen Pustertal, idyllisch direkt am Toblacher See gelegen. Untergrund je nach Stellplatz Schotter oder Wiese. **Lage/Anfahrt:** Über die SS51 von Toblach Richtung Cortina d'Ampezzo erreicht man auf der rechten Seite das Hotel Baur. Links daneben befindet sich die Zufahrt zum Campingplatz, der direkt am See liegt. **Platzanzahl:** 150; **Untergrund:** Wiese, Waldboden, Schotter; **Sicherheit:** bewacht, beleuchtet, umzäunt; **Preiskat.:** €€€€€; **Geöffnet:** ganzjährig; **Kontakt:** 39034 Toblach, Toblacher See 3, Tel. 0474 972294, www.toblachersee.com

Durch die Fußgängerzone von Innichen gelangt man geradewegs zur Kirche

ABSTECHER NACH INNICHEN (SAN CANDIDO) UND SEXTEN (SESTO)

(24 km – 67 km)

Innichen ist von Toblach aus sehr einfach über die SS49 zu erreichen. Ähnlich wie Toblach ist auch dieser Ort vom Fremdenverkehr geprägt und ebenfalls Ausgangspunkt für zahlreiche Wanderwege durch das Hochpustertal und in den **Naturpark Sextener Dolomiten.** Doch es muss gar nicht immer über einen schmalen Berggrat hoch hinaus gehen. Am Sportzentrum Erschbaum beginnt beispielsweise ein familienfreundlicher Wanderweg zur Drau-Quelle, die sich zwischen Toblach und Innichen befindet.

Das Stadtbild von Innichen wird von ungewöhnlich vielen Sakralbauten bestimmt, beginnend im Westen der Ortschaft mit dem schlichten **Franziskanerkloster.** Die Klostergemeinschaft existiert in Innichen zwar schon seit dem Ende des 17. Jahrhunderts, doch das Klostergebäude musste nach dem Zweiten Weltkrieg komplett erneuert werden. Das ebenfalls schlichte Innere wird von einem sehenswerten Hochaltar geprägt. Der Kreuzgang mit seinen über 30 Bildern aus dem Leben von Franz von Assisi kann nur nach Anfrage im Kloster besucht werden, wird aber dann gerne gezeigt.

Im Zentrum von Innichen beherrschen die Stiftskirche und die **Pfarrkirche St. Michael** das Stadtbild. Letztere wurde bereits im 12. Jahrhundert errichtet und seitdem vielmals umgebaut, sodass sie sich heute kunstvoll unter einem Zwiebelturm im barocken Stil präsentiert. Gleich daneben befindet sich die mächtige **Stiftskirche.** Nachdem es schon einige Kirchen in Südtirol zu sehen gab, die sich auf den Grundmauern romanischer Sakralbauten befinden, ist diese Stiftskirche die einzige im romanischen Stil, die bis heute erhalten werden konnte. Die beiden Portale an der Nord- und der Südseite werden von gut erhaltenen Fresken überspannt, während im Inneren ein Fresko in der Kuppel Aufmerksamkeit verdient.

Sehenswertes

- **Stiftskirche Innichen,** Am Pflegplatz, 39038 Innichen, tägl. 8–18 Uhr
- **Pfarrkirche St. Michael,** Michaelsplatz, 39038 Innichen, tägl. 8–18 Uhr
- **Franziskanerkloster,** Peter-Paul-Rainer-Straße, 39038 Innichen, 7.30–18.30 Uhr

Touristeninformation

- **Tourismusverein Innichen,** Pflegplatz 1, 39038 Innichen, Tel. 0474 913149, www.innichen.it

19 Stellplatz Winnebach (Prato alla Drava)

GPS 46.739330, 12.366082

Am ehemaligen Zollhaus direkt an der Grenze zu Österreich, etwa zehn Kilometer von Innichen entfernt. Durch die Straße allerdings sehr laut. **Lage/Anfahrt:** Auf der SS49 Richtung Österreich, kurz vor dem Grenzübergang auf der linken Seite. **Platzanzahl:** 40; **Untergrund:** Asphalt; **Sicherheit:** bewacht, beleuchtet; **Preiskat.:** €€€€; **Geöffnet:** ganzjährig; **Kontakt:** 39038 Innichen-Winnebach, an der SS49

Sprachen in Südtirol: Deutsch, Italienisch, Ladinisch

Um die Vielsprachigkeit in Norditalien zu verdeutlichen, soll an dieser Stelle die Bundesrepublik zum Vergleich herangezogen werden, in der Deutsch bekanntlich die Amtssprache ist. In Brandenburg und Sachsen ist zudem aber auch Sorbisch Amtssprache (Obersorbisch in der Oberlausitz und Niedersorbisch in der Niederlausitz), sodass Verkehrsschilder dort in zwei Sprachen aufgestellt werden. Südtirol hat mit Italienisch und Deutsch ebenfalls zwei Amtssprachen und auch dort ist die Beschilderung zweisprachig. Hier kommt jetzt aber hinzu, dass innerhalb des zweisprachigen Südtirol noch eine weitere Sprache gesprochen wird: Ladinisch, das allerdings nur von rund 30.000 Menschen gesprochen wird, was ungefähr der Menge an Nordfriesisch sprechenden Menschen in Deutschland entspricht. Beim Ladinischen handelt es sich aber nicht um einen italienischen Dialekt, sondern um eine anerkannte Sprache, die von der Europäischen Union zu den Sprachminderheiten gezählt wird. Es wird überwiegend in Cortina d'Ampezzo sowie in verschiedenen Tälern Südtirols wie dem Grödnertal gesprochen.

Um das Chaos perfekt zu machen, gibt es also in Südtirol teilweise dreisprachige Verkehrsschilder, während mancher Geschäftsmann sein Unternehmen aber vielleicht nur in „seiner" Sprache ausschildert. Auch manche Bahnhöfe von Südtiroler Nahverkehrsbetrieben sind seit einer Modernisierung nur noch auf Deutsch beschildert. Grundsätzlich bleibt zu sagen, dass man als Deutsch sprechender Tourist in Südtirol wohl keinerlei Sprachprobleme haben wird.

⑳ Stellplatz am Glinzhof, Innichen

GPS 46.743423, 12.279986

Der Biohof bietet drei Parzellen mit toller Aussicht auf die Bergwelt, einen Infinitypool und Einrichtungen für Kinder (Kletterwand, Gokarts etc.). Da es sich nicht um einen Campingplatz handelt, darf der Hof nichts für die Übernachtung verlangen. Dafür zahlt man eine Pauschale für die weitere Infrastruktur. Zwei Plätze befinden sich an der Scheune und haben 40 bzw. 80 m² Fläche, der „Panoramastellplatz" ist 80 m² groß. **Lage/ Anfahrt:** Die Anfahrt erfordert Erfahrung und fahrerisches Können, da man nur über eine enge, z. T. steile Bergstraße zum Hof gelangt. **Platzanzahl:** 3; **Untergrund:** Rasen bzw. Schotter; **Preiskat.:** €€€€€; **Geöffnet:** ganzjährig; **Kontakt:** Innichbergweg, 5, 39038 Innichen, Tel. 0474 913448, www.glinzhof.com

Der letzte der drei Orte rund um die Sextener Dolomiten ist **Sexten.** Auch hier steht das Wandern im Vordergrund, was nicht weiter verwundert, da in Sexten ein dreistündiger Wanderweg zur Dreizinnenhütte beginnt. Allerdings sollte man hierfür schon ein wenig Kondition und Erfahrung mitbringen, da auf dem Weg 1000 Höhenmeter zu bewältigen sind.

Doch Sexten hat noch ein weiteres Schauspiel zu bieten. Für dieses sollte man aber, im wahrsten Sinne des Wortes, Zeit mitbringen. Die **Sextener Sonnenuhr** hängt nicht an irgendeiner Hauswand im Ortszentrum, sondern besteht aus fünf Gipfeln der Sextener Dolomiten. Für eine exakte Zeitmessung sollte man sich jedoch in das benachbarte Dorf Bad Moos (Moso) begeben, denn in Sex-

㉑ Campingcaravan-Park Sexten

GPS 46.667837, 12.399551

Sehr großer familienfreundlicher Campingplatz mit umfangreicher Ausstattung, ruhig gelegen. Die drei unterschiedlichen Sanitärgebäude sind sehr liebevoll eingerichtet. **Lage/Anfahrt:** In Innichen auf die SS52 wechseln, nach zehn Kilometern liegt der Platz mitten im Wald auf der linken Seite. **Platzanzahl:** 268; **Untergrund:** Wiese; **Sicherheit:** bewacht, beleuchtet; **Preiskat.:** €€€€€ (für „Leading 600", einen 600 m² großen, eingezäunten Stellplatz inkl. eigenem Badezimmer, Relax-Terrasse und Whirlpool zahlt man in der Hauptsaison sogar über 200 €), alternativ ist die Nutzung des zum Campingplatz gehörenden Reisemobilstellplatzes möglich (€€€–€€€€, inkl. Strom und Ver-/Entsorgung, max. Aufenthaltsdauer 72 Std.); **Geöffnet:** ganzjährig; **Kontakt:** 39030 Sexten, St. Josefstr. 54, Tel. 0474 710444, www.caravanparksexten.it

227st-Campingcaravan-Park Sexten©klaus peterlin

250st-mm

ten „geht“ die Uhr geringfügig nach. Bei den fünf Gipfeln handelt es sich um den Neuner, Zehner, Elferkofel, Zwölferkofel und den Einserkofel. Allein die Namen der Berge lassen schon erahnen, wie die Zeitmessung funktioniert: Die Sonne steht zwischen 9 Uhr und 13 Uhr zu den verschiedenen Uhrzeiten exakt über dem jeweiligen Gipfel.

Touristeninformation

› **Tourismusverein Sexten,** Dolomitenstraße 45, 39030 Sexten, Tel. 0474 710310, www.sexten.it

Um zur Hauptroute zurückzugelangen, fährt man nun wieder zurück nach Toblach, um von dort in das Höhlensteintal zu gelangen.

⌃ *Warten vor der Mautstation auf dem Weg zu den Drei Zinnen*

ABSTECHER ZU DEN DREI ZINNEN (TRE CIME DI LAVAREDO)

(12 km – 79 km)

Von Toblach aus folgt man einfach der Beschilderung an der SS51 nach Cortina d'Ampezzo. Das von Nord nach Süd verlaufende **Höhlensteintal** ist rund 15 km lang. Es ist keine „Sackgasse“, sondern führt den Reisenden stetig bergauf, bis man zunächst Südtirol verlässt und wenig später im beliebten Wintersportort Cortina d'Ampezzo (s. S. 79) eintrifft.

Durchzogen wird das enge Tal von der gut ausgebauten SS51 und einem benachbarten Radweg. Beide Wege verbinden angenehm die Sehenswürdigkeiten südlich von Toblach (Dobbiaco). Zugleich markiert das Höhlensteintal die Grenze zwischen dem **Naturpark Sextener Dolomiten** und dem westlich gelegenen **Naturpark Fanes-Sennes-Prags.**

Kurz hinter der Talzufahrt befindet sich auf der rechten Seite zunächst der **Toblacher See** (Lago di Dobbiaco), dessen Zu- und Ab-

fluss das noch junge Flüsschen Rienz ist. Wie schon der Pragser Wildsee, kann auch dieses romantisch gelegene Gewässer auf einem Wanderweg umrundet werden, der zudem als Naturlehrpfad markiert ist.

Eine weitere Sehenswürdigkeit des Höhlensteintals findet man beim Wandern an den Berghängen, aber auch schon bei einem Rundgang um den Toblacher See. Es handelt sich um Überreste des sogenannten **Alpenwalls (Vallo Alpino),** der im Auftrag von Benito Mussolini errichtet wurde und nicht, wie der Atlantik- oder der Westwall, dem Deutschen Reich diente, sondern gegen die Nationalsozialisten gerichtet war. Dies erscheint vielleicht seltsam, da der italienische Diktator bekanntermaßen mit Hitler verbündet war, doch getraut hat er dem deutschen Machthaber deswegen wohl noch lange nicht. Insbesondere bei der Aufteilung des deutschsprachigen Südtirol herrschte keine Einigkeit, bis sich die beiden Diktatoren auf dem Brenner trafen und sich Mussolini überzeugen ließ, dass Hitler die italienische Staatsgrenze nördlich von Südtirol anerkannte. Damit wurde der Alpenwall niemals in kriegerische Auseinandersetzungen einbezogen, diente aber später bis zum Jahr 1990 noch der NATO, die die Befestigungsanlagen in ihr Verteidigungskonzept miteinbezog.

Auf dem weiteren Weg gen Süden folgt auf der linken Seite der **Dürrener See** (Lago di Landro), der charakteristisch für Südtirol in einem prächtigen Grünton schimmert. Die Straße (SS51) führt auf einer Brücke mitten über den See hinweg, während sich auf der anderen Uferseite mit 3154 m der mächtige **Monte Cristallo** erhebt.

Kurz hinter dem Dürrener See zweigt die SS48bis nach Südwesten ab und wird im weiteren Verlauf zur SP49. Auf dieser Straße sind es wenige Kilometer, bis man auf einer Höhe von 1756 m zu einem weiteren See kommt, der sich auf der linken Seite befindet. Der nur 5 m tiefe **Misurinasee (Lago die Misurina)** ist ein idealer Ausgangspunkt, um zu den Drei Zinnen zu gelangen.

Die **Drei Zinnen** gelten als das Wahrzeichen der Dolomiten, was weniger an ihrer Größe als an dem markanten Äußeren liegt. Der höchste Gipfel ist die Große Zinne mit einer Höhe von 2999 m. Die beiden anderen

⊡ *Imposante Steigung: die Auffahrt zu den Drei Zinnen*

werden Westliche Zinne (2973 m) bzw. Kleine Zinne (2857 m) genannt.

Kurz vor dem See führt die **Panoramastraße (Strada Panoramica Delle Tre Cime)** nach links hinauf bis zur Berghütte Auronzo (Rifugio Auronzo). Allerdings ist die Straße nur nach Zahlung einer **üppigen Mautgebühr** befahrbar. Es ist daher günstiger, den Stellplatz zu nutzen, der sich noch vor der Mautstation auf der linken Seite befindet.

Die Große Zinne wurde im Jahr 1869 zum ersten Mal bestiegen, die Besteigung der kleineren Gipfel folgte erst einige Jahre später. Aufgrund ihrer steil in die Höhe ragenden und markanten Felsformation, aber der gleichzeitig guten Erreichbarkeit sind die Drei Zinnen ein beliebtes Reiseziel geworden, das besonders in den Monaten Juli und August die Bezeichnung Massentourismus verdient. Bereits heute schon kann es durchaus passieren, dass man sich auf den Wanderwegen inmitten einer Kolonne von Wanderern befindet. Im Juni 2009 wurde ein Teil der Dolomiten, unter anderem auch der Bereich der Drei Zinnen als Weltnaturerbe in die Liste der UNESCO eingetragen, was einen weiteren Be-

22 Stellplatz Misurinasee

GPS 46.588333, 12.255583

Großer Stellplatz und ein idealer Ausgangspunkt für Wanderungen zu den berühmten Drei Zinnen, die man aber auch mit dem kostenpflichtigen Shuttlebus erreicht. Standzeit max. 48 Std. **Lage/Anfahrt:** Am Nordrand des Misurinasees (Lago di Misurina), von der SP49 links noch vor dem See auf den großen Parkplatz abbiegen. **Platzanzahl:** 80; **Untergrund:** Schotter; **Sicherheit:** keine; **Preiskat.:** €€; **Geöffnet:** ganzjährig; **Kontakt:** 32041 Misurina, Via Monte Piana

sucheranstieg mit sich brachte. Wer also einsame Bergwanderungen bevorzugt, der sollte sich besser auf ein alternatives Wanderziel in der Region konzentrieren.

Dennoch ist eine Wanderung an den Drei Zinnen ein besonderes Erlebnis, das man sich nicht entgehen lassen sollte. Da wäre zum Beispiel die Wanderung vom Misurinasee bergauf zum **Parkplatz Auronzohütte an den Drei Zinnen.** Dabei überquert man immer wieder die Straße, die hinaufführt und auf der viele Wohnmobile unterwegs sind, denn man darf oben auf dem Parkplatz an der Auronzohütte übernachten. Das Ganze hat zwar seinen Preis, weil ein Tagesticket nur bis 24 Uhr gültig ist und man für den folgenden Tag noch einmal die Mautgebühr entrichten muss. Dafür hat man aber das unglaublich schöne Erlebnis, im Wohnmobil hoch oben in den Bergen zu übernachten. Bei sternklarer Nacht ist dies zweifellos ein Traum. Außerdem hat man so die Gelegenheit, die Drei Zinnen zu Fuß zu umrunden, denn wenn man einmal oben parkt, ist der Wanderweg bis auf ein paar kleine Ausnahmen relativ flach. Ein Verlaufen ist kaum möglich, da man die Drei Zinnen immer im Blick hat. Der Weg ist gut ausgeschildert und vor allen Dingen auch gut erkennbar. Allerdings ist diese Wanderung ein Klassiker und demnach ist an Einsamkeit nicht zu denken. Wenn man aber schon hier oben ist, sollte man sie sich nicht entgehen lassen. Für den Weg muss man rund vier Stunden Gehzeit veranschlagen. Natürlich kann man die Wanderung auch ausweiten und bei der Umrundung außerdem dem Paternkofel, der Dreizinnenhütte und der Langalm einen Besuch abstatten.

Es lohnt sich übrigens, für die Wanderung sehr früh aufzustehen. So entgeht man einerseits dem großen Andrang und andererseits gelangt man in den Genuss eines wunderbaren Sonnenaufgangs, vorausgesetzt das Wetter spielt mit.

Abschließend sei noch erwähnt, dass der Misurinasee bereits nicht mehr in Südtirol liegt, sondern in der italienischen Region Venetien. Das bedeutet auch, dass sich kurz vor dem See die **Sprachgrenze** zwischen Deutsch und Italienisch befindet und man nun davon ausgehen muss, italienische Sprachkenntnisse zu benötigen. Die Grenze zwischen Venetien und Südtirol verläuft übrigens genau auf dem Kamm der Drei Zinnen.

◁ Die Drei Zinnen kann man vom Stellplatz am Misurinasee 22 aus gut „erwandern"

Parken

P 9 **Parkplatz Auronzohütte,** GPS 46.612861, 12.292911. Geduldete Übernachtungsmöglichkeit mit fantastischem Ausblick und besten Bedingungen, um die Drei Zinnen zu Fuß zu umrunden.

CORTINA D'AMPEZZO

(32 km – 75 km)

Cortina d'Ampezzo, über die SS51 zu erreichen, ist weithin als **Wintersportort** bekannt. 1956 war die Ortschaft Austragungsstätte für die **Olympischen Winterspiele,** die zum ersten Mal im Fernsehen übertragen wurden. Damals gab es nur 24 Wettbewerbe (2022 in Beijing waren es schon 109), in denen die gesamtdeutsche Mannschaft eine Bronze- und eine Goldmedaille errang. Für das Auftreten einer gesamtdeutschen Mannschaft – obwohl es ja bereits seit 1949 zwei deutsche Staaten gab – wurden die beiden Nationalen Olympischen Komitees vom IOC ausgezeichnet. 2019 erhielt Cortina d'Ampezzo zusammen mit Mailand erneut den Zuschlag für die Ausrichtung der Olympischen Winterspiele. So werden im Februar 2026 abermals zahlreiche Olympioniken und Zuschauer anreisen. Zu den Orten, in denen die Wettkämpfe ausgetragen werden, zählen auch Predazzo und Tesero im Fleimstal sowie Bormio nahe des Stilfserjochs und Rasen-Antholz in Südtirol.

Über 60 km Loipen, mehr als ein halbes Dutzend freiberufliche Skilehrer und 70 Ab-

030st-mm

fahrtspisten in unmittelbarer Umgebung von Cortina d'Ampezzo erfreuen das Skifahrerherz. So ist es nicht verwunderlich, dass sich die Einwohnerzahl von normalerweise etwas über 6000 Bewohnern im Winter verachtfacht. Der mondäne Ferienort wird aber trotzdem auch im Sommer gerne besucht und lockt in den schneefreien Monaten mit einem nicht minder großen Angebot an **Wander- und Mountainbikestrecken.**

Cortina d'Ampezzo und das später folgende Fassatal (s. S. 85) sind aber auch für eine weitere Besonderheit bekannt: Es handelt sich um das Siedlungsgebiet der Minderheit der **Ladiner,** einer romanischen Volksgruppe. Fast jeder zweite Einwohner von Cortina d'Ampezzo bekennt sich zum Ladinischen als Muttersprache. Im Jahr 2007 wurde zudem eine Volksabstimmung in Cortina und zwei weiteren Dörfern durchgeführt. Dabei ging es um die Frage der Zugehörigkeit dieser drei Ortschaften. Über drei Viertel der Bevölkerung votierte gegen Venetien und sprach sich dafür aus, zu Südtirol gehören zu wollen. Dieses eindeutige Ergebnis allein reicht jedoch nicht aus. Der Antrag der Ladiner auf eine Grenzänderung liegt seitdem unbearbeitet in Rom und wird dies aller Voraussicht nach noch eine ganze Weile tun, da die italienische Regierung nicht gewillt ist, der Änderung zuzustimmen.

Touristeninformation

› **Tourismusbüro Cortina d'Ampezzo,** Piazetta S. Francesco 8, 32043 Cortina d'Ampezzo, Tel. 0436 3231, www.dolomiti.it

Gastronomie

› **Restaurant Al Camin,** Località Alverà 99, 32043 Cortina d'Ampezzo, www.ristorantealcamin.it, mittwochs geschlossen. Weinlokal mit Terrasse.

Parken

P **10 Cortina d'Ampezzo (1),** GPS 46.534846, 12.137264, in der Via dei Campi gegenüber vom Friedhof

P **11 Cortina d'Ampezzo (2),** GPS 46.533208, 12.136186. Im hinteren Bereich eines öffentlichen Parkplatzes (ebenfalls Via dei Campi, nur 100 m hinter dem anderen Parkplatz in einer Kurve der Straße) wird das kostenlose Übernachten geduldet.

12 Östlich von Cortina d'Ampezzo, GPS 46.55126, 12.18941. An der Talstation der Bahn zum Monte Cristallo, gegenüber vom Restaurant Rio Gere (Straße SR 48).

Picknickplatz

13 Nördlich von Cortina d'Ampezzo, GPS 46.575007, 12.115104

Blick auf Cortina d'Ampezzo, wo bereits die Olympischen Winterspiele ausgetragen wurden

ROUTE 3

ÜBER DIE GROSSE DOLOMITENSTRASSE NACH BOZEN

159st-mm

Strecke:

Cortina d'Ampezzo (s. S. 79) – **Buchenstein** (Livinallongo del Col di Lana, 30 km, s. S. 84) – **Kanzenei** (Canazei, 29 km, s. S. 85) – **Kampidel im Fassatal** (Campitello di Fassa, 3 km, s. S. 86) – **Potzach und Vig** (Pozza di Fassa und Vigo di Fassa, 9 km, s. S. 87) – **Karersee und Welschnofen** (Lago di Carezza und Nova Levante, 18 km, s. S. 88) – **Bozen** (Bolzano, 22 km, s. S. 90) – **Abstecher ins Grödnertal: Kastelruth** (Castelrotto, s. S. 102), **St. Christina in Gröden** (Santa Christina Val Gardena, s. S. 107) und **Wolkenstein in Gröden** (Selva di Val Gardena, s. S. 107, hin und zurück 90 km)

Streckenlänge:

ohne Abstecher ca. 111 km
mit Abstecher ca. 201 km

◁ Vorseite: Mit dem Wohnmobil zum Grödner Joch (s. S. 108)

291st-mm

ROUTENÜBERSICHT

LADINISCHE KULTUR, DOLOMITEN-PÄSSE UND HOLZSCHNITZKUNST

Die Große Dolomitenstraße ist eine beliebte Ferienroute durch das gleichnamige Gebirge, dennoch kann man sich auch hier auf Wanderwegen abseits der Touristenrouten bewegen. Über zahlreiche Serpentinen geht es hinauf zu zwei Alpenpässen, die eine unglaubliche Aussicht bieten. Man trifft immer wieder auf Beispiele ladinischer Kultur und Sprache, doch ein besonderes Erlebnis bietet ein Abstecher ins Grödnertal, wo drei Viertel der Bevölkerung Ladinisch spricht. Und nicht nur das: Das Tal erweckt auch den Anschein, es könne sich dort um die Geburtsstätte der Holzschnitzkunst handeln. Rund um die Dolomitenstraße und im Grödnertal befinden sich zahlreiche Wanderwege, die immer wieder einen spektakulären Ausblick ermöglichen. Ein weiterer Höhepunkt dieser Route ist auch die Besichtigung der Südtiroler Hauptstadt Bozen mit ihren zahlreichen Lauben und Bürgerhäusern.

⊡ *Beeindruckend ist die Passstraße zum Grödner Joch (s. S. 108)*

BUCHENSTEIN (LIVINALLONGO DEL COL DI LANA)

(30 km – 30 km)

Exakt 109 km lang ist die **Große Dolomitenstraße,** die die Gebirgskette von Ost nach West durchquert und es heute ermöglicht, relativ leicht von Cortina d'Ampezzo nach Bozen (s. S. 90) zu reisen. Viele Jahre war diese Straßenverbindung geplant, doch die Fertigstellung verzögerte sich immer wieder, bis im Jahr 1909 das letzte Teilstück, der Falzaregopass (Passo di Falzarego), fertiggestellt werden konnte. Die offizielle Eröffnung fand am 13. September desselben Jahres statt und sollte zugleich den Startschuss für den aufkommenden Tourismus bedeuten. Doch es dauerte nur wenige Jahre, bis die Straße aufgrund des Ersten Weltkriegs zunächst überwiegend nur von militärischen Fahrzeugen benutzt wurde. Von Tourismus wagte man zu diesem Zeitpunkt nicht zu träumen. Mit dem Ende des Ersten Weltkrieges, der auch rund um die Dolomitenstraße noch bis heute Spuren hinterlassen hat, fiel die Strecke von der österreichischen Monarchie an Italien.

Die Große Dolomitenstraße beginnt im Osten in Cortina d'Ampezzo (manche betrachten auch Toblach als Ausgangspunkt) und verläuft zunächst als SR48 über den **Falzaregopass.**

Parken

14 Falzaregopass, GPS 46.518643, 12.008931

Anschließend geht es durch das Buchensteintal bis zum Pordoijoch, der mit seinen 2239 m Höhe der höchste Punkt der Verbindung ist. Abschließend verlässt man die Dolomiten bei Welschnofen (s. S. 88) und durchquert noch Teile des engen Eggentals, bevor die Straße durch einen Tunnel vor die Tore Bozens führt.

Um in Cortina d'Ampezzo die Dolomitenstraße nicht zu verpassen, muss man südlich des Ortskerns die in Richtung Venedig ausgeschilderte SS51 am Kreisverkehr nach rechts verlassen und auf der SR48 in Serpentinen zum Falzaregopass fahren.

Nach der Passüberquerung sieht man auf der rechten Seite den 2462 m hohen Col di Lana. Der Berg und seine Umgebung, so auch der Falzaregopass, waren im Ersten Weltkrieg Schauplätze des sogenannten Gebirgskrieges. Die verlustreichen Kämpfe konnte keine der gegnerischen Parteien für sich entscheiden. Doch berühmt geworden sind die Schlachten durch die Minenkämpfe unter Tage, als man gegenseitig versuchte, sich zu unterminieren. Auf dem Col di Lana in Buchenstein (Livinallongo del Col di Lana) steht heute eine Kapelle zu Ehren der gefallenen Soldaten. Zudem sind dort noch deutliche Spuren der damaligen Kämpfe zu erkennen.

Am Falzaregopass führt außerdem die SP24 nach Norden. Auf ihr erreicht man nach wenigen Hundert Metern das von Österreichern erbaute **Fort Tre Sassi,** welches dazu diente, italienische Angriffe gegen Österreich abzuwehren. Dies gelang zwar auch, jedoch nur durch eine Kriegslist, denn eigentlich war die Festung bereits zu Kriegsbeginn veraltet und hätte einem Angriff nicht standgehalten. Die österreichischen Soldaten ließen aber einfach nachts das Licht brennen und täuschten so rege Betriebsamkeit vor, woraufhin die italienischen Gegner bis zum Schluss annahmen, in der Festung herrsche volle Einsatzbereitschaft.

Heute ist an der Festung ein Museum untergebracht, welches ausführlich über die Gebirgskämpfe im Ersten Weltkrieg unterrichtet. Auch die Stellungen und Kriegsschauplätze in der näheren Umgebung können besichtigt werden, viele von ihnen sind mit Wanderwegen verbunden.

Sehenswertes

› **Festung Tre Sassi,** an der SS24 beim Falzaregopass, www.cortinamuseoguerra.it, Gruppenführungen tgl. 10–13 Uhr und 14–17 Uhr, Eintritt 7 €

23 Stellplatz Arabba

GPS 46.496723, 11.876521

Kleiner und ruhiger Stellplatz, ideal für Ausflüge in die umliegenden Berge. **Lage/Anfahrt:** In Arabba die SR48 nach links verlassen und zum Skilift in Belluno fahren. **Platzanzahl:** 20; **Untergrund:** Schotter; **Sicherheit:** beleuchtet; **Preiskat.:** €€; **Geöffnet:** ganzjährig; **Kontakt:** 38020 Arabba, Via Freine-Arabba

KANZENEI (CANAZEI)

(29 km – 59 km)

Über das **Pordoijoch (Passo Pordoi)** gelangt man von Osten kommend über die SS48 in das **Fassatal (Val di Fassa).** Über zahlreiche Spitzkehren geht es von Arraba hinauf bis zur Passüberquerung.

Vom Pordoijoch lohnt ein Blick auf die zurückgelegte Strecke

Von Buchenstein bis zum Pordoijoch umrundet man die nördliche Flanke des **Marmolata-Massivs,** dem höchsten Berg der Dolomiten. Sehen kann man ihn von der Dolomitenstraße allerdings nicht, da er von einer kleineren Gebirgsflanke verdeckt wird. Erst auf dem Pordoijoch ist ein Teil des Marmolata zu erkennen. Der höchste Punkt befindet sich in 3343 m Höhe und wird auch als Punta Penia bezeichnet. An der Nordseite dieses Gratrückens befindet sich ein Gletscher, der mit entsprechender Erfahrung begangen werden kann, und am Fuße des Berges der Fedaia-Stausee mit einer 60 m hohen Staumauer.

Vom Pordoijoch gelangt man hinab in das Fassatal, in dem als Erstes die Ortschaft **Kanzenei** erreicht wird. Kanzenei bietet zwar keinerlei Sehenswürdigkeiten, ist jedoch ein beliebter Ausgangspunkt für Wanderungen, z. B. auf dem Dolomitenhöhenweg zum Marmolata, und im Winter als Skisportzentrum bekannt.

Schmucke Hausbemalung in Kanzenei

Touristeninformation

- **Tourismusverband Fassatal,** Strèda Roma 36, 38032 Kanzenei, Tel. 0462 609500, www.fassa.com
- **Touristeninformation Canazei,** Piazza G. Marconi 5, 38032 Kanzenei, Tel. 0462 609600, www.fassa.com, Öffnungszeiten: Mo–Sa 8.30–12.30 Uhr und 15.30–19.30 Uhr, So 10–12.30 Uhr

Parken

15 **Pordoijoch,** GPS 46.487446, 11.809831

24 Camping Marmolada, Kanzenei

GPS 46.472537, 11.775842

Für eine Besichtigung von Kanzenei ein ideal gelegener Campingplatz, direkt am Flüsschen Aviso gelegen. Auf dem Platz gibt es einen kleinen Shop. **Lage/Anfahrt:** Bei der Abfahrt vom Pordoijoch trifft man in Kanzenei am reich verzierten Hotel El Ciasel automatisch auf einen Kreisverkehr. Dort hält man sich rechts, der Campingplatz befindet sich direkt auf der linken Seite. **Platzanzahl:** 100; **Untergrund:** Wiese, harter Erdboden; **Sicherheit:** bewacht, beleuchtet, umzäunt; **Preiskat.:** €€€€; **Geöffnet:** Ende März–Anfang November; **Kontakt:** 38032 Kanzenei, Strèda de Parèda 60, Tel. 0462 601660, www.campingmarmolada.com

KAMPIDEL IM FASSATAL (CAMPITELLO DI FASSA)

(3 km – 62 km)

Auch das benachbarte Kampidel ist ein beliebtes Ziel für Wintersportler. Etwas erhöht befindet sich jedoch die kleine gotische St.-Jakobs-Kirche, die bereits im 13. Jahrhundert erbaut wurde und interessante Kunstwerke aus dem 15. Jahrhundert beherbergt.

Von der Kirche kommt man zum Ortsteil Pian, der bereits deutlich höher liegt als Kampidel und als Ausgangsbasis für eine Wanderung zum Langkofel dient. Der **Langkofel** ist der Hausberg von Kampidel und bringt es auf eine Höhe von 3181 m.

Touristeninformation

- **Touristeninformation Campitello di Fassa,** Strèda Dolomites 48, 38031 Kampidel im Fassatal, Tel. 0462 609620, www.fassa.com, Mo–Sa 8.30–12.30 Uhr und 15.30–19.30 Uhr, So 10–12.30 Uhr

25 Camping Miravalle, Kampidel im Fassatal

GPS 46.474237, 11.741080

Zentral in der Ortsmitte von Kampidel gelegen, idealer Ausgangspunkt für Wanderungen. **Lage/Anfahrt:** Südlich der SS48, einfach der Beschilderung im Ort folgen. **Platzanzahl:** 95; **Untergrund:** Wiese; **Sicherheit:** bewacht, beleuchtet, umzäunt; **Preiskat.:** €€€€; **Geöffnet:** ganzjährig außer Mai und November; **Kontakt:** 38031 Kampidel im Fassatal, Strèda de Greva 39, Tel. 0462 750502, www.campingmiravalle.it

Die Kirche Sant'Antonio in Alba di Canazei

POTZACH (POZZA DI FASSA) UND VIG (VIGO DI FASSA)

(9 km – 71 km)

Potzach und das unmittelbar benachbarte **Vig** sind bekannt für die **ladinische Kultur,** die im Kulturinstitut und im Ladinischen Museum präsentiert wird. Das **Kulturinstitut** dient der Bewahrung der ladinischen Kultur und wurde 1975 gegründet. Zudem fördert es die ladinische Sprache und bietet unter anderem Sprachkurse an. Es entwickelte auch wissenschaftliche Projekte wie zum Beispiel den „Hör-Sprachatlas", in dem man sich online verschiedene ladinische Begriffe anhören kann. Auch Rechtschreibprogramme, Datenbanken und Wörterbücher wurden bereits vom Kulturinstitut erstellt und veröffentlicht.

Wenige Jahre nach Einrichtung des Kulturinstituts gab es auch Pläne, ein **Ladinisches Museum** einzurichten, das schließlich im Jahr 2001 verwirklicht und eröffnet werden konnte. Auf drei Etagen werden in den hellen Museumsräumen die Ursprünge der Ladiner, die Traditionen und bäuerlichen Produkte bis zur heutigen Zeit anschaulich präsentiert.

Sehenswertes

› **Ladinisches Kulturinstitut und Museum,** 38039 Vig, Strada de la Pieif 7, www.istladin.net, Di–Sa 15–19 Uhr, Mitte Juni–Mitte Sept. und in der Weihnachtszeit tgl. 10–12.30 und 15–19 Uhr, Eintritt 7 €

Touristeninformation

› **Touristeninformation Pozza di Fassa,** Piazza de Comun 2, 38036 Potzach, Tel. 0462 609670, www.fassa.com, Öffnungszeiten: Mo–Sa 8.30–12.30 Uhr und 15.30–19.30 Uhr, So 10–12.30 Uhr

› **Touristeninformation Vigo di Fassa,** Strada Rezia 10, 38039 Vig, Tel. 0462 609700, www.fassa.com, Öffnungszeiten: Mo–Sa 8.30–12.30 u. 15.30–19.30 Uhr

262st©Mirekdeml, stock.adobe.com

◻ *Das Fassatal, hier bei Pozza di Fassa, präsentiert sich malerisch*

26 Camping Catinaccio Rosengarten, Potzach

GPS 46.425893, 11.686985

Gepflegter, familiär geführter Campingplatz mit schönem Sanitärgebäude, direkt neben dem Fluss Aviso. Guter Ausgangspunkt für Wanderungen im Fassatal. **Lage/Anfahrt:** Im Zentrum von Potzach ab der SS48 der Beschilderung folgen. **Platzanzahl:** 140; **Untergrund:** Wiese; **Sicherheit:** bewacht, beleuchtet, umzäunt; **Preiskat.:** €€€€; **Geöffnet:** ganzjährig außer Mai; **Kontakt:** 38036 Potzach, Strada de Pucia 4, Tel. 0462 763305, www.catinacciorosengarten.com

27 Camping Vidor, Potzach

GPS 46.420583, 11.706169

Terrassenförmig angelegte Stellplätze auf einem Platz in einem kleinen Seitental östlich von Potzach. **Lage/Anfahrt:** Im Ortszentrum der Via Meida folgen, Platz liegt wenige Hundert Meter hinter Ortsausgang. **Platzanzahl:** 80; **Untergrund:** Rasengittersteine, Wiese, harter Erdboden; **Sicherheit:** bewacht, beleuchtet, umzäunt; **Preiskat.:** €€€€€, außerhalb des Campingplatzes wurde ein zusätzlicher Womostellplatz angelegt, Übernachtung €€€–€€€€; **Max. Stand:** 48 Std.; **Geöffnet:** ganzjährig; **Kontakt:** 38036 Potzach, Strada de Ruf de Ruacia 19, Tel. 0462 763247, www.campingvidor.it

KARERSEE (CAREZZA AL LAGO) UND WELSCHNOFEN (NOVA LEVANTE)

(18 km – 89 km)

Zwischen Vig und Potzach verlässt man die SS48 und begibt sich auf die SS241, die gleich hinter Vig ansteigt und zum **Karerpass (Passo di Costalunga)** führt. Rechts der Straße erheben sich die südlichen Ausläufer des Rosengartenmassivs. Der **Rosengarten** ist berühmt für sein rötliches Leuchten in der Abenddämmerung, das auch noch von Bozen aus zu sehen ist. Inmitten des Gebirgskamms befindet sich die Rosengartenspitze, die zwar nicht die höchste Erhebung ist, gemeinhin aber als Hauptgipfel betrachtet wird. Sie wurde 1874 zum ersten Mal bestiegen und fällt an der Ostseite 600 m steil ab. Die Besteigung über jene Ostseite erfolgte wegen des Schwierigkeitsgrades erst gegen Ende des 19. Jahrhunderts. Die Rosengartenspitze ist 2981 m hoch und damit 25 m niedriger als der Kesselkogel, der ebenso zum Rosengartenmassiv zählt und damit eigentlich die höchste Erhebung ist.

Wer die Drei Zinnen weiter im Osten verpasst hat, der hat im Rosengartenmassiv die Möglichkeit, eine nicht weniger schöne und markante Felsformation zu besichtigen. Die sogenannten Vajolet-Türme (Torri del Vaiolet) bestehen aus sechs Felsspitzen mit Höhen zwischen 2790 und 2821 m, die in den 1890er-Jahren zum ersten Mal erklommen wurden. Eine Besteigung der Türme selbst ist Bergsteigern mit entsprechender Kenntnis und Ausrüstung vorbehalten, aber eine Besichtigung der Türme von den darunterliegenden Geröllfeldern inkl. Beobachtung der Bergsteiger ist auch Wanderern möglich. Ausgangspunkte gibt es in der Ortschaft Karersee und in Welschnofen. Ein sehr beliebter Startpunkt mit ausreichenden Parkplätzen ist beispielsweise die **Frommeralm** an der Nigerstraße (Via Nigra) zwischen Karersee und St. Zyprian. Von dort besteht auch die Möglichkeit, mit der Seilbahn zur Rosengartenhütte zu fahren und eine Wanderung am Fuße des Rosengartens zu unternehmen. Über genaue Wanderwege und weitere Ausgangspunkte sollte man sich zuvor in den örtlichen Touristenbüros informieren.

Parken

16 **Frommeralm,** GPS 46.444232, 11.588259

Kurz hinter dem Abzweig zur Frommeralm liegt auf der rechten Seite die kleine Ortschaft **Karersee (Carezza al Lago).** Sehen kann man beim Vorbeifahren das **Grand Hotel Karezza Residence,** welches nach dreijähriger Bauzeit im Jahr 1896 feierlich eröffnet wurde. Bereits ein Jahr später war **Kaiserin Elisabeth („Sissi“)** zu Gast im Hotel und es begann daraufhin ein gewaltiger Ausbau der Hotelanlage mit Golfplätzen, großen Parkanlagen und Tennisplätzen – für die damalige Zeit sehr luxuriös. 1910 kam es zu einem schweren Brand, der das komplette Gebäude vernichtete. Zwei Jahre später konnte der Betrieb in dem abermals erweiterten Hotel zwar für kurze Zeit wieder aufgenommen werden, doch dann folgte der Erste Weltkrieg, der beträchtliche Schäden hinterließ, sodass bis zum Jahr 1925 kein Gast empfangen werden konnte. Eine der ersten prominenten Gäste war danach die Autorin **Agatha Christie.** Sie siedelte sogar einen Teil ihres Romans „Die großen Vier“ in der umliegenden Landschaft an. Nach einer Zweckentfremdung als deutsches Krankenhaus im Zweiten Weltkrieg konnte das Hotel 1947 an die glanzvollen früheren Zeiten anknüpfen und beherbergte unter anderem Winston Churchill. Auch heute bietet das Hotel eine luxuriöse Ausstattung und glänzt als Sport- und Wellnesshotel.

Picknickplatz

17 **SS241 vor dem Karersee,** GPS 46.402581, 11.618493

Die Ortschaft Karersee kann getrost passiert werden, doch kurz dahinter folgt links neben

der bewaldeten Straße der **Karersee (Lago di Carezza)** mit dem dazugehörigen kostenpflichtigen Parkplatz auf der rechten Straßenseite. Sehr schön ist die smaragdgrüne Wasserfarbe des sehr kleinen Sees, in dem sich zudem wundervoll das Rosengartenmassiv spiegelt. Aus Gründen des Naturschutzes verhindert ein Zaun das Betreten des Seeufers, was bei der Vielzahl der Besucher für den See sicherlich besser ist.

Parken

18 **Karersee,** GPS 46.410619, 11.575472

Westlich von **Welschnofen** beginnt schließlich das Eggental, welches bis in die Landeshauptstadt Bozen (Bolzano) reicht. Auf der Fahrt gen Westen wird das Tal nochmals ausgesprochen eng und die letzten Meter der Großen Dolomitenstraße, die weiterhin als SS241 ausgeschildert ist, sind mittlerweile aus Sicherheitsgründen (Steinschlag) unterirdisch angelegt.

Touristeninformation

- **Eggental-Tourismus,** Dolomitenstraße 4, 39056 Welschnofen, Tel. 0471 619500, www.eggental.com

Die Farbe des Karersees ist einfach nur herrlich

28 Camping Fiemme Village, Bellamonte di Predazzo (Pardatsch)

GPS 46.310496, 11.660573

Großer, familienfreundlicher Campingplatz in der Nähe eines Naturparks mit Sportmöglichkeiten, Restaurant, Pizzeria und Bar. **Lage/Anfahrt:** Sehr abgelegen und etwas von der Route entfernt. In Vig der SS48 nach Süden bis Pardatsch (Predazzo) folgen, dort auf die SS50 bis Bellamonte. Im Ort rechts abbiegen. **Platzanzahl:** 308; **Untergrund:** Wiese, Waldboden; **Sicherheit:** bewacht, beleuchtet, umzäunt; **Preiskat.:** €€€–€€€€€, Camper-Stop vor der Schranke €€€; **Geöffnet:** Mitte Juni–Mitte Sept.; **Kontakt:** 38030 Bellamonte di Predazzo, Via Cece 16, Tel. 0462 576119, www.fiemmevillage.it

29 Wohnmobilstellplatz auf dem Passo di Lavazè

GPS 46.351945, 11.484039

Etwas abseits der Route befindet sich ein terrassenförmiger Stellplatz in schöner Lage mit grandioser Aussicht. Die Stellflächen können bei guter Belegung etwas eng werden. **Lage/Anfahrt:** In Birchabruck, westlich von Welschnofen, verlässt man die SS241 und folgt für rund eine Viertelstunde der SS620 nach Süden. Auf der Passhöhe muss man der abzweigenden Straße in Richtung Jochgrimm für ca. 600 m folgen. Auf dem Pass nicht wieder hinab fahren! **Platzanzahl:** 30; **Untergrund:** Rasengittersteine; **Preiskat.:** €€; **Geöffnet:** ganzjährig; **Kontakt:** SS620, 26, 38030 Varena TN

BOZEN (BOLZANO)

(22 km – 111 km)

Bozen ist die Hauptstadt Südtirols und mit seinen rund 100.000 Einwohnern zugleich die größte Stadt der Provinz. Es befindet sich südlich der drei Bergeinschnitte Etschtal, Sarntal und Eisacktal, die zusammen in das Bozener Becken aufgehen, welches sich südlich der Stadt erstreckt. Die Talfer, aus dem Sarntal kommend, mündet in den Eisack, der wiederum aus dem gleichnamigen Tal nach Bozen fließt und etwas außerhalb der Stadt in die Etsch einmündet. Diese **geografische Lage** war schon für die Römer interessant, die an dieser Stelle eine Station mit dem Namen Pons Drusi errichteten.

Das heutige Bozen entstand im frühen Mittelalter durch die Gründung eines Marktfleckens durch die **Bischöfe von Trient.** Im Laufe der Jahrhunderte entwickelte sich die Stadt zu einem wichtigen Zentrum für den Handel südlich und nördlich der Alpen. In der ersten Hälfte des 17. Jahrhunderts erließ daher die **Erzherzogin Claudia de'Medici** zunächst eine neue Marktordnung für die Messetätigkeit in Bozen und gründete gleichzeitig das Merkantilmagistrat, also ein Handelsgericht, das im Merkantilgebäude untergebracht wurde.

Fast drei Viertel der Bozener Bevölkerung sind italienische Muttersprachler, was auf die Italienisierung durch die faschistische Regierung nach dem Ersten Weltkrieg zurückzuführen ist. Noch heute gibt es teilweise Spannungen zwischen den Bozener **Sprachgruppen,** die regelmäßig durch Protestveranstaltungen beider Seiten zum Ausdruck gebracht werden.

Problematisch wird es bei der **Parkplatzsuche** in der Hauptstadt. Es ist zwar möglich, in der Nähe des Bahnhofes einen Parkplatz zu finden, den man auch mit einem Wohnmobil belegen kann, aber hier ist sehr viel Glück notwendig. Alle ausgewiesenen Parkplätze führen zu Parkhäusern oder Tiefgaragen, die für Wohnmobile nicht zugänglich sind. Die Stadt Bozen empfiehlt die umliegenden Parkplätze der Messe Bozen, die außerhalb von Ausstellungen kostenlos sind und sich, gut ausgeschildert, im Süden der Stadt befinden. Von dort ist das Zentrum mit den Buslinien 10a und 10b gut zu erreichen. Zudem befinden sich am Ende der Bruno-Buozzi-Straße gegenüber von McDonald's Parkplätze, die auch zum Übernachten genutzt werden dürfen. Im Westen hingegen können die Parkplätze der Stadthalle genutzt werden, von denen aus man mit der Buslinie 5 ins Zentrum gelangt. Mittlerweile existiert im Süden der Stadt aber auch ein kleiner Stellplatz mit nur acht eng beieinander liegenden Stellflächen. Wer jedoch eine ruhige Nacht haben möchte und sich während des Stadtrundganges auch nicht um sein Fahrzeug sorgen will, für den empfiehlt es sich ohnehin, direkt den Campingplatz Moosbauer nordwestlich von Bozen anzusteuern.

Es ist sinnvoll, einen **Stadtrundgang** vom Bahnhof aus zu planen, da die meisten Busse in und um Bozen hier ankommen. Über die Grünanlage am dortigen Kreisverkehr gelangt

264st©Frank Krautschick, stock.adobe.com

Moderne Architektur: das Museion in Bozen

man nach wenigen Schritten direkt zum Herzstück des Zentrums, dem **Walther-von-der-Vogelweide-Platz,** auch kurz Waltherplatz genannt. An seiner Westseite befindet sich die kleine Touristeninformation, während sich im Zentrum die Statue des gleichnamigen Minnesängers erhebt. Sie wurde erst wieder in den 1980er-Jahren auf diesem Platz positioniert, nachdem sie in der Zeit des Faschismus versetzt wurde.

An der Südseite des Platzes erhebt sich der 65 m hohe Turm des Bozener **Doms Maria Himmelfahrt.** Das Gotteshaus entstand zwischen dem 13. und 16. Jahrhundert und zeigt sich daher in verschiedenen Architekturstilen. Da Bozen seit 1964 Bischofssitz ist, handelt es sich zugleich um die Bischofskirche. Sie beherbergt zwar mehrere mittelalterliche Reliquien, ist aber im Kirchenschiff, im Vergleich zu anderen Südtiroler Kirchen, eher unspektakulär. Lediglich der **Bozener Domschatz** sollte unbedingt besichtigt werden. An der Außenfassade befinden sich zudem zwei sehenswerte Portale. Das Leitacher Törl auf der Nordseite präsentiert sich in hochgotischem Stil, während das romanische Hauptportal die sogenannte Plapper-Madonna beherbergt.

Wenige Meter an der Nordseite des Domes entlang, gelangt man vom Pfarrplatz zum **Dominikanerplatz.** Die dortige Dominikanerkirche mitsamt dem angrenzenden Kreuzgang wurde gegen Ende des 13. Jahrhunderts erbaut und besticht durch eine große Anzahl von Fresken.

Am Dominikanerplatz beginnt zugleich die **Kapuzinergasse** und führt nach wenigen Schritten zur gleichnamigen Kirche, welche einen barocken Hochaltar beherbergt. Mit der Besichtigung dieser drei Gotteshäuser ist der Rundgang durch das sakrale Bozen beinahe beendet, später gelangt man noch zur Franziskanerkirche. Zuvor sollte man jedoch zum Waltherplatz und diesen nach Norden hin überqueren, um den Kornplatz zu erreichen. Es handelt sich um den ältesten Platz der Stadt. Er diente in früheren Zeiten, wie der Name es verrät, dem Handel von Korn und Getreide.

Durch die schmale Gumergasse gelangt man zum **Rathausplatz,** der von Bürgerhäu-

⌃ *An den Marktständen rund um das Torgglhaus am Obstmarkt (s. S. 94) kann man frische Lebensmittel kaufen*

Bozen, Stadtgebiet

1cm = 300 m
1 km
© Reise Know-How 2024
Schloss Runkelstein
Seilbahn Jenesien
ST. GEORGEN
Samtaler Str.
ST. ANTON
Grumer Eck
1110 m
Gscheibter Turm
Reichrieglerweg
Ansitz Klebenstein
ST. PETER
Fagen-Str.
Talfer-wiesen
Rittner Seilbahn Bozen - Oberbozen
Zentrum s. Seite 96
Luigi-Cadorna-Str.
Schloss Maretsch
ST. MAGDALENA
Sankt Magdalena
Talfer
Franziskanerkloster
Brennerstr.
Rentschner Str.
RENTSCH
Siegesdenkmal
Freie Universität Bozen
19
QUIREIN
Schlachthofstr.
Rittner Str.
Bahnhof Bozen
Dom
BOZNER BODEN
Stadttheater
Garibaldistr.
Marconistr.
Verdipl.
Drususallee
Eisack
Mayr-Nusser-Str.
Ödenburger Str.
12
Innsbrucker Str.
A22
Florenzerstr.
Drusus-Stadion
Rom-Str.
Trient-Str.
Brennerautobahn
VIRGL
St.-Gertaud-Weg
Romstr.
Kohlerer Seilbahn
BOZEN
Haslacher Str.
HASLACH
Augusta-Str.
Kohlern und Kohlerer Bahn
Kampillerbach
Haselburg
BAUERNKOHLERN
Stellplätze
30 Camping Moosbauer, Bozen
31 Stellplatz am Friedhof, Bozen
P Parken
19 Bahnhof
20 Bruno-Buozzi-Straße
21 Schloss Sigmundskron

132st-mm

sern im Rokokostil und natürlich vom Rathaus umgeben ist. Letzteres wurde jedoch erst im letzten Jahrhundert im neobarocken Stil erbaut.

Am Rathausplatz beginnt die am meisten besuchte Straße der Stadt, die **Laubengasse (Via dei Portici),** die in der Bevölkerung jedoch als Bozner Lauben bezeichnet wird. Diese Fußgängerzone sollte in Ruhe besichtigt werden. Dabei lohnt nicht nur der Blick in die Schaufenster, sondern ab und an sollte man auch auf die darüber liegenden Hausfassaden oder in die Zugänge zu den Innenhöfen schauen. Die enge Gasse mit ihren zahlreichen Erkern in den oberen Etagen und den zahlreichen Schaufenstern und Läden in den Laubengängen zeigt noch heute die Bedeutung des Handels in Bozen.

Am Ende der Lauben trifft man auf den **Obstmarkt (Piazza delle Erbe),** wo sich das hübsche Torgglhaus mit seiner Wandbemalung und einem hübschen Turm und auch der **Neptunbrunnen** befinden. Letzterer wird auch als „Gabelwirt" bezeichnet und ist ein beliebter Treffpunkt der Bozener Jugend.

Die letzte sehenswerte Kirche Bozens befindet sich nördlich des Obstplatzes. Auch die Franziskanerkirche, zu erreichen durch die Franziskanergasse, beherbergt einen Kreuzgang mit zahlreichen Fresken. Diese gehen auf die erste Hälfte des 14. Jahrhunderts zurück und sind zum Teil sehr gut erhalten. Am südlichen Ende des Obstplatzes zweigt nach links die Silbergasse (Via Argentieri) ab. Auch sie ist eine beliebte Fußgängerzone und verläuft parallel zu den Bozener Lauben. Sie endet am Kornplatz, doch zuvor besteht die Möglichkeit auf der linken Seite das **Merkantilmuseum** zu besichtigen. Die Ausstellung ist im gleichnamigen Merkantilgebäude untergebracht, in dem von Claudia de'Medici ursprünglich das Handelsgericht angeordnet wurde. Bei einem Rundgang erhält man Einblick in das Kanzlerzimmer, den Ehrensaal und die Sitzungskammer sowie den Innenhof.

Zwei weitere bedeutende Museen erreicht man über die Museumsstraße (Via Museo), die Verlängerung der Bozener Lauben vom Obstplatz in westliche Richtung. Auch sie ist eine Fußgängerzone und mündet in die Sparkassenstraße (Via Cassa di Risparmio). An der Kreuzung lohnt ein Blick nach rechts auf die zahlreichen Türmchen und Zinnen, die an den Hausdächern angebracht sind.

⊡ *Auch zwischen den engen Gassen Bozens hindurch sieht man noch die Alpengipfel*

In Haus Nummer 43 der Museumsstraße ist das **Südtiroler Archäologiemuseum** untergebracht, welches durch die Aufbewahrung von Leichenfund **Ötzi** international bekannt wurde. Schräg gegenüber befindet sich in der Sparkassenstraße das **Stadtmuseum,** das kostbare kunst- und kulturgeschichtliche Sammlungen zeigt. Im Erdgeschoss sind Wechselausstellungen zu sehen. Im ersten Stock und im Turm sind Werke aus den Sammlungen des Museums und aus Privatsammlungen ausgestellt. Durch den Garten hat man Zugang zum Lapidarium.

Die Museumsstraße führt geradeaus zur **Talferbrücke (Ponte Talvera),** die den aus dem Sarntal kommenden Fluss überspannt. Vor dem Fluss befinden sich die Auen, die zu Spaziergängen im Grünen einladen. Einer davon führt direkt vor der Brücke nach rechts zum rund 500 m entfernten **Schloss Maretsch.** Die sehenswerte Burg stammt aus dem 12. Jahrhundert und befindet sich inmitten von Weinfeldern. Eine Besichtigung der Räume ist jedoch nicht möglich, da das massive Bauwerk zu einem Tagungszentrum umfunktioniert wurde.

Zurück an der Talferbrücke sieht man auf dem gegenüberliegenden Ufer bereits das **Siegesdenkmal.** Dieser 19 m breite Triumphbogen ist ein Paradebeispiel für die Spannungen zwischen der deutschen und der italienischen Sprachgruppe. Schon bei der Einweihung des Denkmals im Sommer 1928 gab es eine Gegendemonstration im fernen Innsbruck, denn dieses Siegesdenkmal gilt als Symbol der Faschisten. Es wurde nach einer Idee von Benito Mussolini erbaut, nachdem Italien im Ersten Weltkrieg über Österreich-Ungarn triumphiert hatte. Im Jahr 2002 sollte der Platz, auf dem sich der Bogen befindet, in Friedensplatz umbenannt werden. Doch der Druck der rechten Parteien und der überwiegend italienischsprachigen Bevölkerung Bozens veranlasste die Stadt, die Umbenennung wieder rückgängig zu machen, sodass das Siegesdenkmal weiterhin auf dem Siegesplatz steht (Piazza della Vittoria). Drei

⊡ *Das Dach des Bozener Doms ist ein echter Hingucker*

Bozen, Zentrum

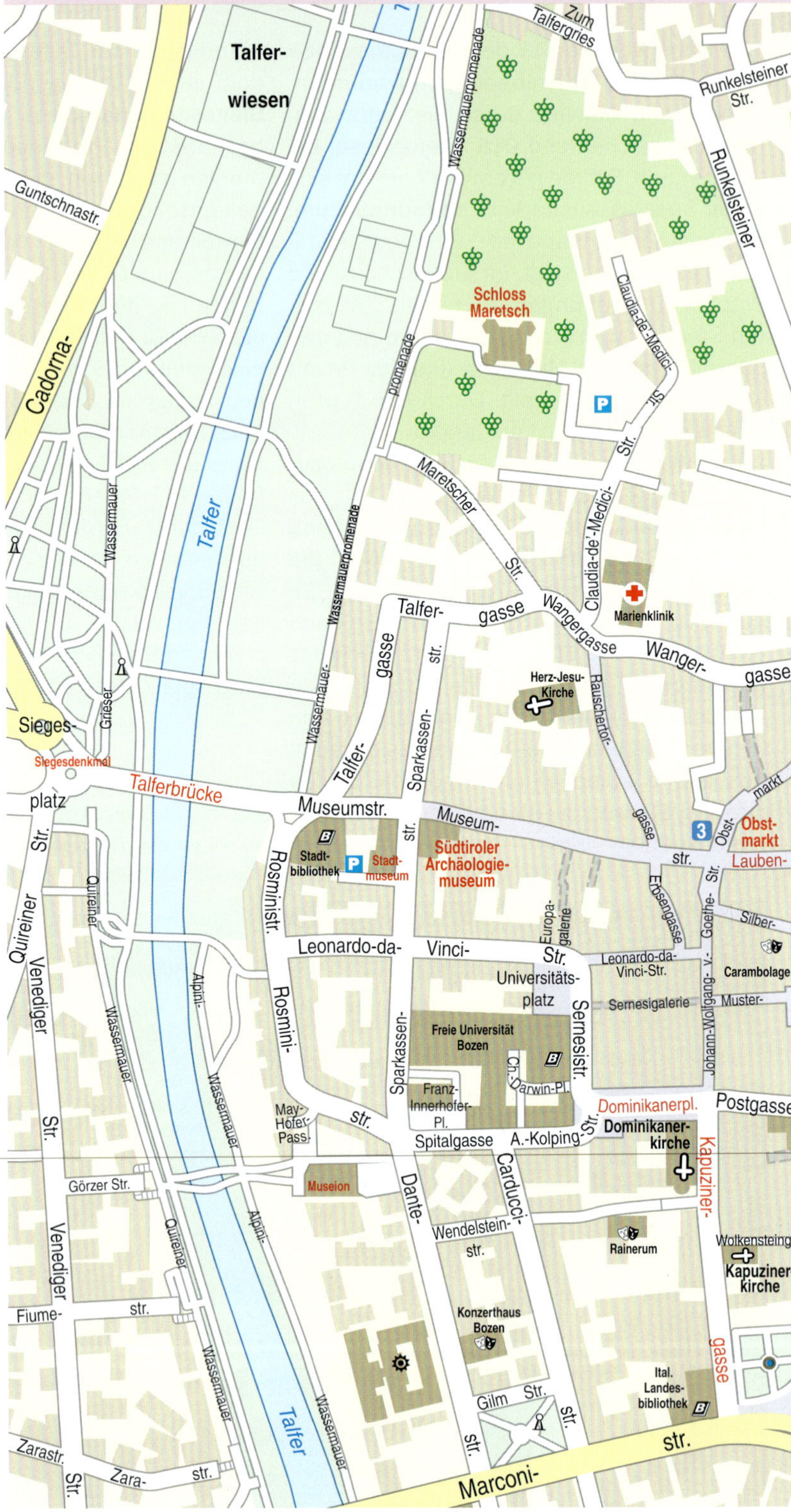

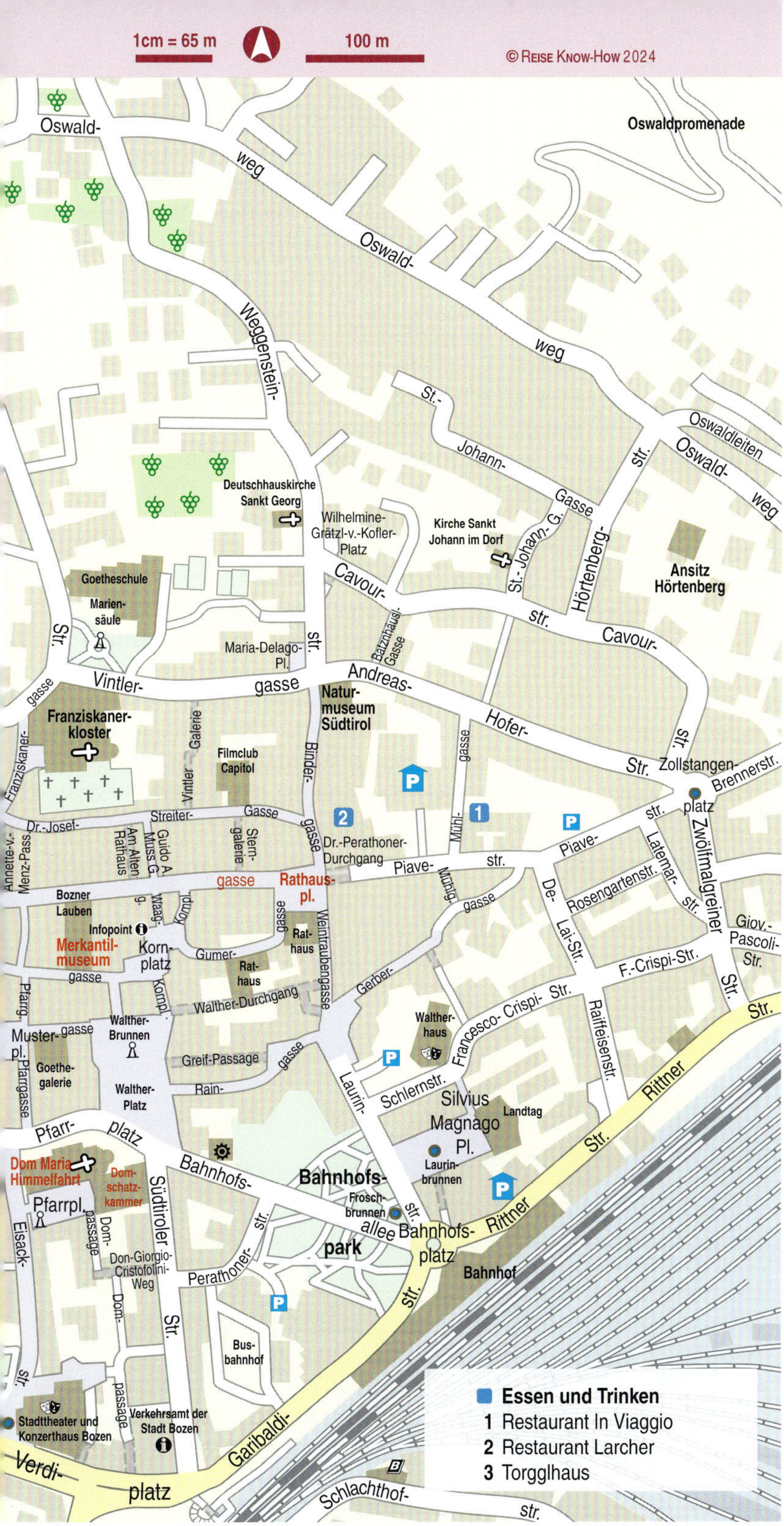
1cm = 65 m
100 m
© Reise Know-How 2024
Oswaldpromenade
Oswald-
weg
Oswald-
weg
Weggenstein-
St.-
Johann-
Gasse
Oswaldleiten
Oswald-
weg
str.
Deutschhauskirche
Sankt Georg
Wilhelmine-
Grätzl-v.-Kofler-
Platz
Kirche Sankt
Johann im Dorf
St.-Johann-G.
Hörtenberg-
Ansitz
Hörtenberg
Goetheschule
Marien-
säule
Cavour-
str.
Cavour-
str.
Maria-Delago-
Pl.
Batzenhäusl-
Gasse
Andreas-
Hofer-
Str.
Vintler-
gasse
Str.
gasse
Franziskaner-
kloster
Franziskaner-
Natur-
museum
Südtirol
Vintler
Galerie
Filmclub
Capitol
Binder-
gasse
gasse
Mühl-
str.
Zollstangen-
platz
Brennerstr.
Streiter-
Gasse
Dr.-Josef-
Annette-v.-
Menz-Pass.
Am-Alten
Rathaus
Guido A.
Muss G.
Stern-
galerie
Dr.-Perathoner-
Durchgang
Piave-
str.
Piave-
str.
Latemar-
str.
Zwölfmalgreiner
Str.
Bozner
Lauben
gasse
Rathaus-
pl.
Mühlg.
gasse
Rosengartenstr.
De-
Lai-Str.
Giov.-
Pascoli-
Str.
Infopoint
Merkantil-
museum
Korn-
platz
Waag-
g.
Kornpl.
Gumer-
gasse
Rat-
haus
Rat-
haus
Weintraubengasse
Gerber-
gasse
F.-Crispi-Str.
Pfarrg.
Walther-Durchgang
Francesco- Crispi- Str.
Raiffeisenstr.
Muster-
pl.
gasse
Walther-
Brunnen
Walther-
haus
Goethe-
galerie
Greif-Passage
gasse
Laurin-
Schlernstr.
Rittner
Str.
Str.
Pfarrgasse
Walther-
Platz
Rain-
Silvius
Magnago
Pl.
Landtag
Pfarr-
platz
Dom Maria
Himmelfahrt
Dom-
schatz-
kammer
Bahnhofs-
Bahnhofs-
park
Laurin-
brunnen
Frosch-
brunnen
allee
str.
Bahnhofs-
platz
Rittner
Str.
Pfarrpl.
Dom-
passage
Südtiroler
Str.
Eisack-
str.
Don-Giorgio-
Cristofolini-
Weg
Dom-
passage
Perathoner-
str.
Bahnhof
Bus-
bahnhof
Stadttheater und
Konzerthaus Bozen
Verkehrsamt der
Stadt Bozen
Garibaldi-
str.
Verdi-
platz
Schlachthof-
str.
Essen und Trinken
1 Restaurant In Viaggio
2 Restaurant Larcher
3 Torgglhaus

Jahre später versuchten die Stadtoberen, eine viersprachige Tafel (Deutsch, Ladinisch, Italienisch, Englisch) zu enthüllen, auf der die faschistischen Verbrechen angeprangert wurden. Aus der Tafel wurden jedoch Täfelchen, die zudem in 50 m Entfernung aufgestellt werden mussten und sich nun am gegenüberliegenden Straßenrand befinden. Jedes Jahr am 4. November (Tag des Sieges über Österreich-Ungarn) werden von rechtsgerichteten Parteien Kränze am Denkmal niedergelegt, was für die Südtiroler Bevölkerung eine Demütigung darstellt. 2008 kam es eine Woche später beinahe zu größeren Auseinandersetzungen als mehrere Tausend Demonstranten gegen den Faschismus demonstrierten. Im darauffolgenden Jahr trugen zwei Landtagsabgeordnete am 4. November während einer Sitzung schwarze Armbinden, um gegen die erneute Kranzniederlegung zu protestieren. Aus diesen spannungsgeladenen Gründen ist das Siegesdenkmal eingezäunt und mit mehreren Videokameras überwacht. Immerhin gibt es seit 2014 vor Ort eine Ausstellung, die sich mit dem Siegesdenkmal befasst und diesen Teil der Stadtgeschichte aufarbeitet (www.siegesdenkmal.com/de.html).

Ein **ähnlich provokantes Denkmal** befindet sich weiter südlich **am Gerichtsplatz** und beherbergt heute das Finanzamt. Ursprünglich war dieses Bauwerk, ebenfalls in der Zeit des Faschismus, für das Bozener Gericht errichtet worden. Bis heute ist das Wandrelief am Gebäude, welches Benito Mussolini mit Faschistengruß und zahlreiche Kürzel zeigt, die auf mittlerweile verbotene faschistische Organisationen hinweisen, nicht entfernt worden.

Für Besucher der Stadt, die gut zu Fuß sind, noch der folgende Tipp: Rechts am Siegesdenkmal vorbei, führt die Freiheitsstraße (Via della Libertà) zum knapp einen Kilometer entfernten Grieser Platz, dem Zentrum der einst selbstständigen **Gemeinde Gries.** Dort erhebt sich nicht nur das Stadttheater, sondern auch die **Benediktinerabtei** aus dem 12. Jahrhundert. Nicht zu übersehen sind der mächtige Turm des Klosters sowie die barocke Fassade der dazugehörigen Klosterkirche. Diese ist innen mit zahllosen Fresken ausgestattet und sollte nicht versäumt wer-

133st-mm

30 Camping Moosbauer, Bozen

GPS 46.503015, 11.299165

Der ideale Ausgangspunkt für eine Stadtbesichtigung von Bozen und Schloss Runkelstein. Per Bus oder Fahrrad sind beide Sehenswürdigkeiten gut erreichbar. Die Sanitäranlagen sind sehr schön mit Informationen über die Region gestaltet – sehenswert! Die Stellflächen liegen jedoch sehr eng beieinander. Mit großen Wohnmobilen kann es knapp werden. **Lage/Anfahrt:** Westlich von Bozen an der SS38 Richtung Terlan (Terlano), inmitten von Obstplantagen. **Platzanzahl:** 100; **Untergrund:** Wiese; **Sicherheit:** bewacht, beleuchtet; **Preiskat.:** €€€€–€€€€€; **Geöffnet:** ganzjährig; **Kontakt:** 39100 Bozen, Moritzinger Weg 83, Tel. 0471 918492, www.moosbauer.com

228st-Camping Moosbauer©FotoArmin.com

den. Ebenfalls sehenswert ist aber auch der Flügelaltar, der vom Brunecker Bildhauer Michael Pacher erschaffen wurde. Er befindet sich in der Alten Grieser Pfarrkirche, deren schlanker Turm sich inmitten von Weinreben wenige Meter hinter dem Kreisverkehr am Kloster erhebt.

Etwas außerhalb von Bozen, aber mit dem Fahrrad vom Campingplatz aus gut erreichbar, sind die Schlösser Runkelstein und Sigmundskron. **Schloss Runkelstein** befindet sich im Sarntal, am Nordrand der Stadt Bozen und kann über einen Rad- und Wanderweg an der Talfer entlang besucht werden oder alternativ mit der Buslinie 12 oder dem kostenlosen Shuttlebus, der an jedem Wochenende eingesetzt wird. Besonders sehenswert ist das Schloss, weil es seinen mittelalterlichen Charakter bewahren konnte, obwohl es auch hier mehrfach zu An- und Umbauten kam. Die Burganlage befindet sich hoch über dem Fluss auf einem Felsvorsprung, was ein Bauwerk wie dieses aber nicht immer nur schützt, denn im ausgehenden 19. Jahrhundert stürzte ein Teil der Wehranlage in die Tiefe. Innerhalb der Schlossmauern befindet sich aber die eigentliche Sehenswürdigkeit. Der Freskenzyklus an den Wänden ist der älteste und umfangreichste seiner Art und erzählt weltliche Geschichten des Mittelalters. Die Kunstwerke sind rund 600 Jahre alt und zeigen Abbildungen von Ritterspielen sowie Darstellungen der Jagd.

◁ Weinanbau an den Hängen des Bozener Talkessels

Schloss Sigmundskron befindet sich hingegen im Süden von Bozen oberhalb der Etsch. Das Schloss wechselte im Laufe der Jahrhunderte mehrfach die Besitzer und den Namen. Vor der Bezeichnung Sigmundskron wurde die wehrhafte Burg Firmian – nach dem gleichnamigen Adelsgeschlecht – genannt. Auch der heutige Besitzer nennt sie wieder so. Genauer gesagt, wird die gut erhaltene Burgruine von ihm als MMM Firmian bezeichnet, wobei das Kürzel für **Messner Mountain Museum** steht. Der international bekannte Bergsteiger **Reinhold Messner** erwarb die Burg und ließ in dreijähriger Bauzeit ein Museum einrichten. Das MMM ist jedoch nicht nur ein Museum, sondern ein Museumsprojekt mit

Erdpyramiden

Die Natur erschafft Dinge, die der Mensch – wenn überhaupt – nur mit größer Mühe bewerkstelligen würde. Die Rede ist dieses Mal nicht von der grandiosen Naturlandschaft der Südtiroler Alpen bzw. der Dolomiten. Auch die klaren Bergseen oder die Gletscher sind nicht gemeint. Vielmehr reden wir hier über ein deutlich kleineres Naturparadies, das aber nicht minder beeindruckend ist. Man stelle sich vor, der Mensch würde einen schweren Felsen auf einer fragil wirkenden Felsnadel, bestehend aus lockerem Gestein, aufsetzen, sodass dieser auf dem höchsten Punkt ausbalanciert ist. Vermutlich würde man in Zweifel ziehen, ob solch ein Vorhaben gelänge. Wie gesagt, die Natur hat es geschafft, aber eben auf ihre Art. Das Stichwort ist natürlich Erosion. Nur so konnten die Erdpyramiden entstehen, die an mehreren Orten in Südtirol und in der Region um Trentin entstanden sind. Das Gestein, das wie eine dünne Pyramide steil aufragt, besteht in der Regel aus Sandstein oder Lehm. Material also, das über einen langen Zeitraum sehr stark erodiert. Dafür ist nicht nur Regen, sondern auch eine windgeschützte Lage notwendig. Innerhalb dieses leichten Gesteins befinden sich aber auch festere Felsen, beispielsweise aus Gneis. Erodiert nun also das feinkörnige Material, so wird es von oben durch verschiedene Felsbrocken geschützt. So kommt es schließlich dazu, dass eine dünne Erdsäule in die Höhe ragt und ein größerer Gesteinsbrocken als Deckstein obenauf sitzt.

Diese Erdpyramiden gibt es auch auf dem Balkan, in der Schweiz und in Österreich, doch die meisten erheben sich in Südtirol. In der Regel sind sie im Rahmen von leichten Wanderungen zu erreichen. Ein beliebtes Ziel sind zum Beispiel die Erdpyramiden am Rittner Sonnenplateau. Nordöstlich von Bozen sind sie über eine leicht zu befahrende Serpentinenstraße in über 1000 Metern Höhe zu erreichen. Das Wohnmobil stellt man am besten auf dem Parkplatz in Lengmoos (GPS 46.540958, 11.466812) ab. Von dort folgt man der Straße rund 20 Minuten zu Fuß. Weitere Areale mit Erdpyramiden gibt es östlich von Bozen in Steinegg (GPS 46.484404, 11.456652), bei Percha östlich von Bruneck (GPS 46.817492, 12.008010), in Terenten westlich von Bruneck (GPS 46.829563, 11.776634) und in Segonzano nordöstlich von Trient (GPS 46.180919, 11.263680).

160st-mm

sechs Standorten in Südtirol. Dazu gehören das bereits erwähnte Ripa in Schloss Bruneck (s. S. 63), das MMM Corones auf dem Kronplatz, das sich dem Thema Bergvölker widmet, und Schloss Juval (s. S. 197) in Naturns, in dem sich die Ausstellung um den Berg als Mythos dreht. Im Vinschgau, genauer in Sulden, befinden sich eine unterirdische Ausstellung mit dem Motto „Ewiges Eis" und eine kleine Berghütte, in der kuriose Bergsteigergeschichten beschrieben werden. Lediglich die Ausstellung „Dolomites" befindet sich nicht in Südtirol, sondern in den Dolomiten. Das Thema ist hier ausschließlich das italienische Gebirge. Diese Ausstellung ist in einem Fort aus dem Ersten Weltkrieg auf dem Monte Rite untergebracht.

Sehenswertes

› **Dom Maria Himmelfahrt,** Pfarrplatz, 39100 Bozen, Mo–Sa 10–12 Uhr, 14–17 Uhr; Domschatz Di–Sa 10–12 Uhr, Eintritt 3 €

› **Dominikanerkirche,** Dominikanerplatz, 39100 Bozen, Mo–Sa 9.30–17.30 Uhr, So 12–18 Uhr, Kreuzgang Mo–Fr 9.30–17 Uhr, Sa 9.30–12.30 Uhr

› **Kapuzinerkirche,** Kapuzinergasse, 39100 Bozen, tgl. 9–18.30 Uhr

› **Merkantilmuseum,** Silbergasse 6, 39100 Bozen, Mo–Sa 10–12.30 Uhr, Eintritt 7 €

› **Museion,** Piero-Siena-Platz 1, 39100 Bozen, www.museion.it, Di–So 10–18, Do bis 22 Uhr, Eintritt 10 €, Do 18–22 Uhr Eintritt frei. Museum für moderne und zeitgenössische Kunst.

› **Naturmuseum Südtirol,** Bindergasse 1, 39100 Bozen, www.naturmuseum.it, Di–So 10–18 Uhr, Eintritt 7 €

› **Südtiroler Archäologiemuseum,** Museumsstr. 43, 39100 Bozen, www.iceman.it, Di–So 10–18 Uhr, Juli, Aug., Dez. auch Mo, Eintritt 13 €

› **Messner Mountain Museum auf Schloss Sigmundskron,** 39100 Bozen, Sigmundskroner Straße 53, www.messner-mountain-museum.it, Anfang März–Mitte Nov. Di–So 10–18 Uhr, Eintritt 15 €

› **Schloss Runkelstein,** Kaiser-Franz-Josef-Weg, 39100 Bozen, Di–So 10–18 Uhr, Eintritt 8 €

› **Stadtmuseum Bozen,** Sparkassenstraße 14, Di–So 10–18 Uhr, Eintritt frei

› **Alte Grieser Pfarrkirche,** Martin-Knoller-Straße, 39100 Bozen, April–Okt. tgl. 10.30–12 u. 14.30–16 Uhr

Touristeninformation

› **Verkehrsamt der Stadt Bozen,** Südtiroler Str. 60, 39100 Bozen, Tel. 0471 307000, www.bolzano-bozen.it

› **Südtirol Information,** Kornplatz 11, 39100 Bozen, Tel. 0471 999999, www.suedtirol.info

Gastronomie

› **Restaurant In Viaggio,** Piavestr. 15, www.inviaggioristorante.com. Exklusives Restaurant, für das eine Reservierung unabdingbar ist. Hunde, Kinder unter 12 Jahren, Sportkleidung und Handys sind nicht erlaubt. Exquisite Karte mit 5- bis 9-Gänge-Menüs und vielfältige Weinkarte. Es muss geklingelt werden.

› **Restaurant Larcher,** Bindergasse 35, 39100 Bozen, www.restaurant-larcher.it, samstags und sonntags geschlossen. Südtiroler Spezialitäten und eine Terrasse in der Fußgängerzone

› **Torgglhaus,** Museumstr. 2a, www.casaaltorchio.com. Südtiroler Spezialitäten auf zwei Etagen.

Parken

P 19 **Bahnhof von Bozen,** GPS 46.49909, 11.362696

P 20 **Bruno-Buozzi-Straße Bozen,** GPS 46.473935, 11.32633, mit Ver- und Entsorgungsstation für Wohnmobile

P 21 **Schloss Sigmundskron,** GPS 46.477864, 11.304433

31 Stellplatz am Friedhof, Bozen

GPS 46.473217, 11.337277

Acht enge Stellflächen unter Hochspannungsleitungen. **Lage/Anfahrt:** gegenüber vom Friedhof, direkt an einer Hauptstraße, ca. 3 km südlich vom Zentrum; **Untergrund:** Asphalt; **Preiskat.:** kostenlos; **Sonstiges:** nahe Haltestelle mit Direkverbindung ins Bozener Zentrum. Im Winter weichen die meisten Wohnmobilisten auf den benachbarten Parkplatz aus, der im Sommer mit einer Höhenbegrenzung versehen ist. Einkaufsmöglichkeit und Tankstelle gleich nebenan.

161st-mm

ABSTECHER INS GRÖDNERTAL

(hin und zurück 90 km)

KASTELRUTH (CASTELROTTO)

Über die SS12 bzw. durch das Eisacktal gelangt man von Bozen wieder ein Stück nordwärts, genauer gesagt zur Ortschaft Waidbruck (Ponte Gardena). Der italienische Name ist in diesem Fall treffender, denn Waidbruck bildet in der Tat eine Art Brücke nach Gardena, wobei mit Gardena das **Grödnertal** gemeint ist. Doch bevor es auf der SS242 in das Tal hineingeht, fährt man an der ersten Ausfahrt im Kreisverkehr hinter der Brücke auf die LS/SP24, welche nach Kastelruth und auf die Seiser Alm führt.

Westlich von Bozen befindet sich der 2563 m hohe **Schlern,** dem zwei markante und schmale Bergspitzen vorgelagert sind. Der Schlern bildet zusammen mit dem Rosengarten seit 1974 den zweitältesten Naturpark von Südtirol. Am nordöstlichen Fuß des Schlern erstreckt sich die fast 60 km² große **Seiser Alm** bis hin zum Grödnertal. Die Seiser Alm gilt damit als größte Hochalm Europas und bietet zahlreiche Möglichkeiten zur Freizeitgestaltung, allen voran natürlich Wanderungen im Sommer und Langlauf auf über 60 km Loipenstrecke im Winter.

Etwas weiter unterhalb, westlich der Seiser Alm, liegt die kleine Ortschaft **Kastelruth.** Die idyllische Gemeinde besticht mit einem verkehrsberuhigten Zentrum und einigen hübsch dekorierten Hausfassaden. Auch weit über die Grenzen von Südtirol hinaus bekannt geworden ist der Name der Ortschaft durch die Volksmusikgruppe „Kastelruther Spatzen“, die hier beheimatet ist.

Touristeninformation

› **Marktgemeinde Kastelruth,** Krausenplatz 1, 39040 Kastelruth, Tel. 0471 711500, www.gemeinde.kastelruth.bz.it

Das idyllische Zentrum von Kastelruth

32 Camping Seiser Alm, Völs am Schlern

GPS 46.532960, 11.533467

Idealer Ausgangspunkt für Wanderungen auf der Seiser Alm u. im Bereich des Schlern, mit Blick auf das Gebirgsmassiv. **Lage/Anfahrt:** Von der Brennerautobahn nach Völs am Schlern abbiegen, von dort Beschilderung folgen. **Platzanzahl:** 100; **Untergrund:** Wiese; **Sicherheit:** bewacht, beleuchtet; **Preiskat.:** €€€€€; **Geöffnet:** 20. Dezember–Ende Oktober; **Kontakt:** 39050 Völs am Schlern, Sankt Konstantin 16, Tel. 0471 706459, www.camping-seiseralm.com

266st©rudi1976, stock.adobe.com

Nicht ohne Grund ist die Seiser Alm ein beliebtes Reiseziel

Ötzi

Am Gerichtsmedizinischen Institut in Innsbruck wird eine Leiche als Nummer 619/91 geführt, die zugleich bei der Staatsanwaltschaft unter „Strafverfahren gegen unbekannt" zu finden ist. So viel bürokratisches Pflichtbewusstsein muss sein, auch wenn seit dem Tod rund 5200 Jahre vergangen sind. Aber da ein Mord nie verjährt, ist es nur richtig, dass auch die Todesumstände von Ötzi zweifelsfrei geklärt werden. Am 19. September 1991 fanden die deutschen Bergwanderer Erika und Helmut Simon eine mumifizierte Leiche in den ***Südtiroler Alpen.*** *Sie informierten die zuständigen Behörden, die nach vier Tagen eine Bergung durchführen konnten. Schnell stellte sich heraus, dass die Leiche eine Sensation war, denn ihr Alter war nicht nur auf* ***über 5000 Jahre*** *zu datieren, sondern sie war auch dermaßen* ***gut erhalten,*** *dass man neben der Bekleidung sogar noch Tätowierungen und Essensreste des Toten feststellen konnte. Es dauerte nicht lange, bis der 1,58 m große Mann einen Namen erhielt: Ötzi. Forscher fanden heraus, dass Ötzi vermutlich ca. 40 Jahre alt war und bei einer Wanderung in den Hochalpen, nahe dem Hauslabjoch, nordwestlich von Meran gestorben ist. Dort, wo heute die Grenze zwischen Italien und Österreich verläuft, dürfte Ötzi vermutlich das* ***Opfer eines Überfalls*** *oder zumindest eines* ***Streits*** *geworden sein. Man fand eine Verletzung der linken Schulter, die durch eine Pfeilspitze hervorgerufen wurde, doch an seinen Armen waren auch Schnittverletzungen sowie Blutspuren von verschiedenen Menschen auszumachen. Daher kann ein zweifelsfreies Ergebnis nicht erzielt werden. Fest steht, dass er ein sehr gut erhaltenes* ***Kupferbeil*** *mit sich führte, welches dem Salzburger Land zuzuordnen ist, und dass Ötzi mit einer* ***Bärenfellmütze*** *sowie einer* ***Hose aus Ziegenfell*** *ausgestattet war.*

Seit 1998 kann man den Leichnam im Südtiroler Archäologiemuseum in Bozen besichtigen. Ende 2017 kam der Spielfilm „Der Mann aus dem Eis" in die Kinos. In die Rolle des Ötzi schlüpfte der Schauspieler Jürgen Vogel.

33 Wohnmobilstellplatz Seiser Alm, Völs am Schlern

GPS 46.533116, 11.533556

Vor dem Campingplatz Seiser Alm befindet sich der dazugehörige Wohnmobilstellplatz. **Platzanzahl:** 12; **Preiskat.:** €€€; **Max. Stand:** 48 Stunden. **Geöffnet:** zwischen 2. November und 20. Dezember geschlossen; **Kontakt:** wie Camping Seiser Alm 32.

So malerisch präsentieren sich die Dörfer im Grödner Tal

34 Wohnmobilstellplatz Kastelruth

GPS 46.567158, 11.565301

Einfache Übernachtungsmöglichkeit auf dem Parkplatz der Pizzeria Sporthütte. Der Parkplatz befindet sich hinter dem Haus und bietet einen schönen Blick auf den Schlern. Da sich die Pizzeria etwas außer- und oberhalb von Kastelruth befindet, ist die Lage sehr ruhig. Übernachten darf man jedoch nur als Gast des Lokals (die Pizza ist sehr empfehlenswert). **Lage/Anfahrt:** in Kastelruth hinter dem Supermarkt rechts halten, den Berg kurz hinauf und links zur Sporthütte; **Platzanzahl:** 10; **Untergrund:** Schotter; **Preiskat.:** €, Übernachtung nur bei Einkehr erlaubt; **Kontakt:** Tioslerweg, 3, 39040 Kastelruth, Tel. 0471 706465, www.sporthuette.it

163st-mm

SANKT ULRICH IN GRÖDEN (ORTISEI)

Von Kastelruth fährt man auf der SP64 über den Panidersattel (Passo Pinei) in 1437 Metern Höhe in das Grödnertal. Durch das von Ost nach West verlaufende Grödnertal, dessen Hauptorte Sankt Ulrich (Ortisei), Sankta Christina (Stana Christina) und Wolkenstein (Selva) sind, fließt der Grödnerbach, der mit einer Länge von fast 26 km einer der größeren Nebenflüsse des Eisacks ist. Zudem ist das Grödnertal auch für seine **Holzschnitzereien** bekannt, die von vielen auch außerhalb des Tals bekannten Bildhauern und Holzschnitzern geschaffen wurden. Erwähnenswert sei hier auch, dass sich im Grödnertal eine überwältigende Mehrheit von rund 90 % der Einwohner zur **ladinischen Sprachgruppe** zählt.

Sankt Ulrich galt über 200 Jahre lang als Zentrum der Holzschnitzerei und der sakralen Bildhauerei, die jedoch Mitte des 20. Jahrhunderts zum Erliegen kam. Doch auch heute noch sind viele Werke aus der damaligen Zeit zu sehen, so zum Beispiel in der örtlichen Pfarrkirche. Dort befinden sich einige sakrale Statuen von verschiedenen Künstlern aus Sankt Ulrich und Umgebung, doch auch die Kuppeln in der Apsis und im Kirchenschiff sind mit prunkvollen Fresken versehen.

Weitere Fresken finden sich auch in der ebenso schönen Kirche **St. Jakob.** Diese ist zudem mit einem barocken Altar ausgestattet, welcher ebenfalls von einer Künstlerfamilie des Ortes geschaffen wurde.

Doch Sankt Ulrich brachte auf dem künstlerischen Sektor nicht nur Bildhauer und Holzschnitzer hervor. 1940 wurde hier zum Beispiel **Giorgio Moroder** geboren. Für viele dürfte der Name eher unbekannt sein, doch seine Werke hat man sicherlich schon gehört,

253st-mm

Spaziergang durch St. Ulrich

immerhin ist er dreifacher Oscar-Preisträger und wohnt mittlerweile in Kalifornien. Die berühmteste Filmauszeichnung der Welt erhielt er für den Song „Take my breath away“ aus dem Film „Top Gun“ mit Tom Cruise, für „What a feeling“ aus dem Film „Flashdance“ und für den Soundtrack zu „Midnight Express“. Zudem ist die Liste der Interpreten, für die Moroder komponierte, eine Ansammlung weltberühmter Stars wie z. B. Elton John, Cher, Janet Jackson, Freddie Mercury und David Bowie.

Die Aufzählung berühmter Künstler aus Sankt Ulrich ist damit allerdings noch nicht komplett. Als das Tal 1892 noch zur österreichischen K.-u.-k.-Monarchie gehörte, kam hier der Bergsteiger und Schauspieler **Luis Trenker** zur Welt. Sein schlichtes Grab kann auf dem Friedhof besichtigt werden.

Informationen und Erinnerungen an Trenker erhält man in der eigens eingerichteten Abteilung des Grödner **Heimatmuseums** (Ladinisch: Museum Gherdëina) im Ortszentrum, in der über sein Leben und seine Filme berichtet wird. Doch der Luis-Trenker-Bereich ist nur ein kleiner Teil des sehenswerten Museums. Selbstverständlich befasst sich die Ausstellung einer Ortschaft, die in diesem Bereich so viele verschiedene Künstler hervorgebracht hat, auch mit der Holzschnitzkunst

und der sakralen Kunst. So sind originale Skulpturen aus der Jakobskirche genauso im Museum zu sehen wie Holzspielzeug aus Gröden und zahlreiche Krippenfiguren und geschnitzte Tierdarstellungen.

Etwas moderner geht es in der **Unika** am Ortseingang zu. Die Unika ist ein Zusammenschluss mehrerer Künstler aus dem Grödnertal, die ihre Einzelstücke (daher Unika) präsentieren und vermarkten wollen. Die Ausstellung reicht vom traditionellen Kunsthandwerk bis hin zur Moderne und zeigt weltliche sowie sakrale Kunst. Die Besonderheit von Unika ist, dass sämtliche Werke handgeschnitzt sind und eben einmalig.

Sehenswertes

› **Heimatmuseum (Museum Gherdëina),** Rezistr. 83, 39046 Sankt Ulrich in Gröden, www.museumgherdeina.it, Mitte Mai–Ende Okt. Mo–Fr 10–12 Uhr und 14–18 Uhr, Juli, August auch Sa 14–18 Uhr, Weihnachten–Anfang Januar tgl. 10–12 Uhr und 14–18 Uhr, Mitte Januar–Ende März Di–Fr 10–12 Uhr und 14–18 Uhr, Eintritt 8 €

› **Galaria Unika,** Arnariastr. 9, 39046 Sankt Ulrich, www.unika.org, Mo–Sa 10–12 Uhr und 14–19 Uhr, Eintritt frei

Touristeninformation

› **Tourismusverein St. Ulrich,** Reziastr. 1, 39046 Sankt Ulrich in Gröden, www.val-gardena.com, Tel. 0471 777600, Öffnungszeiten: Mo–Sa 8.30–12.30, 14.30–18.30, So 8.30–12 und 17–18.30 Uhr

Gastronomie

› **Pizzeria Café Tennis,** Arnaria 5, 39046 St. Ulrich, www.pizzeria-tennis.com. Leckere Holzofenpizzen.

Sonstiger Stellplatz

S 22 **Wohmobilstellplatz St. Ulrich,** GPS 46.586344, 11.634057, an der SS242 zwischen Waidbruck und St. Ulrich kurz vor St. Ulrich, Gästehaus Pontives, 39040 Lajen, Tel. 0471 797091, www.pontives.com, Preiskat.: €€€. Am Gasthof Pontives kann man auf einer Wiese zwischen Gasthaus und SS242 übernachten. Es gibt jedoch nur eine etwas abenteuerliche Stromversorgung und einen versteckten, schwer zugänglichen Ausguss für Grauwasser. Nur in der schneefreien Zeit (und besser an regenarmen Tagen) befahrbar.

Jedes noch so große Wohnmobil wirkt klein vor der Kulisse der mächtigen Dolomiten

ST. CHRISTINA IN GRÖDEN (SANTA CRISTINA DI VAL GARDENA)

Die SS242 führt weiter in das Grödnertal hinein und so erreicht man den nächsten Ort, St. Christina. Empfehlenswert ist hier ein schöner Wanderweg, der auf einer alten Bahntrasse verläuft. Es handelte sich dabei um die Trasse der einstigen, 31 km langen **Schmalspurstrecke Grödnerbahn,** die vom Eisacktal in das Grödnertal fuhr und dabei über 1000 Höhenmeter bewältigte. Auf dem Trassenabschnitt der 1960 stillgelegten Bahn in Sankt Christina kann man bei einem Spaziergang die maßstabsgerechte Strecke zwischen der Sonne und Zwergplanet Pluto in rund einer Stunde erwandern. Dieser **Planetenpfad** ist etwas über drei Kilometer lang und informiert anschaulich und besonders für Kinder interessant über unser Sonnensystem.

Eine Umgehungsstraße, die durch zwei Tunnel und über vier Brücken führt, entlastet das Ortszentrum vom Durchgangsverkehr.

Der gotische Kirchturm der **Pfarrkirche** im Zentrum stammt, bis auf das Dach fast unverändert, aus dem 14. Jahrhundert. Der Kirchenbau ist von außen recht schmucklos, präsentiert sich im Kirchenschiff jedoch mit verschiedenen kunstvollen Verzierungen und einem Hochaltar aus dem 17. Jahrhundert, der von Grödner Holzschnitzern entworfen wurde. Holzschnitzereien waren ohnehin auch in St. Christina ein wichtiger Wirtschaftszweig. Zwei große Spielzeug- und Holzskulpturenhersteller hatten in der Gemeinde ihren Sitz und beschäftigten eine großen Teil der hiesigen Bevölkerung.

Am südlichen Ortsrand erhebt sich das Hochplateau **Monte Pana,** auf dem sich mit einer Länge von 30 km das größte Langlaufzentrum des Tals befindet. Zudem ist vom Monte Plana sehr schön die Langkofelgruppe im Süden zu sehen, die sich von hier aus betrachtet, direkt vor dem Fassatal befindet.

Passend zum Planetenlehrpfad im Tal, wurde auf dem Hochplateau eine sphärische **Äquatorial-Sonnenuhr** errichtet. Die vom Künstler Simon Moroder erschaffene Uhr hat einen Durchmesser von 2 m und zeigt die wahre Ortszeit von Sankta Christina sowie die Zeit von 60 weiteren Städten der Welt an.

Am östlichen Ortsrand, bereits auf dem Weg nach Wolkenstein in Gröden, liegt auf der linken Seite auf einer Anhöhe das **Renaissanceschloss Fischburg,** welches von der Straße aus gesehen, sehr wehrhaft und mittelalterlich erscheint. Leider kann das aus dem 17. Jahrhundert stammende Schloss nur von außen besichtigt werden, da es sich im Privatbesitz eines venezianischen Barons befindet.

Touristeninformation

› **Tourismusverein St. Christina,** Chemunstr. 9, 39047 St. Christina in Gröden, Tel. 0471 777800, www.valgardena.it, geöffnet: Mo–Sa 8–12 Uhr, 14.30–18.30 Uhr, So 8.30–12 Uhr, im April, Mai, Oktober und November ist das Büro sonntags geschlossen.

Parken

P 23 **P1 Monte-Pana-Bergstation,** GPS 46.551314, 11.715644. Parkplatz mit Übernachtungsmöglichkeit am Sporthotel Monte Pana (15 €).

P 24 **Talstation St. Christina,** GPS 46.556457, 11.726890. Sehr einfacher und teilweise schräger Schotterparkplatz am südlichen Ortsrand neben einer der Tunneleinfahrten der Umgehungsstraße. Hier darf für 15 €/24 Stunden geparkt werden. Für die Durchreise mit später Ankunft am Abend sicherlich hilfreich, aber eine schöne Aussicht oder Infrastruktur sollte man hier nicht erwarten.

WOLKENSTEIN IN GRÖDEN (SELVA DI VAL GARDENA)

Mit **Wolkenstein,** das ebenfalls über die SS242 angefahren wird, erreicht man die letzte größere Ortschaft im Grödnertal. Von ihr zweigt nach Nordosten das Langental ab. Dieser vier Kilometer lange Bergeinschnitt ist im Sommer, da es keinen Durchgangsverkehr gibt, ein beliebtes **Wandergebiet** und wird im Winter als **Langlaufstrecke** genutzt.

Am Taleingang befindet sich in 1600 m Höhe die **Burgruine Wolkenstein.** Sie wurde im 13. Jahrhundert erbaut und nutzte als Dach einen Felsvorsprung des Stevia-Gebirgsstocks. In der ersten Hälfte des 16. Jahrhunderts stürzte sie jedoch zu großen Teilen ein und wurde dem Verfall preisgegeben. Heute kann man nur noch die Talwand sehen und über einen Wanderweg zum Vorhof gelangen. Auffällig ist die Tarnung der Burgruine. Sie hebt sich kaum von der Felswand ab und ist daher nur schwer zu erkennen.

Eine Weiterfahrt hinauf auf das **Grödner Joch** sollte man sich nicht entgehen lassen. Hierfür folgt man der SS242 bis hinter den einfachen Wohnmobilstellplatz bei Plan de Gralba. Kurz darauf wechselt man auf die SS243 in Richtung Grödner Joch. Nach einigen Serpentinen verläuft die Straße an der Nordflanke des Sellamassivs. Die Gebirgswand steigt zur Rechten der Straße steil auf und wirkt stellenweise furchteinflößend. Landschaftlich ist die Strecke jedoch ein Traum, insbesondere wenn man das Grödner Joch erreicht hat und zurückblickt. Auf der Ostseite des Passes kann man entweder wieder zum Falzaregopass oder nach Bruneck fahren.

Touristeninformation

› **Tourismusverein Wolkenstein,** Mëisulesstr. 213, 39048 Wolkenstein in Gröden, Tel. 0471 777900, www.valgardena.it, Öffnungszeiten: Mo–Sa 8–12 Uhr, 15–18.30 Uhr, So 8.30–12 Uhr, 17–18.30 Uhr

Parken

25 Östlich von Wolkenstein, GPS 46.550167, 11.809455. Einfacher Parkplatz mit Übernachtungsmöglichkeit auf dem Grödnerjoch an der SS243 (12 €).

Sonstiger Stellplatz

S **26 Plan de Gralba,** GPS 46.531927, 11.772340. Großer Schotterparkplatz vor prachtvoller Kulisse südlich von Wolkenstein. Ab Wolkenstein der SS242 nach Plan de Gralba folgen (20 €).

ROUTE 4

DIE SÜDTIROLER WEINSTRASSE UND ZUM GARDASEE

038st-mm

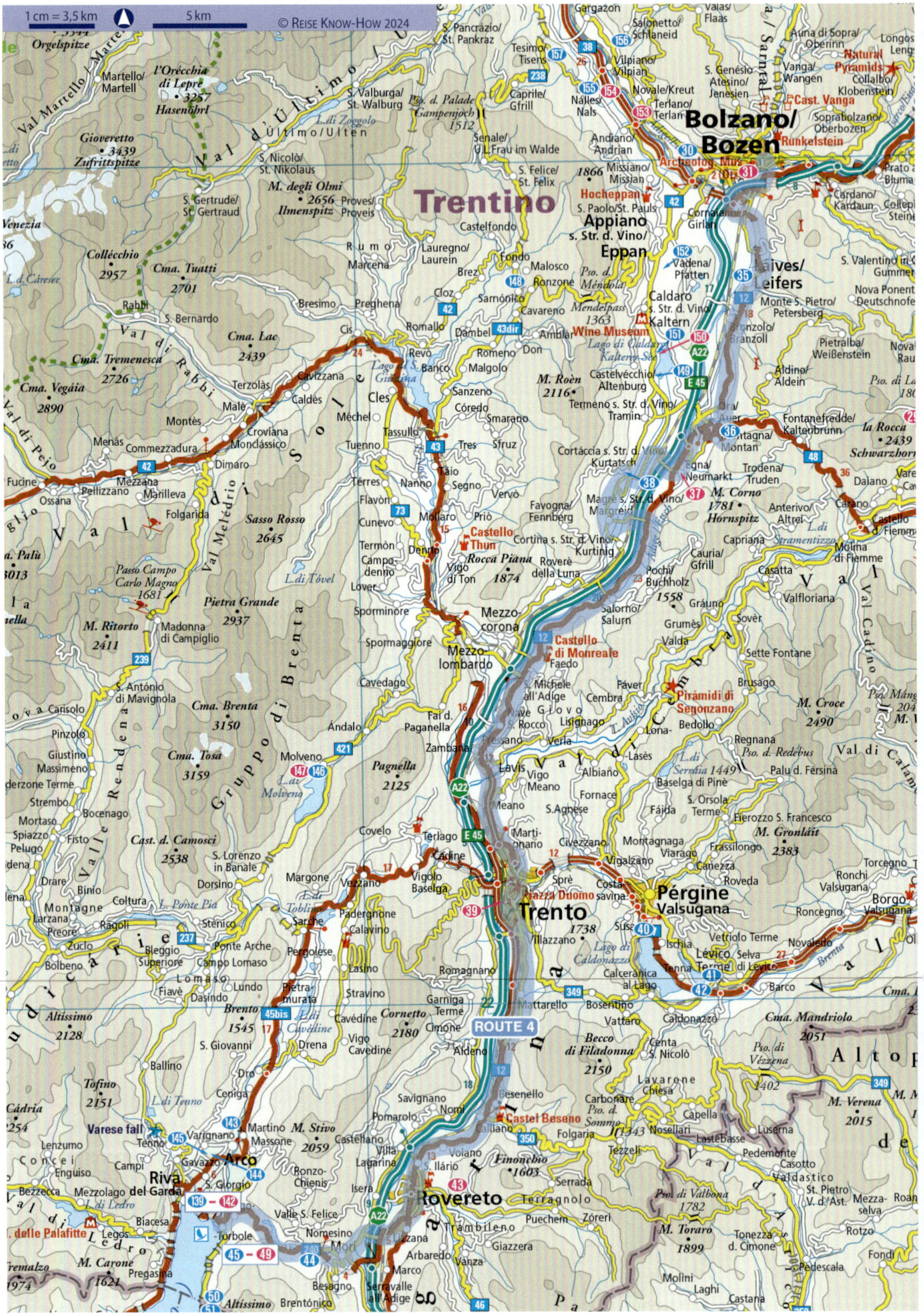
1 cm = 3,5 km
5 km
© Reise Know-How 2024
Trentino
Bolzano/ Bozen
Appiano s. Str. d. Vino/ Eppan
Caldaro s. Str. d. Vino/ Kaltern
Laives/ Leifers
Mezzocorona
Mezzolombardo
Trento
Pérgine Valsugana
Rovereto
Arco
Riva del Garda
Cles
Lévico Terme
ROUTE 4
Castello Thun
Castello di Monreale
Castel Beseno
Piramidi di Segonzano
Wine Museum
Hocheppan
Runkelstein
Cast. Vanga
Natural Pyramids
Piazza Duomo
Varese fall
Gruppo di Brenta
Val di Sole
Val d'Ultimo / Ulten
Val di Rabbi
Val di Cembra
Val di Non
Lago di Caldaro / Kalterer See
L. di Molveno
L. di Tovel
L. d. Caldonazzo
L. di Ledro
Museo delle Palafitte

292st-mm

ROUTENÜBERSICHT

WEINREBEN IM ETSCHTAL, KULTUR IN TRIENT UND EIN HERRLICHER PANORAMABLICK AUF DEN LAGO DI GARDA

Südtirol ohne Wein ist kaum vorstellbar, denn direkt südlich von Bozen befindet sich eines der größten Weinanbaugebiete Italiens. Das gesamte Bozener Becken, auch Südtiroler Unterland genannt, ist vom Weinanbau geprägt. Kein Wunder also, dass die Ortschaften Tramin, Kurtatsch und Margreid „an der Weinstraße" als Namenszusatz haben und verschiedene Weinlehrpfade und Weinmuseen bieten, ganz zu schweigen von den zahlreichen Kellereien, in denen die Köstlichkeiten probiert und erworben werden können. Trient wiederum bietet mit seinem Dom und dem Kastell architektonische Kultur, während man sich in Rovereto der Geschichte des Ersten Weltkriegs widmen kann. Eine schöne Aussicht hat man zum Schluss, wenn plötzlich zwischen den letzten Alpenausläufern der größte See Italiens vor einem auftaucht.

Strecke:

Bozen (Bolzano, s. S. 90) – **Leifers** (Laives, 13 km, s. S. 112) – **Auer** (Ora, 7 km, s. S. 112) – **Tramin an der Weinstraße** (Termeno sulla Strada del Vino, 6 km, s. S. 114) – **Kurtatsch an der Weinstraße** (Cortaccia sulla Strada del Vino, 4 km, s. S. 116) – **Margreid an der Weinstraße** (Magre sulla Strada del Vino, 4 km, s. S. 117) – **Salurn** (Salorno, 9 km, s. S. 117) – **Trient** (Trento, 26 km, s. S. 118) – **Rovereto** (25 km, s. S. 122) – **Torbole sul Garda** (20 km, s. S. 123)

Streckenlänge:

ca. 114 km

◁ S. 109: In Südtirol findet man immer wieder idyllische Täler zum Entspannen

△ An der Weinstraße laden immer wieder Picknickplätze zum Verweilen ein

LEIFERS (LAIVES)

(13 km – 13 km)

Auf der SS12 verlässt man Bozen in südliche Richtung. Wer es etwas eiliger hat oder ohne Aufenthalt an der Südtiroler Weinstraße direkt zum Gardasee möchte, der kann die kostenpflichtige Brennerautobahn benutzen. Da diese jedoch parallel zur SS12 verläuft, ist die Zeitersparnis verhältnismäßig gering.

Die Stadt **Leifers** ist die erste Ortschaft auf dem Weg durch das Bozener Becken, das vom Fluss **Etsch (Adige)** auf dem Weg in die Adria durchquert wird und sehr stark vom **Obstanbau** geprägt ist: Die komplette Talsohle ist mit Obstfeldern bebaut.

Gleich auf der rechten Seite, direkt am Ortseingang befindet sich unübersehbar der Campingplatz Steiner. Sehenswert ist die sehr moderne Kirche, die erst 2004 fertiggestellt wurde. Dabei wurde das alte Gotteshaus jedoch nicht abgerissen, sondern als Altarraum in die neue Kirche integriert. Der Anblick der neuen Kirche ist im ersten Moment ein wenig gewöhnungsbedürftig und eher untypisch für Südtirol.

Oberhalb von Leifers befindet sich zu Beginn eines kleinen Taleinschnittes auf der östlichen Seite (Brantental) noch die **Kapelle Peterköfele,** die als Wahrzeichen der Stadt betrachtet wird. Sie ist über den Wanderweg mit der Nummer 1 ab dem Haus Emmaus (Caritas) in der Weißensteinerstraße schnell zu erreichen. Nach der Überwindung von 180 Höhenmetern hat man einen schönen Blick auf die Stadt.

Über den Wanderweg Nr. 1 gelangt man später auch zum **Kloster Maria Weißenstein.** Dafür sollte man jedoch vier Stunden Wanderung einplanen, die sich aber auf jeden Fall lohnen. An mehreren Kreuzwegen vorbei gelangt man zu diesem wichtigsten Pilgerziel in Südtirol. Das schöne barocke Klostergebäude stammt aus dem 19. Jahrhundert und ersetzt eine Kirche, die nach einer Marienerscheinung 200 Jahre zuvor erbaut worden war.

Parkplatz

P 27 **Kloster Maria Weißenstein,** GPS 46.392748, 11.411885. Kurz bevor man den Großparkplatz am Kloster erreicht, befindet sich auf der linken Seite ein kostenloser Schotterparkplatz, der von einigen Campern auch zum Übernachten genutzt wird.

Südlich von Leifers, nur durch ein Industriegebiet voneinander getrennt, befindet sich das kleinere Städtchen Branzoll (Bronzolo), welches zur Gemeindeverwaltung von Leifers gehört, aber nichts Sehenswertes bietet und daher schnell durchquert ist.

Touristeninformation

› **Touristinformation Leifers, Branzoll, Pfatten,** J.-F.-Kennedy-Str. 88, 39055 Leifers, Tel. 0471 950420, www.leifers-info.it

35 Campingpark Steiner, Leifers

GPS 46.429500, 11.343862

Seit mehreren Generation in Familienbesitz, mit Pizzeria, Shop und Swimmingpool. **Lage/Anfahrt:** Direkt am Ortseingang von Leifers auf der rechten Seite. **Platzanzahl:** 196; **Untergrund:** Wiese; **Sicherheit:** bewacht, beleuchtet; **Preiskat.:** €€€€–€€€€€; **Geöffnet:** Apr.–Anfang Nov.; **Kontakt:** 39055 Leifers, Kennedystr. 32, Tel. 0471 950105, www.campingsteiner.com

AUER (ORA)

(7 km – 20 km)

Über die SS12 verläuft die Route weiterhin nach Süden. Bei Auer (Ora) scheint sich das Etschtal zu weiten, was aber nicht ganz richtig ist. Man hat hier lediglich das südliche Ende des Mitterbergs erreicht, der sich auf der westlichen Seite bzw. am anderen Etschufer erhob. Gleich hinter dem Mitterberg verbirgt sich der Kalterer See (s. S. 184) beziehungsweise dort beginnt die Südtiroler Weinstraße.

Der Ort **Auer** hat sich stark gewandelt und sich vom einstigen Apfel- und Bauerndorf

267st©gabriffaldi, stock.adobe.com

zu einem geschäftigen Städtchen entwickelt, worunter die Landschaft in der Umgebung durch Abholzung und Erweiterung der Wein- und Obstfelder allerdings stark leiden musste.

Bemerkenswert ist die **St.-Peters-Kirche,** die als das älteste Bauwerk des Ortes gilt, jedoch nicht im Zentrum steht, sondern sich am südlichen Ortsausgang direkt an der SS12 befindet. Oberhalb der Kirche erhebt sich der **Castelfederberg.** Auf der Bergkuppe befindet sich heute ein Biotop und sie ist Heimstatt für verschiedene Pflanzen- und Tierarten. Archäologische Funde auf dem Castelfederberg belegen, dass die Kuppe bereits in vorrömischer Zeit besiedelt war. Die Ruine der Barbarakapelle sowie Überreste einer Ringmauer am Biotop stammen allerdings aus dem frühen Mittelalter.

Blick auf Auer mit Bergkulisse

Touristeninformation

› **Feriendestination Castelfeder,** Hauptplatz 5, 39040 Auer, Tel. 0471 810231, www.castelfeder.info

36 Camping Markushof, Auer

GPS 46.348064, 11.300566

Kleiner, aber gemütlicher Campingplatz im Ortszentrum von Auer. Zum Platz gehört auch ein kleiner Swimmingpool. **Lage/Anfahrt:** Auf der SS12 kurz hinter dem Industriegebiet und dem Ortseingang auf der linken Seite. **Platzanzahl:** 31; **Untergrund:** Wiese; **Sicherheit:** bewacht, beleuchtet, umzäunt; **Preiskat.:** €€€€; **Geöffnet:** April–Oktober; **Kontakt:** 39040 Auer, Truidn 1, Tel. 0471 810025, www.hotelmarkushof.it

TRAMIN AN DER WEINSTRASSE (TERMENO SULLA STRADA DEL VINO)

(6 km – 26 km)

Im Zentrum von Auer lohnt es sich, die SS12 zu verlassen und über die kleinere Straße am westlichen Rand des Etschtales nach Süden zu fahren. Über die SP127 überquert man zunächst den Fluss und unterquert im Anschluss die Autobahn sowie die Eisenbahnstrecke. An zahlreichen Wein- und Obstfeldern vorbei gelangt man nach Tramin, das an der bekannten **Südtiroler Weinstraße** liegt.

Wie der Name schon vermuten lässt, dreht sich in dieser und den nächsten Ortschaften alles um den hier angebauten Wein. So verwundert es auch nicht, dass es zu diesem Thema mehr als eine Ausstellung an der Weinstraße gibt. Eine davon ist im **Traminer Dorfmuseum** untergebracht. Das Museumsgebäude ist ein altes Bauernhaus und zeigt bäuerliches Werkzeug und Gerätschaften aus verschiedenen Handwerksberufen. Hauptschwerpunkt der Ausstellung ist natürlich die Arbeit auf den Weinfeldern.

Das Ortsbild von Tramin wird auch von der Pfarrkirche und ihrem 86 m hohen frei stehenden Turm am Rande des Marktplatzes geprägt. Gleich neben der Kirche befindet sich das Weingut Hofstätter, das mit einer Enoteca und einem Schaugarten einen guten Einstieg in die Welt der Südtiroler Weinstraße bereithält. Tramin ist zudem Namensgeber für den **Gewürztraminer,** eine Weißweinsorte aus rötlich schimmernden Weintrauben.

Oberhalb von Tramin ist die kleine **St.-Jakobs-Kirche** auf einem Hügel inmitten der Weinfelder zu erkennen. Eine Wanderung dort hinauf lohnt sich nicht nur wegen der schönen Aussicht, sondern auch wegen der romanischen Fresken im Kircheninneren.

Südtiroler Berühmtheiten

*Der Eismann **Ötzi** (s. S. 103) ist mit 5200 Jahren wohl der älteste von ihnen, aber bei Weitem nicht der einzige. Zahlreiche berühmte Persönlichkeiten stammen aus der deutschsprachigen Region Italiens und sind weit über die Landesgrenzen hinaus bekannt.*

*Unter den zahlreichen Sportlern, die besonders in Wintersportarten vertreten sind, fällt ein Extremsportler auf: **Reinhold Messner** wurde 1944 in Brixen geboren und ist bekannt dafür, dass er sämtliche Berge mit 8000 m Höhe bestiegen hat. Heute hat er in seiner Heimat das dezentrale Messner Mountain Museum eingerichtet, dessen „Filialen" in verschiedenen Orten Südtirols besucht werden können.*

*Nicht weniger bekannt sind die **Kastelruther Spatzen,** die, wie der Name es schon verrät, aus Kastelruth stammen. Das italienische Castelrotto liegt nur wenige Kilometer südlich von Brixen, jedoch stammen nicht alle Mitglieder der Volksmusikgruppe aus Kastelruth: Zwei von ihnen wurden in Bozen, also noch in Südtirol geboren, während der Schlagzeuger aus dem bayerischen Würzburg stammt. Seit dem Jahr 1990, in dem die Gruppe den Grand Prix der Volksmusik für Deutschland gewann, hat sie zahlreiche weitere Auszeichnungen und Preise für ihr musikalisches Schaffen erhalten. Traurige Berühmtheit erlangten die Spatzen, wie sie von ihrer Fangemeinde bezeichnet werden, als ihr Manager nach einem Konzert in Magdeburg ermordet wurde. Sein Tod konnte bis heute nicht aufgeklärt werden.*

*Als Südtirol noch zu Österreich gehörte, kam in Sankt Ulrich im Grödnertal **Luis Trenker** zur Welt. Auch er hatte sich, ähnlich wie Reinhold Messner, der Bergwelt verschrieben, dabei bannte er die Gipfel von Südtirol überwiegend auf Zelluloid und wurde als Filmschaffender und Schauspieler bekannt. Im Jahr 1990 starb er im Alter von 97 Jahren. Begraben wurde er in seinem Geburtsort.*

229st-mm

Sehenswertes

- **Traminer Dorfmuseum,** Rathausplatz 9, 39040 Tramin, www.hoamet-tramin-museum.com, Ostern–Allerheiligen Di–Fr 10–12 Uhr und Do auch 16–18 Uhr (Mi und Fr auch mit Möglichkeiten zur Führung), Eintritt 3,50 €
- **Weingut Hofstätter,** Rathausplatz 7, 39040 Tramin, www.hofstatter.com, tgl. 12–22 Uhr
- **Kellerei Tramin,** Weinstraße 144, 39040 Tramin, www.cantinatramin.it, Ostern–August Mo–Fr 8–12 Uhr und 14–19, Sa 8–12 und 14–18 Uhr

Touristeninformation

- **Tourismusverein Tramin an der Südtiroler Weinstraße,** Mindelheimer Straße 10a, 39040 Tramin an der Weinstraße, Tel. 0471 860131, www.tramin.com

Gastronomie

- **Restaurant G'würzerkeller,** J.-v.-Zallinger-Straße 24, 39040 Tramin an der Weinstraße, www.gwuerzerkeller.com. Südtiroler und italienische Speisen, im Sommer mit Terrasse

37 Wohnmobilstellplatz, Neumarkt

GPS 46.321316, 11.273605

Am östlichen Ufer der Etsch, nah an Tramin und Kurtatsch, hat man am nördlichen Ortsrand von Neumarkt einen einfachen, aber zweckmäßigen Wohnmobilstellplatz eingerichtet. Einkaufsmöglichkeiten und das kleine Zentrum von Neumarkt sind fußläufig erreichbar. **Lage/Anfahrt:** SS12 in Neumarkt nach links verlassen, zwei Mal rechts; **Platzanzahl:** 12; **Untergrund:** Asphalt; **Sicherheit:** umzäunt, Schrankenanlage; **Preiskat.:** €; **Kontakt:** Platzstraße 1, 39044 Neumarkt

Das Tal der Südtiroler Weinstraße

KURTATSCH AN DER WEINSTRASSE (CORTACCIA SULLA STRADA DEL VINO)

(4 km – 30 km)

Über die **Weinstraße (Strada del Vino)** geht es in südliche Richtung nach Kurtatsch, das sich ebenfalls an einem Hang etwas oberhalb des Etschtales erstreckt. Kurtatsch verfügt über einen sehr interessanten und sehenswerten **Weinlehrpfad.** Am südlichen Ortsrand markiert in der Angela-Nikoletti-Straße eine Steinskulptur in Form von Weintrauben den Einstieg. Der Lehrpfad führt rund 1,5 km durch verschiedene Rebfelder bis zum nahe gelegenen Schloss Turmhof in Entiklar (Niclara) mit seiner kunstvoll verzierten Wandfassade und ist mit mehreren Infotafeln ausgeschildert. Empfohlen wird aber auch die Führung auf dem Lehrpfad, die jeden Mittwoch um 14.30 Uhr von der Touristeninformation veranstaltet wird. Für diese dreieinhalbstündige Wanderung ist festes Schuhwerk von Vorteil.

Weniger um Wein geht es im Kurtatscher **Museum Zeitreise Mensch.** Hier wird über die archäologischen Funde in der Region berichtet und die Wandlung des Menschen von der Steinzeit bis in die Moderne erklärt. Zudem beherbergt das Museum eine Ausstellung über Götter, Hexen und Heilige. Es kann jedoch nur im Rahmen einer Führung besichtigt werden.

Sehenswertes

- **Museum Zeitreise Mensch,** Botengasse 2, 39040 Kurtatsch, www.museumzeitreisemensch.it, Ostern–Allerheiligen jeden Freitag 10 Uhr (Führung), Eintritt 8 €

Touristeninformation

- **Tourismusverein Südtiroler Unterland,** Hauptmann-Schweiggl-Platz 8, 39040 Kurtatsch an der Weinstraße, Tel. 0471 880100, www.suedtiroler-unterland.it

Gastronomie

- **Gasthof Terzer,** Obergasse 5a, 39040 Kurtatsch, www.gasthof-terzer.it. Eine Mischung aus mediterraner und Südtiroler Küche

38 Camping Obstgarten, Kurtatsch an der Weinstraße

GPS 46.304256, 11.223104

Kleiner Campingplatz inmitten von Weinfeldern mit einem Naturswimmingpool. Idealer Ausgangspunkt für eine Wanderung auf dem Weinlehrpfad. **Lage/Anfahrt:** In Kurtatsch auf die Weinstraße nach Süden abbiegen, direkt die erste Straße hinter dem Ortsausgang wieder links. **Platzanzahl:** 25; **Untergrund:** Wiese; **Sicherheit:** bewacht, umzäunt, beleuchtet; **Preiskat.:** €€€€, alternativ besteht die Möglichkeit, vor der Schranke zu übernachten (€€€, inkl. Strom und Nutzung des Sanitärgebäudes für zwei Personen); **Geöffnet:** Ende März–Anfang Nov.; **Kontakt:** 39040 Kurtatsch an der Weinstraße, Breitbach 9, Tel. 0471 880709, www.camping-obstgarten.it

MARGREID AN DER WEINSTRASSE (MAGRE SULLA STRADA DEL VINO)

(4 km – 34 km)

Margreid ist der vorerst letzte sehenswerte Ort an der Südtiroler Weinstraße. Allerdings existiert hier weder eine besondere Sehenswürdigkeit noch ein Museum, Margreid besticht einfach durch einen **schönen Ortskern.** Enge Gassen und idyllische Häuser sind das Markenzeichen der Stadt. Nicht unerwähnt bleiben darf jedoch die **älteste Weinrebe Südtirols** in der Grafengasse. Ein Gedenkstein an der Hauswand bezeugt das Jahr, an dem die Rebe gepflanzt wurde – 1601. Noch heute können Trauben von der Rebe geerntet werden.

Die Kirche in Kurtatsch ist von Weinreben umgeben

SALURN (SALORNO)

(9 km – 43 km)

Bei Margreid an der Weinstraße gelangt man über die Bahnhofstraße bequem wieder an das linke Etschufer und kann auf der SS12 nach Süden abbiegen. Das folgende Salurn (Salorno) ist die südlichste und damit letzte Ortschaft in Südtirol. Gleich am Ortsausgang wird man auch auf die Sprachgrenze zwischen Deutsch und Italienisch aufmerksam gemacht und selbst die deutschsprachigen Radiosender sind hinter der Bergkuppe kaum mehr zu empfangen.

Doch bevor es soweit ist, sollte man in Salurn die trutzige **Haderburg** besichtigen, die auf einer Felsspitze über den Ort wacht. Errichtet wurde sie im 13. Jahrhundert, verlor aber bereits 200 Jahre später an Bedeutung und verfiel zusehends. Seit Mitte des 17. Jahrhunderts ist die Burgruine in Besitz

Beeindruckend erhebt sich die Haderburg über Salurn

einer venezianischen Familie und ist heute für Besucher freigegeben. Beeindruckend ist die Lage auf dem steil aufragenden Felsen, die dazu führt, dass auch der Wanderweg zur Burg mit weniger als 900 m zwar kurz, aber mit einer Steigung von 12 % dafür umso steiler ist. Für Personen, die den Weg aus gesundheitlichen Gründen nicht gehen können, wurde ein Taxidienst eingerichtet (pro Fahrt 1,50 €, Tel. 0334 2516694).

Sehenswertes

› **Haderburg,** 39040 Salurn, April–Mitte Okt. Fr–So 10–20 Uhr, Eintritt 3 €

Touristeninformation

› **Touristeninformation Salurn,** Piazza Municipio 2, 39040 Salurn, Tel. 0471 884279, www.castelfeder.info

Parken

P **28 Salurn (Salorno),** GPS 46.240596, 11.208042

TRIENT (TRENTO)

(26 km – 69 km)

Mit Trient erreicht man die erste ausschließlich **italienischsprachige Stadt.** Im Norden zweigt die SS12 nach rechts ab und führt zunächst an das andere Etschufer. Gleich dahinter sollte die Straße noch vor dem Tunnel verlassen werden, denn am folgenden Kreisverkehr befindet sich ein beschrankter Parkplatz, auf dem man auch übernachten kann. Die Nächte dort sind wegen des Straßenlärms nicht ruhig, aber der Platz ist ideal, um einer Parkplatzsuche im Ort zu entgehen.

Über die Etsch und dahinter an ihrem Ufer nach rechts, gelangt man vom Parkplatz zu Fuß in wenigen Minuten in das Zentrum von Trient und passiert dabei verschiedene Fakultäten der Universität. Schon von Weitem sieht man die Westfassade des Doms. Errichtet wurde der **Dom San Vigilio (Basilica Duomo di San Vigilio)** im 13. Jahrhundert. Bis weit in das 17. Jahrhundert hinein erhielt er mehrere An- und Ausbauten. Die Nordseite des Doms grenzt zugleich das Herzstück der Stadt, den **Domplatz (Piazza Duomo),** ab. Hier erst sieht man die Rosette an der Nordfassade, die auch als Glücksrad bezeichnet wird.

Die Westseite des Domplatzes wird vom **Pretoriopalast (Palazzo Pretorio)** und dem **Stadtturm (Torre Civica)** beherrscht. Der Palast stammt ebenfalls aus dem 13. Jahrhundert und diente als Gericht, Rathaus und als Bischofssitz. Der dazugehörige Stadtturm wurde zwischenzeitlich auch als Gefängnis genutzt. Heute ist in dem Palast das **Diözesanmuseum (Museo Diocesano Tridentino)** untergebracht. Auf dem Domplatz befindet sich auch noch ein Neptunbrunnen.

An der Nordseite des Platzes führt die verkehrsberuhigte Via Belenzani zum **Geremiapalast (Palazzo Geremia).** Dieses Schmuckstück der Renaissance ist in den Innenräumen erstaunlicherweise im Stil der Gotik umgestaltet worden. Gleich gegenüber auf der rechten Seite steht der nächste Palast. Am **Palazzo Thun** sollte man sich einen Blick in den Innenhof nicht entgehen lassen, in dem eine weitere Neptunfigur aufgestellt wurde. Es handelt sich um das Original des Brunnens vom Domplatz. Der Thun-Palast dient heute als Rathaus der Stadt.

Am Ende der Via Belenzani gelangt man automatisch zur barocken **Jesuitenkirche,** die im Inneren mit üppigen Dekorationen aufwartet. Vor der Kirche sollte man rechts gehen und am auffälligen Haus mit den überstehenden Erkern in die Via San Marco einbiegen. Zuvor hat man noch die Möglichkeit, links in die Via Vittorio Atteri zu gehen, um zum Dante-Platz zu gelangen, wo sich die Statue des italienischen Dichters befindet.

Am Ende der Via San Marco erreicht man das **Castello del Buonconsiglio,** für dessen Besichtigung man sich ein wenig Zeit nehmen sollte. Eigentlich besteht das Schloss nicht aus einem einzigen Gebäude, sondern es handelt sich vielmehr um ein Ensemble aus verschiedenen Palästen. Der älteste Abschnitt stammt

296st-mm

aus dem 13. Jahrhundert und wurde um den **Augustusturm (Torre d'Augusto)** errichtet. Dieses Castelvecchio verband den Augustusturm mit dem Adlerturm (Torre dell'Aquila) und wurde damit ein Teil der Stadtmauer. Im Inneren ist es mit einem gotischen Freskenzyklus geschmückt. Weitere Bauwerke, die zum Schloss gehören, sind der Palazzo Magno aus der ersten Hälfte des 16. Jahrhunderts und ein Gebäudeflügel, der den Magno-Palast mit den Bauten, die zum Augustusturm gehören, verbindet. Heute ist im Castello del Buonconsiglio das **Landeskunstmuseum (Museo Provinciale d'Arte)** untergebracht.

Abschließend noch der Hinweis auf die Kirche **San Maria Maggiore,** die man ebenfalls vom Domplatz aus erreicht, allerdings über die Via Camillo Benso Conte di Cavour. Das Gotteshaus stammt aus den Anfängen des 16. Jahrhunderts und wurde zur Vorbereitung auf die dritte Periode des Konzils von Trient genutzt. Das Konzil fand in vier Sitzungsperioden zwischen den Jahren 1545 und 1563 statt und war damit das letzte vor den beiden Vatikanischen Konzilien.

⊡ *Im Schatten der Kathedrale lässt sich das Leben in Trient genießen*

297st-mm

Sehenswertes

- **Dom San Vigilio,** Piazza Dumo, 38100 Trient, tgl. 9.45–18 Uhr
- **Palazzo Pretorio,** Piazza Duomo, 38100 Trento, Mi–Mo April–Aug. 9.30–12.30 Uhr und 14.30–18 Uhr, sonst 9.30–12.30 Uhr und 14–17 Uhr
- **Castello del Buonconciglio,** Via Bernardo Clesio 5, 38100 Trient, www.buonconsiglio.it, Juni–Okt. Di–So 10–18 Uhr, sonst 9.30–17 Uhr, Eintritt 10 €
- **Museo Diocesano Tridentino (Diözesanmuseum),** Piazza Duomo 18, 38100 Trient, www.museodiocesanotridentino.it, Apr.–Aug. 9.30–12.30, 14.30–18, sonst 9.30–12.30, 14–17.30 Uhr, Eintritt 5 €
- **Museo Storico del Trentino (Historisches Museum Trient),** Via Torre d'Augusto 35–41, 38100 Trient, www.museostorico.it
- **MART-Palazzo delle Albere (Museum für zeitgenössische und moderne Kunst),** Via R. Sanseverino 45, 38100 Trient, www.mart.tn.it, Di–So 10–18, Fr bis 21 Uhr, Eintritt 7 €
- **Museo Storico delle Truppe Alpine (Historisches Museum der Gebirgsjäger),** 38100 Trient, Via Brescia 1, www.museonazionalealpini.it, Mo–Do 9–12 Uhr und 13.30–16.30 Uhr, Fr 9–12 Uhr, Eintritt frei. Ausgestellt werden Waffen, Gegenstände und Fotografien der Gebirgsjäger.
- **Mueso Tridenti di Scienze Naturali (Naturwissenschaftliches Museum),** 38100 Trient, Via Calepina 14, Di–So 10–18 Uhr, www.muse.it (auch auf Deutsch), Eintritt 11 €

Touristeninformation

- **Tourismusverband Trento,** Monte Bondone, Valle dei Laghi, Piazza della Portela 3, 38100 Trient, Tel. 0461 216016, www.discovertrento.it
- **Touristeninformation Trento,** Piazza Dante 24, 38122 Trient, Tel. 0461 216000

Gastronomie

- **Restaurant Green Tower,** 38100 Trient, Piazza Silvio Pellico 12, www.ristorantegreentower.com, Mo geschlossen. Bezeichnet sich selbst als Berghütte mitten im Ort und bietet Trentiner Küche.
- **Antica Trattoria Al Volt,** 38100 Trient, Via San Croce 16, www.facebook.com/alvolt, am Do und sonntagabends geschlossen. Im Angebot ist eine breite Palette von einfacher Hausmannskost bis zu Wildgerichten.

Sonstiger Stellplatz

S 29 **Trient (Trento),** GPS 46.076177, 11.110711. Einfacher Parkplatz mit Schranke, auf dem auch übernachtet werden darf. Der Tagessatz liegt bei 5 € für 24 Stunden. Darüber hinaus gibt es auch eine Ver- und Entsorgungsmöglichkeit.

39 Wohnmobilstellplatz, Trient

GPS 46.048344, 11.119667

Großzügig dimensionierter Stellplatz für Reisemobile inkl. Sanitärgebäude im Süden von Trient. **Lage/Anfahrt:** Im Süden von Trient die SS12 am großen Kreisel verlassen und in Richtung Sportzentrum auf Nebenstraße wieder nordwärts fahren. **Platzanzahl:** 33; **Untergrund:** Asphalt; **Sicherheit:** umzäunt, zwischen 22 Uhr und 7 Uhr morgens verschlossen; **Preiskat.:** €€;

Geöffnet: ganzjährig; **Kontakt:** Via Fersina, 38123 Trento, Tel. 335 787 7747, www.trentinomobilita.it

40 Camping San Cristoforo, San Cristoforo al Lago

GPS 46.038383, 11.237062

Familienfreundlicher Campingplatz, jedoch nur ein Sanitärgebäude. Direkt nebenan Supermarkt, Restaurant und Minigolfplatz. **Lage/Anfahrt:** Abseits der Route, östlich von Trient am Nordufer des Caldonazzo-Sees (Lago di Caldonazzo). Über die SS47 direkt bis San Christoforo. **Platzanzahl:** 153; **Untergrund:** Wiese, harter Erdboden; **Sicherheit:** bewacht, beleuchtet, umzäunt; **Preiskat.:** €€-€€€€€; **Geöffnet:** Ende Mai-Mitte Sept.; **Kontakt:** 38057 Pergine Valsugana, Via die Pescatori, Tel. 0461 512707, www.campingclub.it

41 Camping Due Laghi, Levico Terme

GPS 46.003986, 11.288383

Großer Campingplatz mit ausreichenden Sportmöglichkeiten (Schwimmbecken, Volleyball, Tennis etc.) und eigenem Strandabschnitt. **Lage/Anfahrt:** Am Ostufer des Levico-Sees, östlich von Trient. SS47 bis zur SP1 nach Levico Terme, am Ende links und dann der Beschilderung folgen. **Platzanzahl:** 170; **Untergrund:** Wiese; **Sicherheit:** bewacht, beleuchtet, umzäunt; **Preiskat.:** €€-€€€€€; **Geöffnet:** Ende Mai-Anf. Sept.; **Kontakt:** 38056 Levico Terme, Loc. Costa 3, Tel. 0461 706920, www.campingclub.it

42 Camping Villagio Naturale Lago di Levico, Levico Terme

GPS 46.007943, 11.285478

Ein großer und familienfreundlicher Campingplatz mit teilweise schattigen Stellplätzen. Hunde sind erlaubt. Mit Restaurant, Pizzeria, Bar und Spielplatz. **Lage/Anfahrt:** Der Platz befindet sich am Südufer des Levico-Sees, östlich von Trient. Die SS47 bis zur SP1 nach Levico Terme fahren. An der ersten Möglichkeit links und dann halbrechts halten. **Platzanzahl:** 430; **Untergrund:** Wiese, harter Erdboden; **Sicherheit:** bewacht, beleuchtet, umzäunt; **Preiskat.:** €€-€€€€€, Preis je nach Lage (Uferbereich, Schatten, Biotopnähe). Außerdem bietet der Campingplatz auch einen eigenen Stellplatz für Wohnmobiltouristen an. Die meisten Einrichtungen des Campingplatzes dürfen dabei genutzt werden (Stellplatz: €€€). **Geöffnet:** April-Mitte Okt.; **Kontakt:** 38056 Levico Terme, Località Pleina, Tel. 0461 706491, www.campinglevico.com

298st-mm

Der Torre Vanga stammt aus dem 12. bis 15. Jahrhundert

Der Neptunbrunnen dominiert den Domplatz in Trient

ROVERETO

(25 km - 94 km)

Weiter durch das Etschtal nach Süden lohnt vor dem Gardasee noch ein kurzer Aufenthalt in der Kleinstadt **Rovereto.** Kommt diese Stadt zunächst ein wenig unscheinbar daher, so hat sie doch eine malerische Altstadt mit kunstvoll verzierten Wandfassaden und einer interessanten Brücke nach venezianischer Art, die zwei Bürgerhäuser miteinander verbindet. Doch von besonderer Bedeutung ist die mächtige **Burg (Castello Rovereto),** die sich am Eingang zu einem schmalen Seitental befindet. Sie wurde im 14. Jahrhundert erbaut und kam nur rund 100 Jahre nach der Fertigstellung in den Besitz der Habsburger, wo sie bis zum Ende Ersten Weltkrieges verblieb. Die Wehrmauern bezeugen noch heute die Wehrhaftigkeit der Anlage und so wurde passenderweise das **Historische Kriegsmuseum** im Kastell untergebracht. Es zeigt Waffen und Exponate, die überwiegend aus dem Ersten Weltkrieg stammen. Auch die Kanone unterhalb der Festung gleich neben dem Rathaus stammt aus dieser Zeit. Rovereto lag damals in unmittelbarer Nähe der Frontlinie und will mit dem Museum ein Zeichen gegen kriegerische Auseinandersetzungen setzen. So ist es auch kein Zufall, dass oberhalb der Stadt auf dem Colle Miravalle eine **Friedensglocke** aufgestellt wurde. Jeden Abend um 21.30 Uhr ertönen ihre Schläge einhundert Mal. Etwas unterhalb der Glocke befindet sich am Südrand von Rovereto ein weiteres Mahnmal für den Frieden. Die Militärgedenkstätte von **Castel Dante,** erbaut in der Zeit des Faschismus, ist die letzte Ruhestätte für die Gebeine von über 20.000 gefallenen Soldaten des Ersten Weltkriegs.

Sehenswertes

- **Museo della Guerra (Historisches Kriegsmuseum),** Via Castelbarco 7, 38068 Rovereto, www.museodellaguerra.it, Di–So 10–18 Uhr, Juli–Sept. So auch bis 19 Uhr, Eintritt 10 €
- **Museo Civico (Stadtmuseum),** Borgo S. Caterina 41, 38068 Rovereto, www.fondazionemcr.it, Di–So 9–12 Uhr und 15–18 Uhr, im Sommer auch Fr und So 20–22 Uhr, Eintritt 7 €
- **MART-Rovereto (Museum für zeitgenössische und moderne Kunst),** Corso Bettini 43, 38068 Rovereto, Di–So 10–18 Uhr, Fr 10–21 Uhr, Eintritt 15 €
- **Friedensglocke,** Colle di Miravalle, 38068 Rovereto, Apr–Sept. tgl. 9–19 Uhr und 20.30–22 Uhr, März und Oktober 9–18 Uhr, sonst 9–16.30 Uhr, Eintritt 5 €
- **Militärgedenkstätte von Castel Dante,** Via Castel Dante, 38068 Rovereto, Mi–Sa 9–16 Uhr, Eintritt frei

Touristeninformation

- **Touristeninformation Rovereto,** Piazza Rosmini 16, 38068 Rovereto, www.visitrovereto.it, Tel. 0464 430363, Öffnungszeiten: Di–So 9–12 Uhr und 14.30–18.30 Uhr

Service

- Entsorgungsmöglichkeit entlang der A22 bei GPS 45.901527, 11.026800. Wer nur Grauwasser entsorgen will, findet an der Q8-Tankstelle an der A22 in Höhe von Rovereto (Fahrtrichtung Norden) eine Entsorgungsstation bei den Lkw-Parkplätzen.

43 Stellplatz Rovereto

GPS 45.902395, 11.036830

Anstelle des früheren, einfachen Stellplatzes entstand hier ein moderner Stellplatz mit Schranke und Ver- und Entsorgung in einer ruhigen Nebenstraße. **Lage/Anfahrt:** Direkt vom Kreisverkehr der SS12 am Stadion zugänglich. **Platzanzahl:** 15; **Untergrund:** Rasengittersteine; **Sicherheit:** beleuchtet, nachts mit einer Schranke versehen; **Preiskat.:** €€; **Geöffnet:** ganzjährig; **Kontakt:** 38068 Rovereto, Via Palestrina, www.areacamperquercia.it

Bei Torbole mündet die Sarca in den Gardasee

TORBOLE SUL GARDA

(20 km – 114 km)

Südlich von Rovereto zweigt hinter der Agip-Tankstelle die SS240 von der SS12 ab und führt auf direktem Weg zum Gardasee (Lago di Garda). Dabei überquert man zunächst die Brennerautobahn und die Etsch, bevor die zweispurige Schnellstraße südlich von Mori in einem Umgehungstunnel verschwindet. Kurz hinter dem Tunnelausgang wird deutlich, was durch den Bau der Straße in dem schmalen Tal zerstört wurde.

Eigentlich sollte auf der rechten Seite der **Loppio-See (Lagi di Loppio)** zu sehen sein, doch dieser ist seit dem Straßenausbau in den 1950er-Jahren ausgetrocknet und nur noch ein Biotop. Nur nach sehr starken Regenfällen ist der See mit Wasser gefüllt.

Nach dem kleinen San-Giovanni-Pass (Passo San Giovanni) kommt eine Spitzkehre, in der sich ein **Parkplatz** (s. S. 124) befindet. Diesen sollte man ruhig ansteuern, denn von hier aus hat man zum ersten Mal einen wunderbaren **Panoramablick auf den Gardasee.** Er ist der größte See Italiens und wird auch Benaco genannt, was von der alten römischen Bezeichnung Lacus Benacus abstammt. Vom Parkplatz aus scheint der See noch recht klein, da er hier die geringste Breite hat und erst nach Süden breiter wird. Daher kann man natürlich das über 50 km entfernte Südufer nicht sehen. Der See ist von zwei verschiedenen Ufern geprägt. Im Norden wird er noch von hohen Bergen bzw. den letzten Ausläufern der Alpen umgeben, während der Süden bereits in die Poebene übergeht. Auf der rechten Seite, unterhalb des Parkplatzes, ist deutlich der Fluss **Sarca** zu erkennen, der den Gardasee mit Wasser speist. Der Ablauf des Sees liegt bei Peschiera del Garda im Süden.

Torbole selbst ist ein kleines Hafenstädtchen mit engen, verwinkelten Gassen, aber ohne größere Sehenswürdigkeit. Oberhalb des Ortes befindet sich die Ruine des Castel

164st-mm

Penede, doch nach den zahlreichen Burgen und Schlössern in Südtirol sei dies nur der Vollständigkeit halber erwähnt. Interessanter hingegen ist das allerdings nur von außen zu besichtigende sogenannte **Goethehaus** in der sehr kleinen Via Goethe nicht weit vom Hafen entfernt. Der berühmte deutsche Dichter weilte nämlich 1786 für eine Nacht in diesem Haus, worauf Torbole dort nicht nur eine Gedenktafel anbrachte, sondern auch gleich die Gasse nach ihm benannte. Im Übrigen kam Goethe auf seiner Italienreise über den Brennerpass und fuhr an der Etsch entlang. Vor seinem eigentlichen Ziel, Verona, wollte er jedoch spontan einen Abstecher zum Gardasee machen und reiste zunächst ebenfalls über den San-Giovanni-Pass.

Touristeninformation

› **Touristeninformation Torbole sul Garda,** Lungolago Conca d'Oro 25, 38065 Torbole sul Garda, Tel. 0464 505177, www.gardatrentino.it

Gastronomie

› **Restaurant Al Forte,** Via Castel Penede 16, 38060 Torbole sul Garda. Weinlokal in historischem Gebäude mit Seeterrasse

Picknickplatz

30 An der SS240 kurz vor Torbole, GPS 45.873536, 10.907004

Parken

P 31 Hafenparkplatz in Torbole, GPS 45.868131, 10.876934

P 32 Parkplatz mit Gardasee-Aussicht, GPS 45.879948, 10.884707

Die Promenade von Torbole sul Garda, im Hintergrund erhebt sich der Monte Baldo

Blick auf den Gardasee

44 Camping Grumèl, Nago-Torbole

GPS 45.877978, 10.898122

Netter, kleiner Campingplatz zwischen dem überschaubaren Loppio-Pass und dem Gardasee. Der auf S. 123 beschriebene Aussichtspunkt mit Blick auf den See ist fußläufig erreichbar. **Anfahrt:** Einfach auf der SS240 von Mori kommend in Richtung Torbole. Der Platz befindet sich auf der linken Seite kurz vor Nago-Torbole. **Platzanzahl:** 15; **Untergrund:** Rasen; **Sicherheit:** bewacht, beleuchtet; **Preiskat.:** €€€; **Geöffnet:** ganzjährig; **Kontakt:** 38069 Nago-Torbole, Via Strada Rivana 46, Tel. 0328 4522753, www.grumel.it

45 Camping Bellavista, Torbole

GPS 45.877238, 10.866475

Bellavista ist ein familienfreundlicher Campingplatz mit Spielplatz, Bar und Shop. Reservierungen sind nicht möglich. **Lage/Anfahrt:** Am rechten Flussufer mit Zugang zum Strand, der Beschilderung folgen. **Platzanzahl:** 70; **Untergrund:** Wiese; **Sicherheit:** bewacht, beleuchtet, umzäunt; **Preiskat.:** €€€€; **Geöffnet:** April–Okt.; **Kontakt:** 28069 Torbole sul Garda, Via Loc. Infano, Tel. 0464 505644, www.camping-bellavista.it

46 Camping Arco-Lido, Arco

GPS 45.873726, 10.867754

Gut ausgestatteter Campingplatz, leider sind die Stellplätze recht eng beieinander. **Lage/Anfahrt:** Der Campingplatz befindet sich augenscheinlich in Torbole, doch ein kleiner Teil des Strandabschnittes gehört zu Linfano, welches wiederum ein Ortsteil von Arco ist. Dies erklärt den Namen und die Adresse des Platzes. Auch dieser befindet sich am rechten Flussufer und ist durch die gute Ausschilderung leicht zu finden. **Platzanzahl:** 90; **Untergrund:** Wiese; **Sicherheit:** beleuchtet, bewacht, umzäunt; **Preiskat.:** €€€€; **Geöffnet:** April–Okt.; **Kontakt:** 38062 Arco, Loc. Linfano, Tel. 0464 505077, www.arcoturistica.com

47 Campeggio Al Cor, Torbole

GPS 45.871381, 10.874095

Mitten in Torbole gelegener Platz mit Restaurant. **Lage/Anfahrt:** Am Kreisverkehr der SS240 rechts abbiegen und an der Tankstelle sofort links in die kleine Gasse. **Platzanzahl:** 120; **Untergrund:** Wiese; **Sicherheit:** bewacht, beleuchtet, umzäunt; **Preiskat.:** €€€€; **Geöffnet:** April–Sept.; **Kontakt:** 38069 Torbole sul Garda, Via Matteotti 26, Tel. 0464 505222, www.camping-al-cor.it

48 Camping Europa, Torbole

GPS 45.872575, 10.872699

Kinderfreundlicher Campingplatz mit direktem Zugang zum Strand. **Lage/Anfahrt:** Gleiche Anfahrt wie Camping Al Cor. Der Camping Europa liegt direkt dahinter. **Platzanzahl:** 80; **Untergrund:** Wiese; **Sicherheit:** bewacht, beleuchtet, von Hecke umgeben; **Preiskat.:** €€€€; **Geöffnet:** April–Okt.; **Kontakt:** 38069 Torbole sul Garda, Via al Col 4, Tel. 0464 505888, www.campingeuropatorbole.it

49 Camperstop Torbole

GPS 45.872779, 10.872378

Großer Stellplatz im Zentrum, aber mit Zugang zum Gardaseeufer. **Lage/Anfahrt:** Richtung Riva del Garda erscheint ein Schild, das zum Hafen weist, dort links und gleich wieder rechts abbiegen. Der Platz ist jederzeit zugänglich, verlassen kann man ihn aber nur während der Kassenzeiten zwischen 7 und 23 Uhr. **Platzanzahl:** 120; **Untergrund:** Wiese, Rasengittersteine; **Sicherheit:** videoüberwacht, beleuchtet, umzäunt, nur durch eine Schranke passierbar; **Preiskat.:** €€€, ohne Übernachtung kostet die Ver- und Entsorgung 10 €; **Geöffnet:** ganzjährig; **Kontakt:** 38069 Torbole sul Garda, Via al Col 2a, Tel. 0464 548204, www.camperstoptorbole.com

Goethe am Gardasee

Als Filipo Miller brach Johann Wolfgang von Goethe im Spätsommer 1786 nach Italien auf. Am 12. September befand er sich in Torbole und schrieb folgende Zeilen: „Wie sehr wünschte ich meine Freunde einen Augenblick neben mich, dass sie sich der Aussicht freuen könnten, die vor mir liegt! Heute Abend hätte ich können in Verona sein, aber es lag mir noch eine herrliche Naturwirkung an der Seite, ein köstliches Schauspiel, der Gardasee, den wollte ich nicht versäumen, und bin herrlich für meinen Umweg belohnt. Nach fünfen fuhr ich von Rovereto fort, ein Seitental hinauf, das seine Wasser noch in die Etsch gießt. Wenn man hinaufkommt, liegt ein ungeheurer Felsriegel hinten vor, über den man nach dem See hinunter muss. Hier zeigten sich die schönsten Kalkfelsen zu malerischen Studien. Wenn man hinab kommt, liegt ein Örtchen am nördlichen Ende des Sees und ist ein kleiner Hafen oder vielmehr Anfahrt daselbst, es heißt Torbole. Die Feigenbäume hatten mich schon den Weg herauf häufig begleitet, und indem ich in das Felsamphitheater hinab stieg, fand ich die ersten Ölbaume voller Oliven. Hier traf ich auch zum ersten Mal die weißen kleinen Feigen als gemeine Frucht, welche mir die Gräfin Lanthieri verheißen hatte."

ROUTE 5

AUF DER GARDESANA ORIENTALE NACH VERONA

165st-mm

Vorseite: Ausblick vom Torre dei Lamberti über Verona (s. S. 142)

Strecke:

Torbole sul Garda (s. S. 123) – **Malcesine** (14 km, s. S. 130) – **Brenzone** (9 km, s. S. 133) – **Torri del Benaco** (12 km, s. S. 135) – **Garda** (7 km, s. S. 136) – **Bardolino** (5 km, s. S. 137) – **Lazise** (5 km, s. S. 139) – **Verona** (23 km, s. S. 142)

Streckenlänge:

ca. 75 km

293st-mm

ROUTENÜBERSICHT

RECHTS DER GARDASEE, LINKS DER MONTE BALDO UND IMMER WIEDER EIN SCHÖNER BLICK AUF OLIVENHAINE

Wo einst schon Goethe wandelte, lässt es sich heute bequem mit dem Wohnmobil reisen. Die Ostuferstraße des Gardasees, auch Gardesana Orientale genannt, bietet fast auf der gesamten Strecke immer einen Blick auf den größten See Italiens. Beinahe alle Ortschaften, die sich wie Perlen an einer Kette aneinanderreihen, nennen jeweils eine sehenswerte Altstadt mit Bauten des Adelsgeschlechts der Scaliger ihr Eigen. Die Landschaft um den Gardasee wird auf dem Weg nach Süden zusehends flacher, bis man sich schließlich in der Poebene befindet. Zypressenbäume, Olivenhaine und ein leckerer Tropfen des Bardolino-Rotweins machen die lauen Abende vor dem Wohnmobil zu einem Genuss. Die Route endet schließlich mit einem kulturellen Höhepunkt. Romeo und Julia prägen das Bild von Verona, doch auch sonst ist die Stadt mit zahlreichen Sehenswürdigkeiten gesegnet.

Nicht nur der Ausblick auf Verona (s. S. 142) ist fantastisch, sondern auch die gesamte Altstadt

MALCESINE

(14 km – 14 km)

Auch Malcesine wurde von Goethe besucht. Am Hotel San Marco hängt eine Gedenktafel und im Innenhof der **Scaligerburg** hat man sogar eine Büste mit seinem Konterfei aufgestellt. Nicht unerwähnt bleiben sollte nämlich, dass Goethe in Malcesine kurzzeitig für einen Spion gehalten und verhaftet wurde. Dabei hatte er nur die Scaligerburg gezeichnet. Heute ist es aber kein Problem, das mächtige Bauwerk fotografisch festzuhalten. Schon auf der Fahrt auf der Uferstraße, am Fuße des Monte Baldo, ist die Burg von Weitem zu erkennen.

Bis heute kann nur geschätzt werden, wie alt die Burg ist. Man geht aber davon aus, dass sie sich bereits seit 1500 Jahren auf der Felsspitze am Gardaseeufer befindet. Die Bezeichnung Scaligerburg erhielt sie durch die zahlreichen Umbauten und Modernisierungen, die vom venezianischen Adelsgeschlecht der Scaliger durchgeführt wurden. Von der Burg hat man einen wunderbaren Ausblick auf den Gardasee und natürlich auf die verwinkelten Gassen der Malcesiner Altstadt. Wer will, der kann auch einer deutschsprachigen Führung auf den Spuren von Goethe beiwohnen.

In den engen Sträßchen unterhalb der Burg bieten zahlreiche Künstler ihre Werke an und in den Häusern, die teilweise direkt bis zum Ufer reichen, sowie rund um den pittoresken Hafen hat man ausgiebig Gelegenheit, dem Treiben von einem Café aus zuzuschauen.

166st-mm

Sehenswertes

› **Castello Scaligero (Scaligerburg),** 37018 Malcesine, April–Okt. tgl. 9.30–19 Uhr, Eintritt 8 €

Touristeninformation

› **Touristeninformation Malcesine,** Via Gardesana 238, 37018 Malcesine, Tel. 0457 400044, www.visitmalcesine.com

Der Gardasee im Internet

› www.visitgarda.com, Infos zu den Orten am Gardasee, Veranstaltungskalender und Tipps für Freizeitmöglichkeiten

◁ *Am Gardasee kann man überall gut speisen*

▷ *In der Nebensaison kann man auch schon mal direkt am Seeufer parken*

167st-mm

50 Campeggio Alpino, Malcesine

GPS 45.809489, 10.851682
Der Wanderweg auf den Monte Baldo ist in unmittelbarer Nähe. Zum Strand muss man in einem Tunnel die Via Gardesana unterqueren. **Lage/Anfahrt:** Ziemlich genau zwischen Torbole und Malcesine gelegen, auf der linken Seite der Via Gardesana. **Platzanzahl:** 150; **Untergrund:** Wiese; **Sicherheit:** bewacht, beleuchtet, umzäunt; **Preiskat.:** €€€€; **Geöffnet:** April–Sept.; **Kontakt:** 37018 Malcesine, Lac. Baitone, Tel. 045 7400472, www.baitonealpino.com

51 Camping Bommartini, Malcesine-Navene

GPS 45.807278, 10.847668
Kleiner Campingplatz mit den üblichen Einrichtungen. **Lage/Anfahrt:** Kurz vor Malcesine-Navene und gleich hinter dem Campingplatz Alpino. **Platzanzahl:** 27; **Untergrund:** Wiese; **Sicherheit:** bewacht, umzäunt; **Preiskat.:** €€€; **Geöffnet:** Mitte März–Okt.; **Kontakt:** 37018 Malcesine, Fraz. Navene, Tel. 045 7401084, www.hotelcamping-bommartini.it

52 Camping Azzurro, Malcesine-Navene

GPS 45.790580, 10.827674
Kleiner Campingplatz mit Bar und Terrasse, kein direkter Strandzugang. **Lage/Anfahrt:** Kurz hinter dem Hafen von Malcesine-Navene auf der linken Seite. **Platzanzahl:** 50; **Untergrund:** Wiese; **Sicherheit:** bewacht, beleuchtet, umzäunt; **Preiskat.:** €€€; **Geöffnet:** April–Sept.; **Kontakt:** 37018 Malcesine-Navene, Loc. Campagnola, Tel. 045 7401756, www.campingazzurromalcesine.it

53 Campeggio Martora, Malcesine-Campagnola

GPS 45.789861, 10.825722
Kleiner, einfacher Campingplatz. Den Strand erreicht man nach dem Überquerung der Hauptstraße. **Lage/Anfahrt:** Am Ortseingang von Malcesine-Campagnola auf der linken Seite. **Platzanzahl:** 70; **Untergrund:** Wiese; **Sicherheit:** bewacht, beleuchtet, umzäunt; **Preiskat.:** €€€€; **Geöffnet:** April–Anfang Okt.; **Kontakt:** 37018 Malcesine-Campagnola, Località Molino di Martora, Tel. 045 4856733, www.martora.it

54 Camping Claudia, Malcesine-Campagnola

GPS 45.788750, 10.823730

Kinderfreundlich, mit Spielplatz, Shop, WLAN und Café inkl. Terrasse. **Lage/Anfahrt:** An T-Kreuzung im Malcesiner Ortsteil Campagnola links. Platz liegt an der Ecke. **Platzanzahl:** 100; **Untergrund:** Wiese; **Sicherheit:** bewacht, beleuchtet, umzäunt; **Preiskat.:** €€€€; **Geöffnet:** April–Mitte Okt.; **Kontakt:** 37018 Malcesine, Loc. Campagnola, Tel. 045 7400786, www.campingclaudia.it

55 Camping Campagnola, Malcesine

GPS 45.787528, 10.822112

Etwas beengter Campingplatz, terrassenförmig unter Olivenbäumen angelegt. **Lage/Anfahrt:** Zwischen dem Ortsteil Navene und dem Hauptort Malcesine. Hinter dem Hotel Anna links abbiegen. Die Einfahrt kann schnell verpasst werden. **Platzanzahl:** 60; **Untergrund:** Wiese; **Sicherheit:** bewacht, beleuchtet, umzäunt; **Preiskat.:** €€€; **Geöffnet:** April–Anfang Okt.; **Kontakt:** 37018 Malcesine, Loc. Campagnola, Tel. 045 7400777, www.campingcampagnola.it

56 Camping Lombardi, Malcesine

GPS 45.784575, 10.821692

Großzügige Plätze mit kleiner Bar und Shop, nicht immer schattig. **Lage/Anfahrt:** Nicht direkt am Ufer gelegen, ohne direkten Zugang zum Strand. Wenige Meter hinter Camping Campagnola. **Platzanzahl:** 82; **Untergrund:** Wiese; **Sicherheit:** bewacht, beleuchtet, umzäunt; **Preiskat.:** €€€€; **Geöffnet:** April–Okt.; **Kontakt:** 37018 Malcesine, Via Navene Vecchia 141, Tel. 045 7400849, www.campinglombardi.com

Unübersehbar: die Scaligerburg in Malcesine

Kleiner Hafen in Castelletto

57 Stellplatz Lombardi, Malcesine

GPS 45.784575, 10.821692
Auf dem Parkplatz des Camping Lombardi, maximal zwei Nächte. **Lage/Anfahrt:** Siehe Campingplatz Lombardi. **Platzanzahl:** 20; **Untergrund:** Asphalt; **Sicherheit:** bewacht; **Geöffnet:** April–Okt.; **Preiskat.:** €€€; **Kontakt:** 37018 Malcesine, Via Navene Vecchia 141, Tel. 045 7400849, www.campinglombardi.com

58 Camping Priori, Malcesine

GPS 45.766115, 10.810571
Zentraler geht es in Malcesine gar nicht. Nur wenige Meter neben der Altstadt und der Straße befindet sich dieser kleine, schmucke Campingplatz. Haustiere sind nicht erlaubt. **Lage/Anfahrt:** Auf der SR249 nach Malcesine hinein und gleich an der ersten Kreuzung hinter der Q8-Tankstelle scharf rechts. Die Zufahrt empfiehlt sich nur für normalgroße Wohnmobile; **Platzanzahl:** 12; **Untergrund:** Rasen und Rasengittersteine; **Sicherheit:** ummauert; **Geöffnet:** April–Oktober; **Preiskat.:** €€€; **Kontakt:** 37018 Malcesine, Via Navene, 31, Tel. 045 7400503, www.campingpriori malcesine.com

59 Camping Bellavista, Malcesine-Cassone

GPS 45.730583, 10.783529
Unter Olivenbäumen gelegene Stellplätze oberhalb der Ortschaft mit Blick auf die Insel Trimelone. Der Strand ist durch einen Tunnel erreichbar. **Lage/Anfahrt:** Im Ortsteil Cassone, südlich des Hauptorts Malcesine. Enge Zufahrt. **Platzanzahl:** 80; **Untergrund:** Wiese, harter Erdboden; **Sicherheit:** bewacht, umzäunt, beleuchtet; **Preiskat.:** €€€; **Geöffnet:** ganzjährig; **Kontakt:** 37018 Cassone di Malcesine, Via Gardesana, Loc. Vendemme, Tel. 045 7420244, www.cam pingbellavistamalcesine.com

BRENZONE

(9 km – 23 km)

Auf halber Strecke zwischen Malcesine und Torri del Benaco trifft man auf den lang gestreckten Ort Brenzone, der aus mehreren Dörfern besteht. Außer dem Besuch des Sandstrands lohnt der Aufenthalt in Brenzone jedoch nur wegen des Klosters **Castelletto di Brenzone.** Es befindet sich bei der Ein-

fahrt in den Hauptort gleich links und ist mit seinem markanten Turm und der mit Streifen verzierten Hausfassade nicht zu übersehen. Neben dem Turm erhebt sich zudem noch die Pfarrkirche aus der Wende zum 20. Jh. An ihrer Seite wurde die berühmte **Wallfahrtsgrotte von Lourdes** originalgetreu nachgebildet.

Ein kleines Schild an seiner Mündung in den Gardasee weist auf den kleinen Fluss **Aril** hin, der mit seinen 175 m Länge angeblich der kürzeste Fluss der Welt sein soll. Aber auch wenn es die Einheimischen wohl nicht gerne hören: Der kürzeste Fluss der Welt ist der Roe River (ca. 61 m) im US-Bundesstaat Montana. Aber immerhin ist der Aril der kürzeste Fluss Europas.

Touristeninformation

› **Touristeninformation Brenzone,** Frazione Porto, 37010 Brenzone, Tel. 0457 420076, nur während der Saison geöffnet

60 Aquacamp Lucia, Brenzone

GPS 45.720444, 10.778251
Campingplatz mit Bungalows, leicht erhöht. WLAN nur in der Nähe der Rezeption. Über einen Tunnel kommt man zum Strand. **Lage/Anfahrt:** Wenige Meter hinter dem Hafen von Assenza di Brenzone auf der linken Seite. **Platzanzahl:** 44; **Untergrund:** Wiese; **Sicherheit:** bewacht, beleuchtet, umzäunt; **Preiskat.:** €€€; **Geöffnet:** Ende März–Sept.; **Kontakt:** 37010 Porto di Brenzone, Via del Dosso 1, Tel. 045 7420184, www.aquacamp.it

61 Camping Monja, Brenzone

GPS 45.720444, 10.778251
Campingplatz mit Shop und kleiner Bar. Liegt leicht erhöht, wodurch sich eine schöne Aussicht auf den See bietet. **Lage/Anfahrt:** In unmittelbarer Nachbarschaft zum Campingplatz Lucia. **Platzanzahl:** 50; **Untergrund:** Wiese; **Sicherheit:** bewacht, beleuchtet, umzäunt; **Preiskat.:** €€€€; **Geöffnet:** April–Anfang Okt.; **Kontakt:** 37010 Porto di Brenzone, Via IV Novembre 10, Tel. 045 7420552, www.monja-info.eu

62 Camping Primavera, Brenzone-Marniga

GPS 45.703889, 10.763334
Kleine Anlage mit Stellflächen unter Olivenbäumen. **Lage/Anfahrt:** Im Ortsteil Marniga kurz vor dem Hauptort Brenzone. **Platzanzahl:** 75; **Untergrund:** Wiese, harter Erdboden; **Sicherheit:** bewacht, beleuchtet, umzäunt; **Preiskat.:** €€€€; **Geöffnet:** April–Okt.; **Kontakt:** 37010 Brenzone, Via Benaco 5, Tel. 045 7420421, www.camping-primavera.com

63 Camping Le Maior, Brenzone-Castelletto

GPS 45.679056, 10.743273
Ein Platz unter Olivenbäumen, als Familienbetrieb geführt und mit Shop, Bar und WLAN. Wanderwege in unmittelbarer Umgebung. **Lage/Anfahrt:** Südlich von Castelletto di Brenzone nach links abbiegen. Auf die Beschilderung achten. **Platzanzahl:** 75; **Untergrund:** Wiese, harter Erdboden; **Sicherheit:** bewacht, beleuchtet, umzäunt; **Preiskat.:** €€€€; **Geöffnet:** Mitte April–Sept.; **Kontakt:** 37010 Castelletto di Brenzone, Via Croce 10, Tel. 045 7430333, www.campingle maior.it

64 Camping San Zeno, Brenzone naco

GPS 45.676745, 10.740236
Der Camping San Zeno ist ein Familienbetrieb in zweiter Generation, mit Bar und Shop. **Lage/Anfahrt:** Wenige Meter hinter Camping Le Maior. **Platzanzahl:** 110; **Untergrund:** Wiese, harter Erdboden; **Sicherheit:** bewacht, beleuchtet, umzäunt; **Preiskat.:** €€€€; **Geöffnet:** Mai–Sept.; **Kontakt:** 37010 Castelletto di Brenzone, Via Vespucci 97, Tel. 045 7430231, www.campingsanzeno.it

Der kleine Hafen von Torri del Benaco

TORRI DEL BENACO

(12 km – 35 km)

Torri del Benaco ist eine der wenigen Ortschaften an der Gardesana Orientale, die einen verhältnismäßig **großen Parkplatz** zur Verfügung stellt. Er befindet sich kurz vor dem Ortsausgang auf der rechten Seite. Vom Parkplatz passiert man am Ufer in Richtung Zentrum eine weitere **Burg der Scaliger.** Sie ist jedoch nicht so trutzig wie die Burg in Malcesine und auch nur noch in Überresten, bestehend aus drei Wehrtürmen und einer der Befestigungsmauern, vorhanden. In den Räumen der Türme ist das **Heimatkundemuseum** untergebracht und erklärt alles zum Olivenanbau rund um den See und die frühere Arbeit der Fischer. Von den Burgtürmen hat man abermals einen schönen Panoramablick auf die darunterliegende Ortschaft. Allerdings verfügt Torri über weitaus weniger Gassen als Malcesine und besteht überwiegend aus der Fußgängerzone Corso Dante Alighieri, die vom Hafen zur Kirche führt. Diese ist mit ihren typisch norditalienischen Balkonen und zahlreichen Innenhöfen aber genauso sehenswert.

Sehenswertes

- **Museo del Castello di Torri del Benaco (Heimatkundemuseum im Schloss),** Viale Fratelli Lavanda 2, 37010 Torri del Benaco, www.museodelcastello ditorridelbenaco.it, Mitte Juni–Mitte Sept. tgl. 9.30–13 Uhr und 16.30–19.30 Uhr, April–Mitte Juni und Mitte Sept.–Okt. 9.30–12.30 Uhr und 14.30–18 Uhr, 5 €

168st-mm

Touristeninformation

› **Touristeninformation Torri del Benaco,** Viale Fratelli Lavanda, 37010 Torri del Benaco, Tel. 0457 225120

Parken

P **33 Torri del Benaco,** GPS 45.606675, 10.684993. Parkplatz vor der Scaligerburg. Nur bis 3,5 Tonnen, aufgrund der Größe der Parkplätze nur etwas für kleine Kastenwagen.

65 Camping Spiaggia d'Oro, Torri del Benaco

GPS 45.633444, 10.702195

Kleiner, gemütlicher und terrassierter Campingplatz mit eigenem Bootssteg. Auf dem Platz gibt es einen Shop und eine Bar. **Lage/Anfahrt:** Im Ortsteil Crero gelegen, den man auf der Via Gardesana hinter Brenzone automatisch erreicht. **Platzanzahl:** 80; **Untergrund:** Wiese; **Sicherheit:** bewacht, beleuchtet, umzäunt; **Preiskat.:** €€€€€; **Geöffnet:** Mai–Sept.; **Kontakt:** 37010 Torri del Benaco, Loc. San Felice 12/13, Tel 045 7225623, www.spiaggiadoro.com

66 Camping Mamma Lucia, San Zeno di Montagna

GPS 45.624689, 10.720761

Einer der wenigen Campingplätze, die nicht auf Höhe des Gardasees liegen, sondern 600 m höher auf den Ausläufern des Monte Baldo. Dadurch hat man auf einigen Plätzen und von der Gartenterrasse der dazugehörigen Pizzeria eine schöne Aussicht. Mit Kinderspielplatz, Tennis und Restaurant. **Lage/Anfahrt:** Durch die Lage ist er leider etwas schwerer zu erreichen. Am einfachsten ist die Fahrt über Torri del Benaco und von dort der Ausschilderung über Albisano und San Zeno folgen. **Platzanzahl:** 180; **Untergrund:** Wiese; **Sicherheit:** bewacht, beleuchtet, umzäunt; **Preiskat.:** €€€; **Geöffnet:** ganzjährig; **Kontakt:** 37010 San Zeno di Montagna, Via Canevoi 38, Tel. 045 7285038, www.campingmammalucia.it

67 Camping San Remo, Torri del Benaco

GPS 45.600054, 10.686618

Kleiner und ruhiger Campingplatz mit engen Parzellen. **Lage/Anfahrt:** Südlich von Torri del Benaco, kurz hinter dem Ortsausgang. **Platzanzahl:** 75; **Untergrund:** Wiese; **Sicherheit:** bewacht, beleuchtet, umzäunt; **Preiskat.:** €€€€; **Geöffnet:** Mai–Sept.; **Kontakt:** 37010 Torri del Benaco, Via Gardesana 8, Tel. 045 6296571, www.campingsanremo.it

GARDA

(7 km – 42 km)

An zahlreichen Zypressen und Olivenbäumen vorbei führt die SS249 weiter in den Ort, der den gleichen Namen trägt wie der See. Allerdings sollte man ein wenig Zeit mitbringen, denn es ist beinahe unmöglich, Garda in der Hauptsaison zu erreichen, ohne vorher im Stau gestanden zu haben.

Kurz zuvor passiert man die Landzunge **Punta San Vigilio,** die weit in den See hineinragt. Wer hier – in unmittelbarer Nachbarschaft zur Villa Guarienti – steht, der kann einen großen Teil des Sees überblicken. Mehr See geht kaum, zumindest nicht in Höhe der Wasseroberfläche. Außerdem lohnt schon die kleine Anfahrt zum Hafen wegen der schönen **Zypressenallee.** Kurz hinter dem Tor erscheint rechts der Zugang zur **Bucht der Sirenen (Baia delle Sirene),** die oftmals als die schönste Bucht am Gardasee bezeichnet wird. Allerdings befindet sie sich in Privatbesitz und der Zutritt ist daher kostenpflichtig (www.parcobaiadellesirene.it, Tageskarte 20 €, in der Hauptsaison 25 €. Ein 3-Tages-Pass kostet 60 €.

Die Baia delle Sirene erstreckt sich westlich von Garda

272st©Berg Andrey, stock.adobe.com

Auch die Ortschaft Garda besticht durch eine **pittoreske Altstadt** und ist ein beliebtes Reiseziel. Das führt allerdings dazu, dass das Städtchen an manchen Tagen völlig überfüllt ist.

Touristeninformation

› **Touristeninformation Garda,** Piazza Donatori di Sangue 1, 37016 Garda, Tel. 0456 270384

68 Stellplatz Garda

GPS 45.576847, 10.714283

In Garda existieren zwei Stellplätze. Einer befindet sich auf dem zentralen Parkplatz im Zentrum, ist jedoch laut und sehr geschäftig. Wenige Meter dahinter befindet sich ein ausgewiesener Stellplatz mit Schranke, er ist jedoch sehr eng. Entsorgung bei einer nahegelegenen Tankstelle möglich. **Lage/Anfahrt:** Am Kreisverkehr auf die SP8 und hinter dem zentralen Parkplatz rechts, der Stellplatz liegt auf der linken Seite. **Platzanzahl:** 25; **Untergrund:** Asphalt, Rasengittersteine; **Sicherheit:** beleuchtet; **Preiskat.:** €€; **Geöffnet:** ganzjährig; **Kontakt:** 37016 Garda, Via Carmelo Preite

BARDOLINO

(5 km – 47 km)

Spätestens mit Bardolino hat man die Alpen verlassen und die **Poebene** erreicht. Die Erhebungen in der Nähe sind kaum noch der Rede wert. Dafür spürt man spätestens jetzt den Einfluss des mediterranen Klimas, was sich auch bei der Flora bemerkbar macht. Olivenbäume und Zypressen nehmen immer mehr Platz ein, aber es sind auch wieder Weinreben zu finden. Dabei handelt es sich überwiegend um die Rebsorte Corvina Veronese, die Hauptbestandteil des **Bardolino-Rotweins** ist.

Bardolinos Zentrum ist geprägt von mehreren Fußgängerzonen, die parallel zueinander verlaufen und in deren Geschäften selbstverständlich der Bardolino in all seinen Jahrgängen angeboten wird. Die wichtigste Straße ist die Piazza Giacomo Matteotti. Sie führt vom kleinen Hafen geradewegs auf die **Kirche San Severo** zu, die vermutlich aus dem 12. Jahrhundert stammt. Im Inneren befinden sich verblichene, aber dennoch sehenswerte Fresken aus der Zeit der Romanik.

Touristeninformation

› **Touristeninformation Bardolino,** Piazzale aldo Moro, 37010 Bardolino, Tel. 0457 210078

Gastronomie

› **Azienda Agricola Corone,** 37011 Bardolino, Loc. Corone. Der Weinkeller bietet ein gemütliches Ambiente und man wird von sehr freundlichem Personal bedient.

69 Camping La Rocca, Bardolino

GPS 45.564148, 10.713814

Großer und komfortabler Campingplatz, der besonders für Familien geeignet ist. Die Via Gardesana teilt den Platz in zwei Abschnitte, wovon ein Bereich am Hang liegt und der andere direkt bis zum Ufer reicht. Beide Abschnitte sind mit einem Tunnel verbunden. **Lage/Anfahrt:** Südlich von Garda, gleich hinter der Linkskurve am Berghang. Die Rezeption befindet sich auf der linken Seite. **Platzanzahl:** 400; **Untergrund:** Wiese, harter Erdboden; **Sicherheit:** bewacht, beleuchtet, umzäunt; **Preiskat.:** €€€€-€€€€€; **Geöffnet:** April-September; **Kontakt:** 37011 Bardolino, Loc. S. Pietro, Tel. 045 7211111, www.campinglarocca.com

70 Camping Serenella, Bardolino

GPS 45.559196, 10.716847

Moderne und komfortable Stellplätze. Der Campingplatz hat einen Zugang zum Kiesstrand. Haustiere sind auf dem Platz verboten. **Lage/Anfahrt:** Auf der rechten Seite der SR249, wenige Meter hinter dem Campingplatz La Rocca. **Platzanzahl:** 296; **Untergrund:** Wiese; **Sicherheit:** bewacht, umzäunt, beleuchtet; **Preiskat.:** €€€€€; **Geöffnet:** Ende März-Mitte Okt.; **Kontakt:** 37011 Bardolino, Località Mezzariva 19, Tel. 045 7211333, www.camping-serenella.it; **Alternativplatz:** Vor dem Campingplatz Serenella befindet sich ein Wohnmobilstellplatz bei GPS 45.561572, 10.714743 für zehn Wohnmobile. Auf Asphalt, mit direktem Zugang zum Gardasee-Ufer. Achtung: Wenn man von Norden kommt, erscheint die Zufahrt sehr plötzlich hinter einer Tankstelle. Wer zu schnell fährt, kann erst am Kreisverkehr in einem Kilometer Entfernung wenden.

71 Camping Continental, Bardolino

GPS 45.557070, 10.718355

Komfortabler Campingplatz mit direktem Zugang zum Strand. **Lage/Anfahrt:** Der Platz befindet sich nördlich von Bardolino auf der rechten Straßenseite, unmittelbar hinter dem Campingplatz Serenella. **Platzanzahl:** 258; **Untergrund:** Wiese, harter Erdboden; **Sicherheit:** bewacht; **Preiskat.:** €€€€€; **Geöffnet:** April-Sept.; **Kontakt:** 37010 Bardolino, Gardesana Orientale, Tel. 045 7210192, www.campingarda.it

72 Camping Europa, Bardolino

GPS 45.542132, 10.724925

Die Campingplätze Continental und Europa gehören und arbeiten zusammen, wobei der Camping Europa der kleinere und ruhigere der beiden Plätze ist. Auch er hat einen direkten Strandzugang zu bieten. **Lage/Anfahrt:** Der Platz befindet sich gleich neben dem Camping Continental. **Platzanzahl:** 125; **Untergrund:** Wiese; **Sicherheit:** bewacht, umzäunt, beleuchtet; **Preiskat.:** €€€€€; **Geöffnet:** April-Mitte Okt.; **Kontakt:** 37010 Bardolino, Gardesana Orientale, Tel. 045 7211089, www.campingarda.it

73 Camping Cisano & San Vito, Bardolino

GPS 45.525175, 10.729448

Mit Hecken abgetrennte Parzellen unter Olivenbäumen. Auch dieser Campingplatz wird durch die SR249 in zwei Bereiche geteilt, die mit einem Tunnel verbunden sind. **Lage/Anfahrt:** Weiter auf der Gardesana, südlich von Bardolino, hinter dem Ortsteil Cisano. Die Rezeption befindet sich auf der rechten Straßenseite. **Platzanzahl:** 600; **Untergrund:** harter Erdboden, Wiese; **Sicherheit:** bewacht, beleuchtet, umzäunt; **Preiskat.:** €€€€€; **Geöffnet:** Ende März-Anfang Okt.; **Kontakt:** 37011 Bardolino, Via Pralesi 3, Tel. 045 6229098 und 045 6229026, www.camping-cisano.it

Am Hafen von Bardolino kann man flanieren

74 Le Corniole Agricamping

GPS 45.566737, 10.770445

Es muss nicht immer direkt der Gardasee sein. Dieser sehr schöne Stellplatz befindet sich an einem Weingut nordöstlich von Bardolino auf halber Strecke zwischen Gardasee und Etschtal. **Lage/Anfahrt:** Bei Bardolino auf die SP 31, später auf die SP9 und auf der SP29 nordwärts am großen Einkaufszentrum vorbei; **Platzanzahl:** 13; **Untergrund:** Schotter; **Sicherheit:** beleuchtet, umzäunt; **Preiskat.:** €€€€; **Geöffnet:** Apr.-Okt.; **Kontakt:** 37010 Costermano, Via Cà Balotta 16, Tel. 3493774023, www.agricampinglecorniole.com

LAZISE

(5 km - 52 km)

In Lazise sollte man am besten gleich auf die Parkplatzsuche verzichten und zunächst an der Altstadt vorbeifahren, um die am südlichen Ortsrand befindlichen Campingplätze aufzusuchen. Schon bei der Fahrt dorthin lohnt sich ein Blick nach rechts. Lazise verfügt über **drei alte Stadttore,** wobei eines davon den Zugang von der Gardesana Orientale ermöglicht und mit einem alten Ortseingangsschild versehen ist. Vom Parkplatz aus betritt man die Altstadt jedoch durch

das **Löwentor (Porta del Lion).** Es befindet sich auf der Via Rosenheim, die zu Ehren der deutschen Partnerstadt diese Bezeichnung erhielt.

Schon auf dem Weg dorthin ist die massive **Scaligerburg** von Lazise nicht zu übersehen. Die Festung mit ihrem rechteckigen Grundriss hat zwar an jeder ihrer Ecken einen Wehrturm, doch das Wahrzeichen der Burg ist der imposante mittlere Turm, der mit seinen Zinnen noch am besten erhalten ist.

Nur wenige Schritte sind es vom südlichen Stadttor zum Herzen der Altstadt, der **Piazza Vittorio Emanuele.** Auf dem schachbrettartig gemusterten Platz befinden sich mehrere Straßencafés, Geschäfte und der direkt Zugang zum idyllischen Hafen.

Am linken Hafenkai erhebt sich der schlanke Turm der **San-Nicolò-Kirche** aus der ersten Hälfte des 19. Jahrhunderts und gleich daneben die alte Zollstation der Veroneser, über die der Im- und Export nach Venetien verlief.

Wie auch in den anderen Hafenstädtchen am Ostufer des Gardasees, empfiehlt es sich hier, einen Bummel durch die kleinen, engen Gassen der Altstadt zu machen und dabei einen Blick in Hinterhöfe, Geschäfte mit ihren Schaufenstern und auf die zahlreichen Details an den Häusern zu werfen.

Touristeninformation

› **Touristeninformation Lazise,** Via Francesco Fontana 14, 37017 Lazise, Tel. 0457 580114

75 Camping du Parc, Lazise

GPS 45.498147, 10.737848

Terrassenförmige Stellplätze auf familienfreundlichem Campingplatz mit Animation. Liegewiese, Spielplatz, Shop, Restaurant, Bar. **Lage/Anfahrt:** Wenige Hundert Meter hinter dem Kreisverkehr in Lazise auf der rechten Seite. **Platzanzahl:** 180; **Untergrund:** Wiese; **Sicherheit:** bewacht, umzäunt, beleuchtet; **Preiskat.:** €€€€€; **Geöffnet:** Mitte März–Ende Okt.; **Kontakt:** 37017 Lazise, Via Gardesana 110, Tel. 045 7580127, www.campingduparc.com

76 Camping Spiaggia d'Oro, Lazise

GPS 45.496944, 10.737778

Ein sehr großer Campingplatz zwischen Seeufer und der Gardesana Orientale. Er verfügt über mehrere große Schwimmbecken, einen eigenen Strand, ein Restaurant, einen Shop und einen Kinderspielplatz. **Lage/Anfahrt:** Unmittelbar hinter dem Camping du Parc. **Platzanzahl:** 850; **Untergrund:** Wiese, harter Erdboden; **Sicherheit:** bewacht, beleuchtet, umzäunt; **Preiskat.:** €€–€€€€€, vom einfachen Standplatz bis zum sogenannten VIP-Platz; **Geöffnet:** Ende März–Mitte Oktober; **Kontakt:** 37017 Lazise, Via Gardesana, Tel. 045 7580007, www.campingspiaggiadoro.com

77 Wohnmobilstellplatz bei Colà

GPS 45.467837, 10.750599

Großer, moderner Wohnmobilstellplatz, der rund 3 Kilometer Luftlinie vom Gardasee entfernt ist. **Lage/Anfahrt:** Südlich von Lazise die SR249 verlassen und nach Colà fahren. **Platzanzahl:** 200; **Untergrund:** Rasengittersteine; **Sicherheit:** umzäunt; **Preiskat.:** €€; **Geöffnet:** ganzjährig; **Kontakt:** Via Possoi, 37017 Lazise, Tel. 045 759 0988, www.villadeicedri.it

78 Piani di Clodia, Lazise

GPS 45.482840, 10.729096

Kinderfreundlicher Campingplatz mit einem eigenen Freibad mit vier Schwimmbecken und Wasserrutschen. Direkter Zugang zum See. Haustiere sind nur auf speziellen Stellplätzen erlaubt. **Lage/Anfahrt:** An der SS249 im Ortsteil Fossalta auf der rechten Seite. **Platzanzahl:** 250; **Untergrund:** Wiese, harter Erdboden, Sand; **Sicherheit:** bewacht; **Preiskat.:** €€€€€; **Geöffnet:** Ende März–Mitte Okt.; **Kontakt:** 37017 Lazise, Via Fossalta 42, Tel. 045 7590456, www.pianidiclodia.it

79 Camping Amici di Lazise, Lazise

GPS 45.479717, 10.726148

Der Platz befindet sich gleich neben einem großen Freibad mit mehreren Wasserrutschen und Bademöglichkeiten. Auf dem Platz befinden sich ein Supermarkt und zwei Swimmingpools. Direkter Zugang zum See. **Lage/Anfahrt:** An der Einfahrt zum Canevaworld rechts abbiegen und am Freibad bis zum Ende vorbeifahren. **Platzanzahl:** 125; **Untergrund:** Wiese; **Sicherheit:** bewacht, beleuchtet, umzäunt; **Preiskat.:** €€€€; **Geöffnet:** ganzjährig; **Kontakt:** 37017 Lazise, Località Fossalta – Strada del Roccolo 8, Tel. 045 6490146, www.campingamicidilazise.it

80 Stellplatz Amici di Lazise, Lazise

GPS 45.479090, 10.726320

Auf dem Parkplatz des Campingplatzes Amici di Lazise ist die zweimalige Übernachtung nach Absprache mit dem Betreiber erlaubt. **Lage/Anfahrt:** s. 79. **Platzanzahl:** 10; **Untergrund:** Asphalt; **Sicherheit:** bewacht; **Preiskat.:** €€€; **Geöffnet:** ganzjährig (außer Weihnachten–Ende Jan., Juli/August–Mitte Sept.); **Kontakt:** 37017 Lazise, Località Fossalta – Strada del Roccolo 8, Tel. 045 6490146, www.campingamicidilazise.it

81 Camping Le Palme, Lazise

GPS 45.464917, 10.714846

Gepflegter Campingplatz mit Swimmingpool und direktem Zugang zum See. **Lage/Anfahrt:** In Pacengo rechts von der SS249 auf die Strada del Capitel abbiegen. **Platzanzahl:** 150; **Untergrund:** Wiese; **Sicherheit:** bewacht, beleuchtet, umzäunt; **Preiskat.:** €€€€€; **Geöffnet:** April–Okt.; **Kontakt:** 37017 Pacengo di Lazise, Via del Tronchetto 2, Tel. 045 7590019, www.lepalmecamping.it

Die romanische Kirche von Lazise erhebt sich gleich neben dem Hafenbecken

231st-mm

VERONA

(23 km – 75 km)

Für Wohnmobilreisende ist der Besuch einer größeren Stadt immer auch ein wenig abschreckend. Verona ist zwar mit etwas mehr als einer Viertelmillion Einwohner die größte Stadt, die in diesem Buch beschrieben wird, aber dennoch überschaubar. Man sollte sich für die Stadtbesichtigung allerdings Zeit nehmen, um den zahlreichen Sehenswürdigkeiten, die diese Stadt bietet, gerecht zu werden.

Der einfachste Weg nach Verona führt über die SP5 und über die SR11, alternativ über die Autostrada T4-T9. Beide Straßen überbrücken einen Nebenarm der Etsch. Nach der Flussüberquerung links halten, am folgenden Kreisverkehr nochmals links und schon kommt man zum Ufer zurück, wo sich auf der linken Seite ein Wohnmobilstellplatz mit 38 Parkflächen befindet. Alternativ besteht die Möglichkeit einer Übernachtung auf dem Campingplatz Castel San Pietro, auch wenn dieser weniger komfortabel und nur eingeschränkt für Wohnmobilreisende nutzbar ist.

Vom Castel San Pietro genießt man diesen Ausblick auf Verona

Verona kann auf über 2500 Jahre wechselvolle **Geschichte** zurückblicken. Verschiedenen Kaisern und Königen gelang es, die Stadt für sich zu gewinnen und so kam es, dass Verona mal zum gotischen Reich gehörte, ein anderes Mal wieder an die Franken fiel oder zwischendurch auch dem Herzogtum Bayern unterstellt war. Selbst als Verona im 12. Jahrhundert Stadtrechte erlangte, saßen die Herrschenden entweder in Mailand, Venedig oder in Österreich. Daher verwundert es nicht, dass die Stadt zahlreiche Bauwerke aus verschiedenen Jahrhunderten beherbergt und für eine ausgiebige Stadtbesichtigung ein Tag nicht ausreichend ist.

Die **Altstadt** befindet sich innerhalb einer Schleife des Flusses Etsch und wird im Süden von der äußeren Stadtmauer begrenzt. Allerdings sind die Überreste der Mauer heute zu einer Grünanlage umgewandelt worden, sodass sich ein schmaler Grünstreifen durch die Stadt zieht, in dem man spazieren gehen und dabei die Reste der Mauer sehen kann. Ein Höhepunkt der Wallanlage ist das Stadttor **Porta del Palio** aus der zweiten Hälfte des 16. Jahrhunderts, das drei Durchgänge bietet. Mittlerweile sind diese aber geschlossen und die Straßen führen außen vorbei. Die Porta del Palio gilt als eines der schönsten Stadttore Italiens. Gleich hinter dem Tor führt die Stradone Porta Palio in nordöstliche Richtung zu einer weiteren Stadtmauer, die von den Scaligern errichtet wurde. Sie verläuft, deutlich sichtbar von der Ponte Aleardo Aleardi im Osten zur Ponte Scaligero, die am Ende der Stradone Porto Palio den Fluss überspannt. Am östlichen Brückenkopf erhebt sich die **Scaligerburg (Castelvecchio),** die im 14. Jahrhundert erbaut wurde, zu einer Zeit, in der sich die Scaliger vor dem eigenen Volk fürchteten. Daher befindet sich auf der Seite zur Altstadt hin die Festung, in der die Garnison untergebracht war, die ein aufgebrachtes Volk hätte zurückhalten sollen, während die Brücke als möglicher Fluchtweg gedient hätte. Das in der sechstürmigen Festung untergebrachte Museum zeigt Skulpturen und Kunstwerke aus der damaligen Zeit, während man von der aus Ziegelsteinen errichteten Brücke einen schönen Blick auf das Bauwerk hat.

Auf dem Kopfsteinpflaster der engen Via Roma gelangt man zum ersten von zwei wichtigen Plätzen in der Altstadt, der **Piazza Brà.** Direkt auf der rechten Seite befindet sich nicht nur ein sehenswertes **Stadttor (Arco d'Orologio)** mit Uhren auf beiden Seiten, sondern auch das Teatro Filarmonico. In diesem ist heute das Museum Lapidarium Maffeino untergebracht und präsentiert antike Steinkunst in Form von Skulpturen, Gräbern und Reliefs. An der Außenwand des Torbogens befindet sich in Form einer Steintafel auch schon der erste Hinweis auf eines der berühmtesten Dramen der Welt, das in Verona spielt, Shakespeares „Romeo und Julia" (s. S. 152).

Das Zentrum der Piazza Brà ist geprägt von einer kleinen Grünanlage mit einem Wasserspiel und einem Reiterstandbild des ehemaligen italienischen Königs Vittorio Emanuele II. Doch das Hauptaugenmerk richtet sich schnell auf das Bauwerk am Nordrand des Platzes. Mit einer Höhe von 24 m und einem Fassungsvermögen von rund 22.000 Zuschauern ist die dortige **Arena** das drittgrößte Amphitheater in Italien, das von den

232st-mm

⊡ *In Veronas Altstadt gibt es zahlreiche Einkehrmöglichkeiten, z. B. hier an der Arena*

Verona

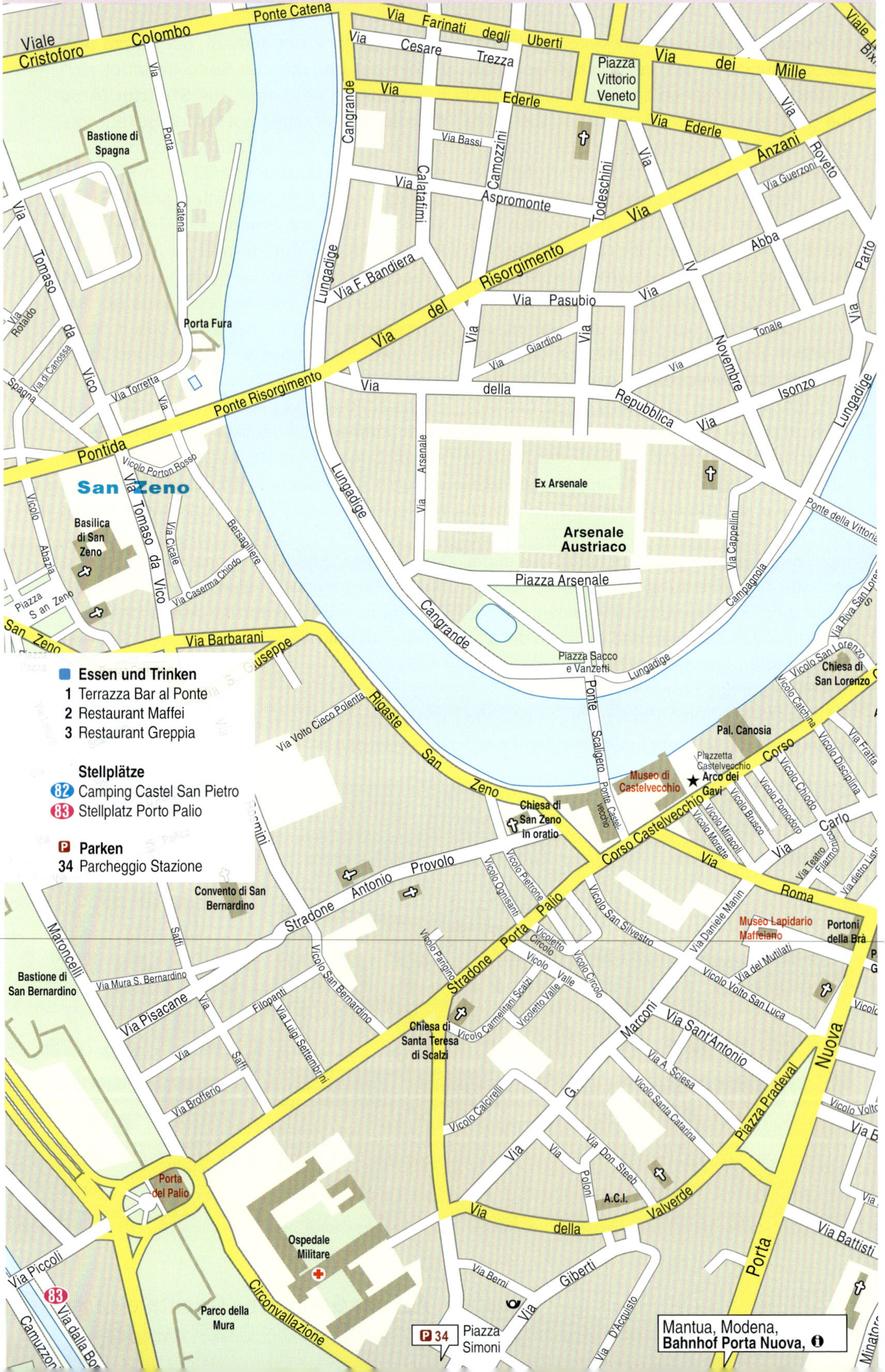
Essen und Trinken
1 Terrazza Bar al Ponte
2 Restaurant Maffei
3 Restaurant Greppia
Stellplätze
82 Camping Castel San Pietro
83 Stellplatz Porto Palio
Parken
34 Parcheggio Stazione
San Zeno
Bastione di Spagna
Porta Fura
Basilica di San Zeno
Ex Arsenale
Arsenale Austriaco
Piazza Arsenale
Piazza Vittorio Veneto
Piazza Sacco e Vanzetti
Chiesa di San Lorenzo
Pal. Canosia
Piazzetta Castelvecchio
Arco dei Gavi
Museo di Castelvecchio
Chiesa di San Zeno in oratio
Convento di San Bernardino
Bastione di San Bernardino
Museo Lapidario Maffeiano
Portoni della Brà
Chiesa di Santa Teresa di Scalzi
A.C.I.
Porta del Palio
Ospedale Militare
Parco della Mura
Piazza Simoni
Mantua, Modena, Bahnhof Porta Nuova,
Viale Cristoforo Colombo
Ponte Catena
Via Farinati degli Uberti
Via dei Mille
Via Ederle
Via Anzani
Via del Risorgimento
Ponte Risorgimento
Via Pontida
Via della Repubblica
Lungadige
Via Cangrande
Ponte Scaligero
Via Barbarani
Rigaste San Zeno
Corso Castelvecchio
Via Roma
Stradone Porta Palio
Stradone Antonio Provolo
Corso Porta Nuova
Via Pisacane
Circonvallazione
Via della Valverde
Via Piccoli
Via Battisti

1cm = 75 m

100 m

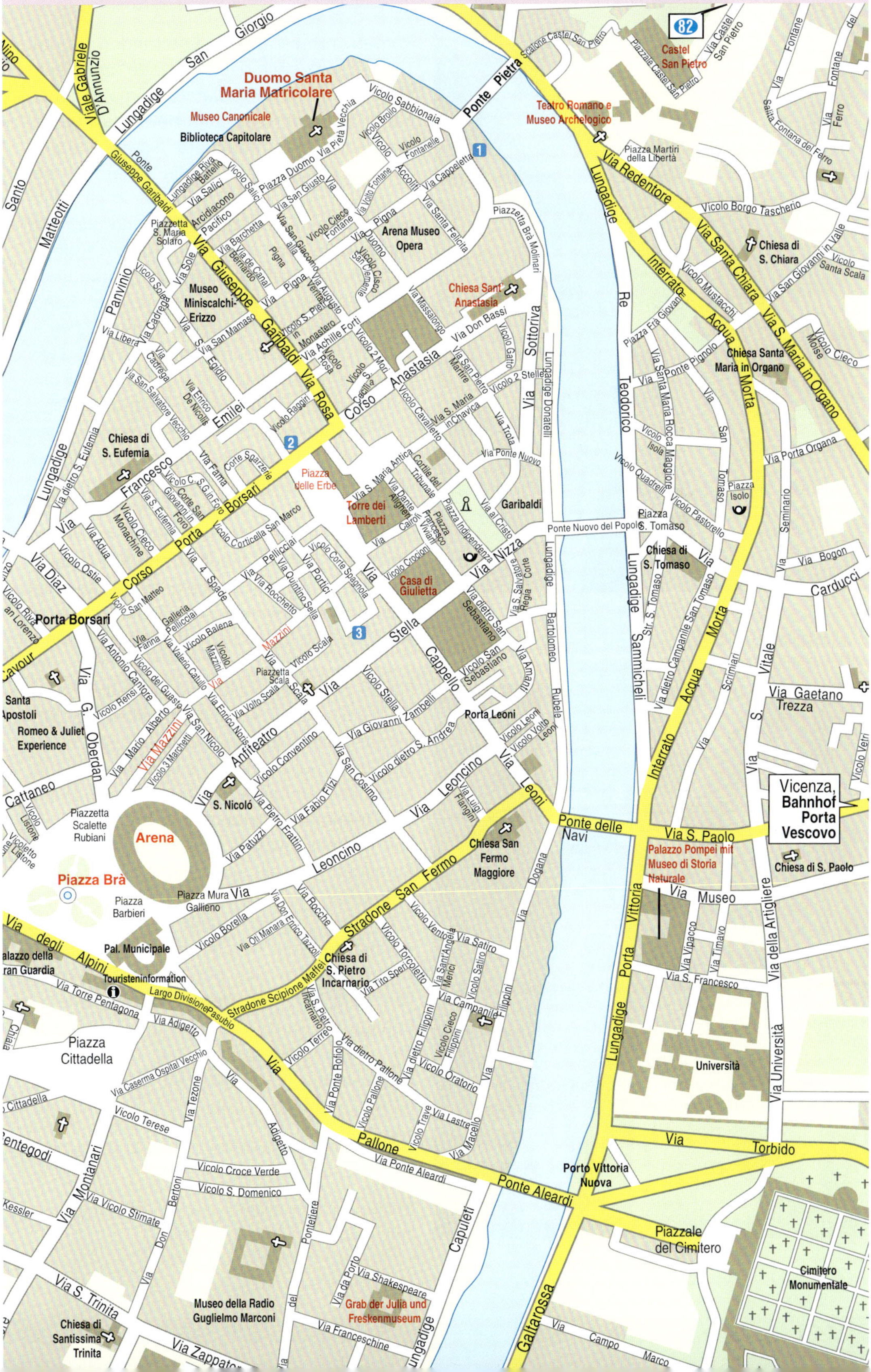
Duomo Santa Maria Matricolare
Museo Canonicale
Biblioteca Capitolare
Castel San Pietro
Teatro Romano e Museo Archeologico
82
1
2
3
Arena Museo Opera
Chiesa Sant' Anastasia
Museo Miniscalchi-Erizzo
Chiesa di S. Eufemia
Piazza delle Erbe
Torre dei Lamberti
Casa di Giulietta
Garibaldi
Chiesa Santa Maria in Organo
Chiesa di S. Chiara
Chiesa di S. Tomaso
Piazza S. Tomaso
Piazza Isolo
Piazza Martiri della Libertà
Piazzetta S. Maria Solaro
Piazzetta Bra Molinari
Porta Borsari
Santa Apostoli
Romeo & Juliet Experience
Piazzetta Scalette Rubiani
Arena
Piazza Brà
Piazza Barbieri
Pal. Municipale
Palazzo della Gran Guardia
Touristeninformation
Piazza Cittadella
S. Nicolò
Porta Leoni
Chiesa San Fermo Maggiore
Chiesa di S. Pietro Incarnario
Palazzo Pompei mit Museo di Storia Naturale
Chiesa di S. Paolo
Vicenza, Bahnhof Porta Vescovo
Università
Porto Vittoria Nuova
Piazzale del Cimitero
Cimitero Monumentale
Museo della Radio Guglielmo Marconi
Grab der Julia und Freskenmuseum
Chiesa di Santissima Trinita
Piazza Mura Gallieno
Piazzetta Scala
Ponte Pietra
Ponte Nuovo del Popolo
Ponte delle Navi
Ponte Aleardi
Ponte Giuseppe Garibaldi
Viale Gabriele D'Annunzio
Lungadige San Giorgio
Via Giuseppe Garibaldi
Via Rosa
Corso Sant' Anastasia
Corso Porta Borsari
Via Stella
Via Cappello
Via Leoni
Via Mazzini
Via Anfiteatro
Via Leoncino
Stradone San Fermo
Stradone Scipione Maffei
Largo Divisione Pasubio
Via degli Alpini
Via Pallone
Via Torbido
Via S. Paolo
Via Museo
Via Redentore
Via Santa Chiara
Via S. Maria in Organo
Interrato Acqua Morta
Lungadige Re Teodorico
Lungadige Sammicheli
Lungadige Porta Vittoria
Lungadige Donatelli
Lungadige Bartolomeo Rubele
Via Sottoriva
Via Carducci
Via Gaetano Trezza
Via S. Vitale
Via della Artigliere
Via Università
Via Dogana
Via Capuleti
Via Diaz
Via Cavour
Via G. Oberdan
Via Cattaneo
Via Montanari
Via S. Trinita
Via Zappatori
Via Pontetiere
Via Shakespeare
Via Franceschine
Via Campo Marzo
Via Galtarossa
Via Ponte Aleardi
Via Adigetto
Via Torre Pentagona
Via Nizza
Via Pigna
Via Duomo
Via Emilei
Via Fama
Via Cappelletta
Via Santa Felicita
Via Don Bassi
Via Ponte Nuovo
Via Trota
Via Amanti
Via Giovanni Zambelli
Via San Cosimo
Via Fabio Filzi
Via Pietro Frattini
Via Patuzzi
Via Rocche
Via Satiro
Via Campanile
Via Filippini
Via dietro Pallone
Vicolo Oratorio
Via Lastre
Via Macello
Via Ponte Rofiolo
Vicolo Croce Verde
Vicolo S. Domenico
Via Bertoni
Via Vicolo Stimate
Vicolo Terese
Via Tezone
Via Caserma Ospital Vecchio
Vicolo Sabbionaia
Vicolo Borgo Tascherio
Via Porta Organa
Via Bogon
Via Seminario
Via Fontane del Ferro
Via Castel San Pietro
Scalone Castel San Pietro
Piazzale Castel San Pietro
Lungadige Panvinio
Lungadige Matteotti
Lungadige Santo
Via Vipacco
Via Timavo
Via S. Francesco
Via Scrimiari

Vom Torre dei Lamberti hat man eine schöne Aussicht

Römern erbaut wurde. Entstanden ist das Theater kurz nach der Zeitwende und diente Wettkämpfen und Gladiatorenkämpfen. Doch nach Ende der römischen Herrschaft verfiel die Arena über Jahrhunderte hinweg und wurde zwischenzeitlich auch als Steinbruch benutzt. Dennoch ist das Bauwerk auch heute noch in einem sehr guten Zustand und wird mittlerweile auch wieder als Veranstaltungsort genutzt. Statt Gladiatoren präsentieren sich heute Musiker und Sänger den Besuchern, insbesondere Letzere treten regelmäßig auf und präsentieren bekannte Werke wie „Carmen" oder „Aida".

An der gesamten Nordwestseite der Piazza Brà erheben sich Bürgerhäuser, in denen zahllose Cafés und Restaurants den Besucher einladen, dem Treiben auf dem Platz und rund um das Amphitheater in Ruhe zuzuschauen. Der Platz mündet an seiner Nordseite in die Einkaufsstraße **Via Guiseppe Mazzini.** Von ihr zweigen zahlreiche enge Gassen und verwinkelte Sträßchen ab. Dabei verbindet die Via Mazzini die Piazza Brà mit dem zweiten wichtigen Platz Veronas, der Piazza del Erbe. Doch bevor man die Piazza nach links betritt, sollte man erst wenige Meter nach rechts in die Via Cappello gehen. Auf der linken Seite befindet sich das berühmte, aber unscheinbare Haus Nummer 23. Durch eine Toreinfahrt, deren Wände mit Hunderten von Liebesschwüren in allen erdenklichen Sprachen gespickt sind, betritt man den berühmtesten Innenhof der Stadt.

An den oberen Etagen der Hauswände wächst der Efeu herab, abgesehen von der Wand, an dem sich der bekannte **Balkon von Julia** befindet. Darunter steht eine lebensgroße Bronzefigur der jungen Liebenden. Doch in der Hauptsaison benötigt man viel Ausdauer und Glück, um sich der Figur nähern zu können. Zahlreiche Touristen versammeln sich um Giulietta, wie Julia auf Itali-

Durch eine schmale Gasse auf dem Weg zur Basilica di Santa Anastasia

enisch heißt, um ihre Brust zu berühren, was angeblich Glück bringen soll. Das Haus von Julia und selbstverständlich auch der Balkon können gegen Gebühr betreten werden. Doch ohne ein Spielverderber sein zu wollen, sei an dieser Stelle bemerkt, dass Julia nie wirklich existierte und der Balkon von der Stadtverwaltung zur touristischen Vermarktung nachträglich angebracht wurde.

Echt ist hingegen der wunderbare Panoramablick, den man vom **Torre dei Lamberti** hat. Der 84 m hohe Turm erhebt sich direkt am Rande der Piazza del Erbe. Der ursprüngliche Turm wurde bereits im 12. Jh. erbaut, benötigte jedoch nach einem Blitzeinschlag drei Jahrhunderte später eine Restaurierung. Den mühsamen Aufstieg über beinahe 370 Stufen kann man sich ersparen, da im Glockenturm auch ein Fahrstuhl installiert wurde.

Die **Piazza delle Erbe** zu Füßen des Lambertiturms ist ein lang gestreckter, aber schmaler Platz. Er dient schon seit Gründung der Stadt als Marktplatz, lediglich das Angebot der Waren hat sich im Laufe der Jahrhunderte gewandelt. Konnte man früher Kräuter, Obst und Früchte erwerben, bieten einige Marktstände mittlerweile ausschließlich Souvenirs an. Im nördlichen Bereich des Platzes steht auf einem Brunnen eine Madonnenfigur, die als Wahrzeichen der Stadt gilt. Gleich dahinter erhebt sich die barocke Fassade des **Palazzo Maffei,** neben dem sich der Torre del Gradello befindet. Ein weiteres beliebtes Fotomotiv am Platz ist die Löwenstatue, die sich vor der prunkvollen Fassade des Palazzo befindet und mit ihr zusammen ein schönes Bild ergibt.

Links neben dem Lambertiturm gelangt man am Palazzo della Ragione vorbei zu einem weiteren kleinen Platz, der wesentlich ruhiger wirkt. Gemeint ist die Piazza dei Signori, die aber aufgrund ihres zentralen Denkmals oft als **Dante-Platz** bezeichnet wird. Ein schmaler Durchgang an der Ostsei-

233st-mm

⌃ *Die Ponte Pietra überspannt die Etsch und ist nicht weit vom Campanile entfernt*

236st-mm

⌄ *Der geflügelte Markuslöwe, das Wappentier der Republik Venedig, auf der Piazza delle Erbe*

238st-mm

te des Platzes führt zu einem der wichtigsten gotischen Denkmäler in Verona. Die **Arche Scaligero** (Scaligergräber) stammen aus dem 16. Jahrhundert und wurden in ihrer heutigen Form von verschiedenen Bildhauern geschaffen, die alle ihren eigenen Stil einbrachten. Dabei schufen sie auf diesem Privatfriedhof neben der Kirche Santa Maria Anticca mehrere Gräber und Sarkophage, in denen sich die Überreste der einstigen Herrscher von Verona befinden.

Gleich dahinter verläuft die Via Arche Scaliger, in der sich auf der rechten Seite ein Ziegelsteingebäude mit mehreren Zinnen befindet. Hierbei handelt es sich um das **Haus des Romeo,** das aber weniger berühmt und weitaus weniger besucht ist als das von Julia. Nur ein kleines Schild an der Außenwand weist auf Romeo hin.

Von den Scaligergräbern kommt man über die schmale Via Cavalletto zum Corso Sant'Anastasia. Dieser verbindet die Piazza del Erbe mit der **Piazza Sant'Anastasia,** wo sich die gleichnamige gotische **Kirche** erhebt. Ihre Bauzeit betrug zweihundert Jahre, doch die Fassade wurde nie fertiggestellt, weshalb das Gotteshaus von außen eher unspektakulär wirkt und man ihre Schönheit erst im Inneren entdeckt (Eintritt 3 €). Direkt am ersten Säulenpaar befinden sich die Weihwasserbecken, welche jeweils von einer hockenden Renaissancefigur auf dem Rücken getragen werden. Die Deckengewölbe des dreischiffigen Gotteshauses sind reichhaltig und kunstvoll verziert. Unbedingt sehenswert ist aber das fast schon fotorealistische Deckenfresko in der Sakristei. Es stellt die Georgslegende dar und wurde in fünfjähriger Arbeit des römischen Malers Antonio Pisanello geschaffen.

Hinter der Kirche gelangt man zur Etsch und zu zwei weiteren Sehenswürdigkeiten Veronas. Auf der linken Seite überspannt bereits seit der Römerzeit die fünfbogige Ponte Pietra den Fluss und bringt einen an das andere Ufer, wo sich leicht erhöht das **Castel San Pietro** erhebt. Die Terrasse der einstmals militärischen Festung wird heute gerne genutzt, um einen schönen Panoramablick auf die Altstadt zu erleben. Unterhalb des Kastells befinden sich das **Archäologische Museum** und ein weiteres **römisches Amphitheater.** Wie auch schon die Arena an der Piazza Brà verfiel auch dieses Theater nach Ende der Römerherrschaft. Hier war der Verfall jedoch so stark, dass es zunächst wieder ausgegraben und später zum Teil auch rekonstruiert werden musste.

Zurück am Altstadtufer gelangt man über die kleine Piazza Broilo zu einem weiteren wichtigen Sakralbau von Verona, dem **Dom.** Das **Santa Maria Matricolare** genannte Gotteshaus blickt auf eine 900-jährige Geschichte zurück und bietet im Inneren ebenfalls zahlreiche Fresken und Statuen. Besonders sehenswert ist das doppelte Säulenportal an der Südfassade.

Nicht unerwähnt bleiben darf das **römische Stadttor** am Ende des Corso Cavour. Es markiert deutlich die Lage der ältesten Stadtmauer aus den Zeiten der römischen Herrschaft, lange bevor die beiden bereits erwähnten Stadtmauern das Stadtgebiet vergrößerten.

Am Schöpfer der „Göttlichen Komödie", Dante Alighieri, kommt man in Italien nicht vorbei

Die Arena an der Piazza Brà ist nicht zu übersehen

Außerhalb der Scaliger-Stadtmauer, aber nur wenige Meter von der Etsch entfernt, befindet sich schließlich noch das wichtigste sakrale Bauwerk Veronas. Der Bau der **Basilika San Zeno Maggiore** wurde im 12. Jh. fertiggestellt und verfügt über zwei Türme. Der kleinere diente jedoch als Wehrturm für eine Benediktinerabtei an derselben Stelle, die während der napoleonischen Kriege zerstört wurde. Herausragend an der Basilika ist das Portal mit den beiden Steinplatten rechts und links neben den Bronzetüren. Durch das dreischiffige Langhaus gelangt man durch den Ausgang auf der linken Seite in den Kreuzgang mit der freskenverzierten Sankt-Benedikt-Kapelle.

Sehenswertes

- **Museo di Castelvecchio,** Corso Castelvecchio, 37100 Verona, www.museodicastelvecchio.comune.verona.it, Mo 13.30–19.30 Uhr, Di–So 8.30–19.30 Uhr, Eintritt 6 € (erster Sonntag im Monat Eintritt frei)
- **Arena,** 37100 Verona, Piazza Brà, Di–So 8.30–19.30 Uhr, Mo 13.30–19.30 Uhr, an Aufführungstagen andere Öffnungszeiten, Eintritt 10 €
- **Museo Lapidario Maffeinao (Lapidarium, steinerne Skulpturensammlung),** Piazza Brà 28, 37100 Verona, Di–So 8.30–14 Uhr, Eintritt 4,50 € (erster Sonntag im Monat Eintritt frei)

213st-mm

- **Casa di Giulietta (Haus der Julia),** Via Cappello 23, 37100 Verona, https://casadigiulietta.comune.verona.it, Mo 13.30–19.30 Uhr, Di–So 8.30–19.30 Uhr, Eintritt 6,60 €, die Tickets müssen im Voraus online gebucht werden
- **Tomba di Giulietta (Julias Grab),** Via del Pontiere 35, 37100 Verona, Mo 13.30–19.30 Uhr, Di–So 8.30–19.30 Uhr, Eintritt 4,50 € (erster Sonntag im Monat Eintritt frei), Kombiticket Julias Grab und Julias Haus 5 €
- **Torre dei Lamberti (Lambertiturm),** Cortile Mercato Vecchio, 37100 Verona, Mo–Fr 10–18, Sa, So 11–19 Uhr, Eintritt 6 €
- **Teatro Romano e Museo Archeologico (Römisches Amphitheater und Archäologisches Museum),** Regaste Redentore 2, 37129 Verona, Mo 13.30–19.30 Uhr, Di–So 8.30–19.30 Uhr, Eintritt 4,50 €
- **Museo Civico di Storia Naturale (Historisches Stadtmuseum),** Lungadige Porta Vittoria 9, 37100 Verona, Mo–Do 9–18 Uhr, Sa/So 14–18 Uhr, Eintritt 4,50 € (erster Sonntag im Monat Eintritt frei)
- **Museo Canonicale (Sakrale Gemäldesammlung),** Piazza Duomo, 37100 Verona, März–Okt. Fr 10–12.30 Uhr, Sa 10–13 Uhr und 14–18 Uhr, So 14.30–18 Uhr, Eintritt 2,50 €

Touristeninformation

- **Touristeninformation Verona,** Piazza Brà, Via Degli Alpini 9, 37121 Verona, Tel. 0458 068680, www.turismoverona.eu
- **Touristeninformation Verona c/o Stazione FFSS,** Verona Porta Nuova (Hauptbahnhof), Piazza XXV Aprile, 37121 Verona, Tel. 0458 000861

Verona Card

- Die Verona Card kostet für einen Tag 20 € (für zwei Tage 25 €) und ermöglicht den kostenlosen Eintritt in viele Sehenswürdigkeiten und freie Fahrt mit dem

Beeindruckender Marmorbogen am Ufer der Etsch

239st-mm

ÖPNV. Enthalten sind zum Beispiel die Arena, Julias Haus, Julias Grab, die Scaliger-Gräber und mehrere Kirchen und Museen. Erhältlich ist die Karte im Touristenbüro und in den angeschlossenen Attraktionen.

Gastronomie

- **Terrazza Bar al Ponte,** Via Ponte Pietra, 37121 Verona, www.terrazzabaralponte.eu. Kleine Bar mit Terrasse am Flussufer.
- **Restaurant Maffei,** Piazza Erbe 38, 37121 Verona, www.ristorantemaffei.it. Italienische Speisen und eine Außenterrasse unterhalb des Torre dei Lamberti.
- **Restaurant Greppia,** Vicolo Samaritana, 37121 Verona, www.ristorantegreppia.it. Mediterrane Speisen im klassischen Innenhof.

Parken

P **34 Parcheggio Stazione Verona,** GPS 45.432091, 10.983329, in der Via Città di Nimes

82 Camping Castel San Pietro, Verona

GPS 45.450393, 11.004438

Der auf einem Hügel oberhalb von Verona gelegene Platz ist ein guter und sicherer Ausgangspunkt für einen Stadtrundgang. **Lage/Anfahrt:** Auf der linken Seite des Flusses Etsch, der Beschilderung zum Castel San Pietro folgen. In einer der Spitzkehren rechts durch die Toreinfahrt. **Platzanzahl:** 20; **Untergrund:** Wiese; **Sicherheit:** bewacht, beleuchtet, umzäunt; **Preiskat.:** €€€€; **Geöffnet:** Mai–Sept.; **Kontakt:** 37129 Verona,

83 Stellplatz Porto Palio, Verona

GPS 45.434038, 10.978181

Stellplatz in der Nähe des Stadttores Porto Palio, dennoch verhältnismäßig ruhig. Durch die Lage am Rande der Altstadt ist diese vom Stellplatz aus gut zu Fuß erreichbar. Aber länger als für die Zeit eines Stadtbesuchs sollte man nach Möglichkeit nicht auf diesem Platz stehen – es wird immer wieder von Fahrzeugaufbrüchen berichtet. **Lage/Anfahrt:** Im Kreisverkehr am Porto Palio muss man das Stadttor hinter sich lassen. Noch vor der kleinen Brücke links auf den Parkplatz. **Platzanzahl:** 40; **Untergrund:** Asphalt; **Sicherheit:** beleuchtet, Parkplatz mit Schranke; **Preiskat.:** €; **Geöffnet:** ganzjährig; **Kontakt:** 37129 Verona, Luigi Piccoli

174st-mm

William Shakespeare

Bei einer Reise durch Ober- bzw. Norditalien kommt man nicht umhin, sich mit verschiedenen Werken von William Shakespeare zu befassen. Der englische Dichter hat mehrere seiner Werke in die Region rund um Venedig, Verona und Padua angesiedelt.

Der „Kaufmann von Venedig“ spielt nicht nur in der Lagunenstadt, sondern auch im südlicheren Italien. Verfilmt wurde dieses Stück bereits mehrfach, zuletzt im Jahr 2004, unter anderem mit Al Pacino in der Hauptrolle. Ebenso in Venedig angesiedelt ist die Tragödie „Othello“, die von einem gleichnamigen Farbigen handelt, der für die Republik Venedig kämpft. Er verliert sein Leben am Ende nicht im Kampf, sondern durch seine eigene Hand, weil er seine scheinbar untreue Frau Desdemona tötet und später von ihrer Unschuld erfährt.

Eines der ersten Werke des Dichters spielt hingegen in Verona und Mailand. Die „Zwei Herren aus Verona“ ist eine Komödie und trotz der Tatsache, dass sich zwei Freunde in dieselbe Frau verlieben, gibt es diesmal keine Toten.

Auch das in Padua spielende Stück „Der Widerspenstigen Zähmung“ ist eine Komödie und wurde bereits mehrfach verfilmt. Doch das tragischste Theaterstück Shakespeares und wohl das bekannteste überhaupt dürfte die traurige Liebesgeschichte von „Romeo und Julia“ sein. Der Ort der Handlung ist abermals Verona und es existieren unzählige Verfilmungen. Im Onlineportal der Zeitung „Die Welt“ wurde der berühmte Balkon des Elternhauses von Julia sogar zu einem der zehn kitschigsten Orte der Welt ernannt. Genauso erfunden, wie die Geschichte selbst es ist, ist übrigens auch die Aussage, in dem Haus hätte einst eine reiche Veroneser Familie gelebt. Schlimmer noch: Der Balkon, der heute in Verona den Touristen als Julias Balkon präsentiert wird, wurde angeblich extra von der Stadtverwaltung erbaut, um den Tourismus zu fördern.

Via Castel San Pietro 2, Tel. 045 592037, www.campingcastelsanpietro.com

172st-mm

84 Stellplatz Corte Agricola Monrò

GPS 45.422757, 10.995722

Privater Hof im Süden Veronas mit Stellflächen unter Bäumen direkt am Ufer der Etsch (Vorsicht Mücken!). Nur 25 Minuten Fußweg bis zur Arena. **Lage/Anfahrt:** Auf der SS12 bis zur Porta Nuova und weiter in Richtung Vicenza auf die Via Franco Faccio. Gleich an der ersten Möglichkeit in Richtung Modena. Nach einer Eisenbahnunterführung die erste Möglichkeit nach links in die Via Bartolomeo Avesani. Nach 350 m im Industriegebiet links in die Zufahrt; **Platzanzahl:** 12; **Untergrund:** Rasen; **Sicherheit:** umzäunt; **Preiskat.:** €€€; **Geöffnet:** ganzjährig; **Kontakt:** 37135 Verona, Via Bartolomeo Avesani 21, Tel. 045 8060041, www.corteagricolamonro.com

Am Gardasee gibt es auch viele ruhige Ecken

ROUTE 6

NORDWÄRTS AUF DER GARDESANA OCCIDENTALE

139st©Kletr, stock.adobe.com

1 cm = 3,5 km
5 km
© Reise Know-How 2024
ROUTE 6
Detailkarte Gardasee siehe Seite 234
Lago di Garda (Benaco)
Lago d'Idro (Eridio)
Incisioni rupestri Rock drawings
M. delle Palafitte
Varese fall
Villa Bettoni
Castello di Sabbionara d'Avio
Solferino Birthplace of the Red Cross
Riva del Garda
Arco
Torbole
Malcesine
Limone s. Garda
Tremosine
Gargnano
Toscolano-Maderno
Salò
Desenzano del Garda
Sirmione
Peschiera del Garda
Lazise
Bardolino
Garda
Torri d. Benaco
Verona
Castiglione delle Stiviere
Montichiari
Valeggio sul Mincio
Villafranca di Verona
Rovereto
Mori
Val di Ledro
Valli Giudicarie
Monte Baldo
Valpolicella

294st-mm

ROUTENÜBERSICHT

WEIN, OLIVEN UND ZITRONEN

Das mediterrane Südufer des Gardasees bietet den größten Badespaß, doch auch kulturell wird in den Ortschaften westlich von Verona viel geboten – angefangen bei der Scaligerburg in Sirmione. Über Übernachtungsmöglichkeiten muss man sich als Wohnmobiltourist am südlichen Gardaseeufer keine Sorgen machen. In manchen Orten hat man vielleicht sogar den Wunsch, dass es auch weniger Campingplätze sein dürften. „Weniger ist mehr" könnte auch das Motto für den folgenden Routenverlauf lauten. Die Gardesana Occidentale ist zweifellos eine sehenswerte Straße, doch ist sie auch eng und stark befahren, sodass eine Fahrt entlang des ebenso schönen Idrosees eine echte Alternative sein kann. Doch egal wie man sich entscheidet, am Ende denkt man bei einem Glas Wein gern an die Routen am Gardasee zurück.

Strecke:
Verona (s. S. 142) – **Peschiera del Garda** (25 km, s. S. 156) – **Sirmione** (9 km, s. S. 159) – **Desenzano del Garda** (7 km, s. S. 162) – **Salò** (20 km, s. S. 170) – **Gardone Riviera** (4 km, s. S. 171) – **Gardesana Occidentale: Toscolano-Maderno** (5 km, s. S. 172), **Gargnano** (8 km, s. S. 173), **Limone sul Garda** (18 km, s. S. 174), **Riva del Garda** (11 km, s. S. 174)

Streckenlänge:
ca. 107 km

S. 153: Das nördliche Ufer des Gardasees ist von hohen Bergen umgeben

Der Gardasee ist eine Schönheit am südlichen Alpenrand

PESCHIERA DEL GARDA

(25 km – 25 km)

Die SR11 verbindet Verona mit dem südlichsten Zipfel des Gardasees, an dem sich die kleine Ortschaft Peschiera del Garda befindet. Gleichzeitig hat der See hier mit dem Fluss Mincio seinen Abfluss, der 75 km weiter südlich in den Fluss Po mündet. Beherrscht wird Peschiera del Garda durch die **Festungsmauern,** die als Folge der napoleonischen Kriege errichtet wurden und sich am Übergang vom See zum Fluss rund um die historische Altstadt erheben. Letztere ist jedoch sehr klein und nur über Brücken erreichbar.

Das größte Bauwerk vor Ort ist die **Kirche San Martin,** die über dem Portal ein Relief mit der Abbildung des Heiligen trägt. Ein Rundgang durch Peschiera del Garda ist durchaus lohnenswert, wenn auch die Atmosphäre von Orten wie Torri del Benaco oder Garda fehlt.

In unmittelbarer Nachbarschaft zu Peschiera befindet sich etwas weiter nördlich der **Freizeitpark Gardaland.** Mit fast 40 Attraktionen und Fahrgeschäften, beginnend bei einem Kletterbaum für Kinder bis hin zu einer Überkopf-Achterbahn, gilt Gardaland als einer der größten Freizeitparks Europas (www.gardaland.it, geöffnet: Ende März–Anfang Nov., online ab 44 €, vor Ort teurer). Und weil das Achterbahnfahren vor der Kulisse des Gardasees so schön ist, existiert nur einen Kilometer weiter nördlich Richtung Lazise der nächste Freizeitpark namens **Canevaworld** mit vier verschiedene Themenbereichen (www.canevaworld.it, je nach Bereich unterschiedliche Preise ab 34 €).

Ganz entspannt geht es in Peschiera del Garda zu, wo sich der Abfluss des Gardasees befindet

Touristeninformation

› **Touristeninformation Peschiera del Garda,** Piazzale Betteloni 15, 37019 Peschiera del Garda, Tel. 0457 551673

Gastronomie

› **Agrituristica Lizzarola,** Loc. Lizzarola 3, 37019 Peschiera del Garda. Weinkeller mit angenehmer Atmosphäre

85 Camping Gasparina, Castelnuovo del Garda

GPS 45.454818, 10.701177

Campingplatz direkt neben einem Freizeitpark. Mit Zugang zum See und eigenem Swimmingpool. **Lage/Anfahrt:** Von der SS249 vor dem Gardaland links in die Via Gasparina abbiegen. **Platzanzahl:** 350; **Untergrund:** Wiese, harter Erdboden; **Sicherheit:** bewacht, beleuchtet, umzäunt; **Preiskat.:** €€€; **Geöffnet:** April–Sept.; **Kontakt:** 37014 Castelnuovo del Garda, Via Gasparina 13, Tel. 045 7550775, www.gasparina.com

86 Stellplatz Peschiera del Garda

GPS 45.439643, 10.684535

Der Stellplatz liegt mitten im Ort und rund 200 Meter vom Gardaseeufer entfernt. Die Stellflächen sind stellenweise eng und manche davon liegen direkt an einem Bahngleis mit verhältnismäßig viel Bahnverkehr. Ein kleines Sanitärgebäude ist vorhanden. **Platzanzahl:** 100; **Untergrund:** Schotter; **Sicherheit:** umzäunt, Schranke; **Preiskat.:** €€; **Kontakt:** Via Milano, 37019 Peschiera del Garda, www.areacamperpeschiera.com

87 Stellplatz Peschiera del Garda (Frassino)

GPS 45.431123, 10.675144

Großer Stellplatz, aber direkt neben der Autobahn 4 und rund einen Kilometer Fußweg ins Zentrum von Peschiera. Der Platz ist dadurch aber auch etwas

241st-mm

leerer als die seenahen Plätze. Wird gemeinsam mit Stellplatz 86 betrieben. **Lage/Anfahrt:** Am oberen Kreisverkehr, kurz vor dem innerstädtischen Stellplatz, der Beschilderung folgen. **Platzanzahl:** 80; **Untergrund:** Schotter; **Sicherheit:** umzäunt, Schrankenanlage; **Preiskat.:** €€; **Geöffnet:** ganzjährig; **Kontakt:** Via Frassino 11, 37019 Peschiera del Garda VR, Tel. 0345 230 2555, www.areacamperpeschiera.com

88 Camping dell'Uva, Peschiera del Garda

GPS 45.453162, 10.699163

Familienfreundlicher Campingplatz mit Animation, Supermarkt, Kiosk und Weinkellerei, in der hauseigener Wein angeboten wird. **Lage/Anfahrt:** Auf der SS249 Richtung Gardaland fahren und frühzeitig rechts in die Via Campello einbiegen. **Platzanzahl:** 250; **Untergrund:** harter Erdboden, Wiese; **Sicherheit:** bewacht, umzäunt, beleuchtet; **Preiskat.:** €€€; **Geöffnet:** Ende März–September; **Kontakt:** 37019 Peschiera del Garda, Tel. 045 7550403, www.campingdelluva.net

89 Camping Butterfly, Peschiera del Garda

GPS 45.443949, 10.695899

Sehr gut ausgestatteter Platz mit Animation, Freibad, Restaurant und Supermarkt, aber eher etwas für längere Aufenthalte, denn es wird erwartet, dass man in der Nebensaison mind. 7 Nächte und in der Hauptsaison mind. 14 Nächte verweilt. **Lage/Anfahrt:** Am Kreisverkehr der SS249 in Richtung Altstadt, aber nicht die Brücke überqueren, sondern geradeaus am Kai entlangfahren. **Platzanzahl:** 70; **Untergrund:** Wiese; **Sicherheit:** bewacht, beleuchtet, umzäunt; **Preiskat.:** €€€€€; **Geöffnet:** März–Okt.; **Kontakt:** 37019 Peschiera del Garda, Lungolago Garibaldi 11, Tel. 045 6401466, www.campingbutterfly.it

90 Camping Cappuccini, Peschiera del Garda

GPS 45.443196, 10.682702

Mehr ein Bungalowpark als ein Campingplatz, daher nur wenig Stellplätze. **Lage/Anfahrt:** Westlich des

242st-mm

Skulptur am Hafenbecken von Peschiera del Garda

Zentrums, erreichbar über die Via Milano. **Platzanzahl:** 65; **Untergrund:** Wiese, harter Erdboden; **Sicherheit:** bewacht, beleuchtet, umzäunt; **Preiskat.:** €€€€€; **Geöffnet:** April–Anfang Okt.; **Kontakt:** 37019 Peschiera del Garda, Via Arriga Boito 2, Tel. 045 7551592, www.camp-cappuccini.com

91 Camping Bella Italia, Peschiera del Garda

GPS 45.442908, 10.678997

Dieser Campingplatz ist eine kleine Stadt für sich und bietet vom Wickeltisch bis zur Animation sämtlichen Komfort. **Lage/Anfahrt:** Direkt an der SR11, westlich von Peschiera del Garda. **Platzanzahl:** 500; **Untergrund:** Wiese, harter Erdboden; **Sicherheit:** bewacht, beleuchtet, umzäunt; **Preiskat.:** €€€€€; **Geöffnet:** Ende März–Mitte Okt.; **Kontakt:** 37019 Peschiera del Garda, Via Bella Italia 2, Tel. 045 6400688, www.camping-bellaitalia.it

92 Camping San Benedetto, Peschiera del Garda

GPS 45.448364, 10.670423

Ebenfalls eine große Anlage mit Kinderspielplatz, Kiosk, Swimmingpool und Bar für Dauercamper und Bungalownutzer, jedoch vom Stellplatzbereich abgetrennt. Zum Strand muss lediglich die Uferpromenade überquert werden. **Lage/Anfahrt:** Westlich von Peschiera del Garda direkt an der SR11, links neben dem Camping Bella Italia. **Platzanzahl:** 145; **Untergrund:** Wiese; **Sicherheit:** bewacht, beleuchtet, umzäunt; **Preiskat.:** €€€€; **Geöffnet:** Ende März–Anfang Okt.; **Kontakt:** 37019 San Benedetto, Strada Bergamini 14, Tel. 045 7550544, www.campingsanbenedetto.it

93 Camping Bergamini, Peschiera del Garda

GPS 45.450663, 10.669956

Im Gegensatz zu den umliegenden Campingplätzen ist dies einer der einfachen und kleinen Plätze. Mit direktem Zugang zum Sandstrand, Shop und einer kleinen Bar. **Lage/Anfahrt:** Die SR11 an der Beschilderung zum Campingplatz nach rechts verlassen, kurz hinter dem Campingplatz San Benedetto. **Platzanzahl:** 125; **Untergrund:** Wiese; **Sicherheit:** bewacht, beleuchtet, umzäunt; **Preiskat.:** €€€€€; **Geöffnet:** kurz vor Ostern–Ende September; **Kontakt:** 37010 Peschiera del Garda, Loc. Porto Bergamini 51, Tel. 045 7550283, www.campingbergamini.it

94 Camping Wien, Peschiera del Garda

GPS 45.452251, 10.666679

Kleinerer Campingplatz mit zwei Schwimmbecken direkt an der Strandpromenade. Alle Campingplätze westlich der Altstadt sind über den Fuß- und Radweg auf der Promenade gut mit Peschiera del Garda verbunden. **Lage/Anfahrt:** Von der SR11 westlich von Peschiera am Kreisverkehr rechts abbiegen. **Platzanzahl:** 120; **Untergrund:** Wiese, harter Erdboden; **Sicherheit:** bewacht, beleuchtet, umzäunt; **Preiskat.:** €€€€€; **Geöffnet:** April–September; **Kontakt:** 37010 San Benedetto di Lugano Peschiera del Garda, Località Fornaci, Tel. 045 7550379, www.campingwien.it

SIRMIONE

(9 km – 34 km)

Eine Reise am südlichen Ufer des Gardasees ist zugegebenermaßen weniger spektakulär als eine Fahrt auf der Via Gardesana. Die flache Landschaft wird vom Ackerbau dominiert, während ein Stück weiter südlich die Autobahn parallel zum Ufer verläuft.

Dennoch ist auch dieser Bereich ein beliebtes Urlaubsrevier, was einerseits an den angenehmen klimatischen Bedingungen liegt, andererseits aber auch an der guten Infrastruktur, denn an der Küstenstraße zwischen den einzelnen Urlaubsorten reihen sich die Campingplätze und Hotels wie Perlen an einer Kette.

Lediglich **Sirmione** ist ein Ausreißer, zumindest was die Küstenstraße betrifft. Um die Ortschaft zu erreichen, muss man die SS11 an einem der Kreisverkehre zwischen Peschiera und Desenzano nach Norden verlassen und sich auf die immer enger werdende Landzunge begeben, die weit in den See hineinreicht.

Schöner kann eine Stadt am Gardasee kaum liegen. Rechts und links nur Wasser und nach vorn der Ausblick auf die Berge an den anderen Ufern des Lago di Garda. Zudem verfügt auch Sirmione über einen mittelalterlichen Ortskern mit engen und verwinkelten Gassen. Das Besondere daran: Man erreicht die Altstadt bei einem Spaziergang durch die **Scaligerfestung.** Die Scaliger bauten sie zusammen mit dem Hafenbecken vor rund 800 Jahren und schützten sich damit vor Eindringlingen vom Festland. Noch ein wenig älter ist die **Kirche San Pietro,** welche inmitten von Olivenbäumen steht und mit zahlreichen Decken- und Wandfresken versehen ist.

Ganz am Ende der Halbinsel gelangt man zu den **Grotten des Catull (Grotte di Catullo).** Der Name ist irreführend, denn obwohl Sirmione auch als **Thermalort** bekannt ist, handelt es sich bei diesen Grotten nicht um Höhlen, sondern um die Ruinen einer alten

Einen traumhaften Anblick bietet die Scaligerburg auf der Halbinsel Sirmione

280st©e55evu, stock.adobe.com

römischen Villa, die heute besichtigt werden können und als eine der wichtigsten archäologischen Ausgrabungsstätten in Norditalien gelten.

Eine weitere Villa befindet sich genau zwischen der Altstadt und den Grotten des Catull. Es handelt sich hier um das gelb leuchtende Wohnhaus der weltberühmten Opernsängerin **Maria Callas.** Sie lebte zusammen mit ihrem Mann fast ein Jahrzehnt lang in der Villa, bevor sie sich wegen der Affäre mit dem nicht minder berühmten Aristoteles Onassis trennte und nicht nur ihrem Mann, sondern auch dem Gardasee den Rücken kehrte. Nachteil dieser schönen Altstadt: In Sirmione übernachten alljährlich rund eineinhalb Millionen Touristen. Es wird also immer voller und daher ist mittlerweile nicht nur das Auto aus der Altstadt verbannt worden, sondern sogar das Fahrrad.

Sehenswertes

› **Rocca Scaligera (Scaligerburg),** Piazza Castello 1, 25019 Sirmione, Di–So 8.30–19.30 Uhr, Eintritt 6 €

› **Villa Romana Grotte di Catullo (Grotten des Catull),** Piazzale Orti Manara, 25019 Sirmione, April–Sept. Di–So 9–18 Uhr, sonst 9–16 Uhr, Eintritt 8 €

Touristeninformation

› **Touristeninformation Sirmione,** Viale Marconi 2, 25019 Sirmione, Tel. 030 916114

95 Camping Tiglio, Sirmione

GPS 45.457482, 10.639722

Platz mit guter Ausstattung und direktem Zugang zum See, jedoch abseits von Sirmione. **Lage/Anfahrt:** Hinter der Provinzgrenze zur Lombardei am ersten Kreisverkehr rechts. **Platzanzahl:** 168; **Untergrund:** Wiese, harter Erdboden; **Sicherheit:** bewacht, beleuchtet, umzäunt; **Preiskat.:** €€€€; **Geöffnet:** April–Sept.; **Kontakt:** 25019 Sirmione, Via Punta Grò 19, Tel. 030 9904009, www.campingtiglio.it

96 Campingplatz Sirmione

GPS 45.468408, 10.611099

Enger Campingplatz mit großem Restaurant, Supermarkt und Zugang zum See. Günstiger Ausgangspunkt für eine Stadtbesichtigung. **Lage/Anfahrt:** Im Ort rechts auf die Via Colombare abbiegen, wenig später erneut rechts der Beschilderung folgen. **Platzanzahl:** 70; **Untergrund:** Wiese, Rasengittersteine; **Sicherheit:** bewacht, beleuchtet, umzäunt; **Preiskat.:** €€€€€; **Geöffnet:** Ende März–Anfang Okt.; **Kontakt:** 25019 Colombare di Sirmione, Via Sirmioncino 9, Tel. 030 919045, www.camping-sirmione.it

Diese Säulen sind nur ein kleiner Teil der Ruinen von Catullo am Ende der Halbinsel Sirmione

97 Stellplatz Sirmione

GPS 45.460428, 10.633209

Großer, aber enger Stellplatz unter Bäumen, der nur durch eine kleine Wiese vom Seeufer getrennt ist. **Lage/ Anfahrt:** Östlich der Halbinsel von Sirmione; **Platzanzahl:** 100; **Preiskat.:** €€; **Kontakt:** Via Cantarane 16, 25019 Sirmione, https://camperparksirmione.it

98 Stellplatz Monte Baldo, Sirmione

GPS 45.486777, 10.610630

Stellplatz direkt am Ufer des Gardasees als Teil eines Großparkplatzes vor dem Scaliger-Kastell. Maximaler Aufenthalt: 48 Std. **Platzanzahl:** 22 Stellflächen auf Asphalt; **Preiskat.:** €€

99 Stellplatz Agricamper Garda

GPS 45.461667, 10.596633

Etwas abseits und ruhig gelegener Platz in angenehmer Lage. Ein Einkaufszentrum und der Gardasee sind fußläufig zu erreichen. Wer gut zu Fuß ist, kann in rund einer Stunde in die Altstadt von Sirmione gelangen (ca. 5 km entfernt). **Lage/Anfahrt:** Südlich von Sirmione der Straße nach Desenzano folgen, vor dem Kreisverkehr nach links. **Platzanzahl:** 15 parzellierte und für die Region verhältnismäßig großzügig dimensionierte Plätze; **Untergrund:** Schotter; **Sicherheit:** umzäunt, bewacht; **Preiskat.:** €€€, im Preis ist die Benutzung des Schwimmbads inklusive; **Geöffnet:** ganzjährig; **Kontakt:** Via Francesco Agello 174 - loc. Galoppini, 25015 Desenzano del Garda BS, Tel. 030 9901802, www.gardaagricamper.it

100 Camping Mabellini

GPS 45.447531, 10.585332

Moderner Minicampingplatz neben einem Biobauernhof. Man kann hier also auch leicht seinen Vorrat an gesunden Lebensmitteln auffüllen. Es gibt einen Bücherschrank, eine Hundedusche, einen Grillplatz, einen Spielplatz, einen Kräutergarten und einen Fahrradverleih. Das Ufer des Gardasees ist gerade einmal zwei Kilometer entfernt. Die Besitzer sind Südtiroler Herkunft und sprechen daher auch Deutsch. **Lage/ Anfahrt:** die SP11 zwischen Peschiera und Menasasso an der Ausfahrt Desenzano Est verlassen, rechts, im Kreisverkehr halblinks, wenig später links in die Via Mabellini; **Platzanzahl:** 30 großzügige Stellflächen; **Untergrund:** Schotter; **Sicherheit:** umzäunt, Privatgrundstück; **Preiskat.:** €€€€€; **Geöffnet:** ganzjährig; **Kontakt:** Via Mabellini 1, 25010 Rivoltella, www.camping-mabellini.com

240st-Camping Mabellini

DESENZANO DEL GARDA

(7 km – 41 km)

Desenzano del Garda ist die größte Stadt am Gardasee, das bedeutet jedoch nicht, dass man ihr einen längeren Aufenthalt widmen muss. Berühmt und beliebt ist sie vor allem bei jüngeren Reisenden, da hier das Nachtleben im Vordergrund steht. Zentraler Punkt der Ortschaft ist der Hafen mit seiner weit in den See hineinragenden Mole. Neben dem antiken Bogengang, der sich am Hafen erhebt, befindet sich eine Statue, die Angela Merici darstellt. Sie gründete in der ersten Hälfte des 16. Jahrhunderts den Ursulinenorden.

Interessant ist die wechselvolle Geschichte der Stadt, die in der näheren Umgebung mit archäologischen Ausgrabungen aufwarten kann. Giovanni Rambotti entdeckte, nur wenige Kilometer von Desenzano entfernt, Funde der sogenannten **Poladakultur.** Diese Artefakte gehörten zu einer Pfahlbausiedlung, welche bereits 2000 v. Chr. am südwestlichen Ufer des Gardasees bestand. Die seltenen und wertvollen Fundstücke können im **Rambotti-Museum** besichtigt werden.

Sehenswertes

› **Museo Archeologico Giovanni Rambotti (Archäologisches Museum),** Via T. Dal Molin 7c, 25015 Desenzano del Garda, Di, Do 9.30–13 Uhr, Fr–So 9.30–12.30 und 14.30–19 Uhr, Eintritt frei

Touristeninformation

› **Touristeninformation Desenzano del Garda,** Via Porto Vecchio 34, 25015 Desenzano del Garda, Tel. 030 9141510

› **Touristeninformation Riviera dei Castelli,** Via Trevisago 4, 25080 Riviera dei Castelli, Tel. 036 5552786, www.rivieradeilimoni.it

Mit Säulengängen und Bootshäfen wartet Desenzano del Garda auf

282st©Angela Blank, stock.adobe.com

101 Camping San Francesco, Desenzano

GPS 45.464119, 10.593718
Großer Campingplatz mit unterschiedlichen Stellplätzen, manche sind direkt am Kiesstrand, gute Ausstattung. **Lage/Anfahrt:** Am Westrand von Sirmione, von der SS11 in die Via Coorti Romane abbiegen (Kreisverkehr). **Platzanzahl:** 300; **Untergrund:** Wiese, harter Erdboden, Sand; **Sicherheit:** bewacht, beleuchtet, umzäunt; **Preiskat.:** €€€€; **Geöffnet:** April–September; **Kontakt:** 25015 Desenzano del Garda, Strada Vicinale San Francesco, Tel. 030 9110245, www.campingsanfrancesco.com

102 Stellplatz San Francesco, Desenzano

GPS 45.464119, 10.593718
Vor dem Campingplatz San Francesco kann auf dem dazugehörigen Parkplatz gegen einen Pauschalpreis genächtigt werden. **Lage/Anfahrt:** Siehe Camping San Francesco 101. **Platzanzahl:** 20; **Untergrund:** Asphalt; **Sicherheit:** unbewacht; **Preiskat.:** €€; **Geöffnet:** Mai–September; **Kontakt:** 25015 Desenzano del Garda, Strada Vicinale San Francesco, Tel. 030 9110245, www.campingsanfrancesco.com

103 Stellplatz La Spiaggia, Desenzano

GPS 45.487035, 10.521253
Wohnmobilstellplatz, lediglich durch die Straße vom Gardasee abgetrennt. Umständliches Anmeldeprozedere und von der Beschaffenheit gewöhnungsbedürftig, aber für einen Zwischenstopp ideal. **Lage/Anfahrt:** direkt an der Küstenstraße, nördlich von Desenzano; **Platzanzahl:** 50; **Untergrund:** Schotterrasen; **Sicherheit:** umzäunt, Schrankenanlage; **Preiskat.:** €€; **Geöffnet:** ganzjährig; **Kontakt:** Via Vò, 19, 25015 Desenzano del Garda, www.areacamperlaspiaggia.it

Blick auf die Dächer von Desenzano del Garda

⑩⓸ Camping La Cà, Padenghe sul Garda

GPS 45.512381, 10.524109

Campingplatz mit guter Ausstattung, einem Swimmingpool und kleiner Bar. Die Stellplätze sind teilweise sehr dicht beieinander und nur durch enge Gassen erreichbar. **Lage/Anfahrt:** In Padenghe die SP26 in Richtung Norden, genauer gesagt, in Richtung Salò benutzen. Der Platz befindet sich auf der rechten Seite. **Platzanzahl:** 150; **Untergrund:** Wiese, harter Erdboden; **Sicherheit:** bewacht, beleuchtet, umzäunt; **Preiskat.:** €€€€; **Geöffnet:** März-Oktober; **Kontakt:** 25080 Padenghe sul Garda, Via. S. Cassiano, Tel. 030 9907006, www.campinglaca.it

105 Camping Piantelle, Moniga del Garda

GPS 45.520105, 10.530139

Campingplatz mit eigenem Strand, Bootsanleger und Restaurant, freundliche Führung. **Lage/Anfahrt:** Am ersten Kreisverkehr in Moniga rechts Richtung Hafen abbiegen und sofort wieder rechts. An Friedhof und Kirche vorbei, die Rezeption liegt auf der rechten Seite. **Platzanzahl:** 150; **Untergrund:** Wiese, Erdboden; **Sicherheit:** bewacht, beleuchtet, umzäunt; **Preiskat.:** €€€-€€€€€; **Geöffnet:** April-Anfang September; **Kontakt:** 25080 Moniga del Garda, Via San Cassiano 1a, Tel. 0365 502013, www.piantelle.com

106 Camping San Michele, Moniga del Garda

GPS 45.519602, 10.532830

Ein gut ausgestatteter Platz mit Restaurant, Swimmingpool, eigenem Strand und Animation. **Lage/Anfahrt:** Am ersten Kreisverkehr in Moniga rechts Richtung Hafen abbiegen und sofort wieder rechts. An Friedhof und Kirche vorbei. Liegt direkt neben dem Camping Piantelle. **Platzanzahl:** 182; **Untergrund:** Wiese, harter Erdboden; **Sicherheit:** bewacht, beleuchtet, umzäunt; **Preiskat.:** €€-€€€€; **Geöffnet:** Mitte März-Okt.; **Kontakt:** 25080 Moniga del Garda, San Michele 8, Tel. 0365 502026, www.campingsanmichele.it

107 Camping Bruno, Moniga del Garda

GPS 45.521984, 10.535804

Ein zentral gelegener Campingplatz mit guter Ausstattung. **Lage/Anfahrt:** Am Kreisverkehr in Moniga der Beschilderung zum Hafen folgen. **Platzanzahl:** 60; **Untergrund:** Wiese, harter Erdboden; **Sicherheit:** bewacht, beleuchtet, umzäunt; **Preiskat.:** €€€-€€€€; **Geöffnet:** April-Sept.; **Kontakt:** 25080 Moniga del Garda, Via Mazzane 19, Tel. 0365 502391, www.campingbruno.it

108 Camping Porto, Moniga del Garda

GPS 45.522992, 10.541162

Kleiner Campingplatz mit einfacher Ausstattung, Bar und kleinem Shop. **Lage/Anfahrt:** In zentraler Lage direkt am Hafen, ab dem Kreisverkehr der Beschilderung zum Hafen folgen. **Platzanzahl:** 135; **Untergrund:** Wiese, harter Erdboden; **Sicherheit:** bewacht, umzäunt, beleuchtet; **Preiskat.:** €€€€; **Geöffnet:** April-Sept.; **Kontakt:** 25080 Moniga del Garda, Via del Porto 27, Tel. 0365 502324, www.campingporto.it

109 Camping Le Brede, Moniga del Garda

GPS 45.526961, 10.540374

Ein einfacher Campingplatz mit Swimmingpool und Blick auf den schönen Gardasee. **Lage/Anfahrt:** Am Kreisverkehr geradeaus bis in das Zentrum von Moniga, dann an der Ampelkreuzung rechts. Der Platz liegt neben dem Camping Fontanelle. **Platzanzahl:** 150; **Untergrund:** Wiese; **Sicherheit:** bewacht, beleuchtet, umzäunt; **Preiskat.:** €€€; **Geöffnet:** Mitte März-Mitte Oktober; **Kontakt:** 25080 Moniga del Garda, Via Magone 4, Tel. 0365 502045, www.lebrede.it

Oberhalb von Moniga del Garda thront ein Kastell

⑪⓪ Camping Fontanelle, Moniga del Garda

GPS 45.525878, 10.541833

Ein moderner Campingplatz mit zahlreichen Sportmöglichkeiten und einem breiten Strand. **Lage/Anfahrt:** Am Kreisverkehr fährt man geradeaus bis in das Zentrum von Moniga und biegt dann an der Ampelkreuzung nach rechts ab. Der Campingplatz Fontanelle liegt neben dem Campingplatz Le Brede. **Platzanzahl:** 120; **Untergrund:** Wiese; **Sicherheit:** bewacht, umzäunt, beleuchtet; **Preiskat.:** €€€€€; **Geöffnet:** Ende April–September; **Kontakt:** 25080 Moniga del Garda, Via Magone 13, Tel. 0365 502079, www.campingfontanelle.it

111 Camping Sereno, Moniga del Garda

GPS 45.529741, 10.552605

Sehr geräumige Stellplätze, teilweise mit Hecken abgetrennt, auf einem Campingplatz, der mit Restaurant, Spielplatz und Swimmingpool ausgestattet ist. **Lage/Anfahrt:** Etwas außerhalb von Moniga, ebenfalls direkt am See. Ab dem Zentrum der Beschilderung folgen. **Platzanzahl:** 275; **Untergrund:** Wiese; **Sicherheit:** bewacht, beleuchtet, umzäunt; **Preiskat.:** €€€€; **Geöffnet:** Ende März–Anfang Okt.; **Kontakt:** 25080 Moniga del Garda, Via S. Sivino 72, Tel. 0365 502080, www.campingsereno.it

112 San Giorgio Vacanze, Manerba del Garda

GPS 45.531511, 10.556167

Für die Region ungewöhnlich kleiner Platz, daher sehr ruhig. Trotzdem gute Ausstattung. **Lage/Anfahrt:** Anfahrt über Moniga, der Platz befindet sich kurz hinter dem Campingplatz Sereno. **Platzanzahl:** 50; **Untergrund:** Wiese; **Sicherheit:** bewacht, beleuchtet, umzäunt; **Preiskat.:** €€€€; **Geöffnet:** April–Mitte Sept.; **Kontakt:** 25080 Manerba del Garda, Località San Sivino, Tel. 0365 551143, www.sangiorgiovacanze.it

⑬ Camping Trevisago, Moniga del Garda

GPS 45.531350, 10.528272
Einer der wenigen Plätze, der nicht direkt am See liegt. Wegen der Hauptstraße etwas lauter. **Lage/Anfahrt:** Auf der SP26 Richtung Salò am dritten Kreisverkehr links abbiegen. **Platzanzahl:** 120; **Untergrund:** Wiese; **Sicherheit:** bewacht, beleuchtet, umzäunt; **Preiskat.:** €€€; **Geöffnet:** Ende März–Ende Dez.; **Kontakt:** 25080 Moniga del Garda, Via Prato Negro 7, Tel. 0365 502252, www.trevisago.com

114 Camping Zocco, Manerba del Garda

GPS 45.539511, 10.556059
Moderner Campingplatz mit guter Ausstattung und zahlreichen Sportmöglichkeiten. **Lage/Anfahrt:** Südlich von Manerba, am Kreisverkehr in Manerba der Via San Martino und anschließend der Beschilderung folgen. **Platzanzahl:** 210; **Untergrund:** Wiese; **Sicherheit:** bewacht, beleuchtet, umzäunt; **Preiskat.:** €€€; **Geöffnet:** April–Mitte Sept.; **Kontakt:** 25080 Manerba del Garda, Via del Zocco, Tel. 0365 551605, www.campingzocco.it

115 Camping Il Faro, Manerba del Garda

GPS 45.562855, 10.552518
Geräumige Stellplätze, Swimmingpool, gute Ausstattung, ruhige Anlage. **Lage/Anfahrt:** Vom Zentrum Manerbas über die Via Panoramica Richtung Pieve Vecchia. Nach 1,5 km rechts in die Via della Repubblica. **Platzanzahl:** 100; **Untergrund:** Wiese; **Sicherheit:** bewacht, beleuchtet, umzäunt; **Preiskat.:** €€€; **Geöffnet:** Mitte April–Mitte September; **Kontakt:** 25080 Manerba del Garda, Via Repubblica 52, Tel. 0365 651704, www.campingilfaro.it

116 Camping Rolli, Manerba del Garda

GPS 45.561014, 10.552025
Kinderfreundlicher Campingplatz mit guter Ausstattung. **Lage/Anfahrt:** Anfahrt wie bei Camping Il Faro, die Campingplätze liegen nebeneinander. **Platzanzahl:** 50; **Untergrund:** Wiese; **Sicherheit:** bewacht, umzäunt, beleuchtet; **Preiskat.:** €€€; **Geöffnet:** Mitte April–Sept.; **Kontakt:** 25080 Manerba del Garda, Via dell'Edera 18, Tel. 0365 651353, www.camping rolli.it

117 Camping Baia Verde, Manerba del Garda

GPS 45.561600, 10.552347
Großer, moderner Platz, Supermarkt, Swimmingpools, Animation, Haustiere erlaubt. Etwas vom Gardasee entfernt. **Lage/Anfahrt:** Anfahrt wie Camping Il Faro, dann rechts in die Via dell'Edera. **Platzanzahl:** 120; **Untergrund:** Wiese; **Versorgung:** Strom, Trinkwasser, Abwasser, Chemie-WC, WLAN, Hunde erlaubt; **Sicherheit:** bewacht, umzäunt, beleuchtet; **Preiskat.:** €€€–€€€€€; **Geöffnet:** April–Okt.; **Kontakt:** 25080 Manerba del Garda, Via dell'Edera 19, Tel. 0365 651753, www.campingbaiaverde.com

118 Camping Garden Tourist, Manerba del Garda

GPS 45.563403, 10.552690
Camping mit schattigen, geräumigen Stellplätzen und moderner Ausstattung. **Lage/Anfahrt:** Anfahrt wie bei Camping Il Faro. **Platzanzahl:** 120; **Untergrund:** Wiese; **Sicherheit:** beleuchtet, bewacht, umzäunt; **Preiskat.:** €€€; **Geöffnet:** April–Sept.; **Kontakt:** 25080 Manerba del Garda, Via Repubblica 85, Tel. 0365 651428, www.gardentourist.it

119 Camping Belvedere, Manerba del Garda

GPS 45.562351, 10.564535
Am südlichen Ufer der Manerba-Bucht, Swimmingpool und eigener Bootsanleger vorhanden. **Lage/Anfahrt:** In Manerba der Beschilderung Richtung Lido folgen. Dort rechts vom Hafen auf die kleine Landzunge. **Platzanzahl:** 140; **Untergrund:** Wiese, harter Erdboden; **Sicherheit:** bewacht, umzäunt, beleuchtet; **Preiskat.:**

284st©yrabota, stock.adobe.com

€€-€€€€; **Geöffnet:** April-Anfang Okt.; **Kontakt:** 25080 Manerba del Garda, Via Cavalle 5, Tel. 0365 551175, www.camping-belvedere.it

120 Camping La Rocca, Manerba del Garda

GPS 45.563238, 10.566831

Moderner, komfortabler Campingplatz mit zwei Stränden, terrassenförmig angelegte Stellplätze. **Lage/Anfahrt:** Anfahrt wie bei Camping Belvedere, etwas weiter auf der Landzunge gelegen. **Platzanzahl:** 200; **Untergrund:** Wiese; **Sicherheit:** bewacht, beleuchtet, umzäunt; **Preiskat.:** €€€-€€€€€; **Geöffnet:** April-Anfang Oktober; **Kontakt:** 25080 Manerba del Garda, Via Cavalle 22, Tel. 0365 551738, www.laroccacamp.it

Auch in Manerba del Garda kann man direkt bis zum Ufer spazieren

121 Camping San Biagio, Manerba del Garda

GPS 45.565131, 10.568998

Sehr schöne Lage am Ende der Halbinsel mit Blick auf kleine vorgelagerte Insel. **Lage/Anfahrt:** Anfahrt wie bei Camping Belvedere, ganz am Ende der Halbinsel. **Platzanzahl:** 130; **Untergrund:** Wiese; **Sicherheit:** bewacht, umzäunt; **Preiskat.:** €€€€€; **Geöffnet:** April-Sept.; **Kontakt:** 25080 Manerba del Garda, Via Cavalle 19, Tel. 0365 551046, www.sanbiagio.de

122 Camping Rio Ferienglück, Manerba del Garda

GPS 45.562336, 10.558665

Ein moderner Campingplatz, gute Ausstattung. **Lage/Anfahrt:** In Manerba nördlich Richtung Lido. Hinter dem Kreisverkehr in die Via del Rio. **Platzanzahl:** 100; **Untergrund:** Wiese; **Sicherheit:** bewacht,

Sozialrepublik Italien

Zwischen 640 und 647 Tagen – darüber streiten Historiker – existierte auf europäischem Boden ein Staat, den es vorher nicht und nachher nicht mehr gab. Seine Hauptstadt war das kleine Örtchen Salò (s. S. 170) am Gardasee mit seinen heute rund 10.000 Einwohnern. Die Rede ist von der Sozialrepublik Italien (Repubblica Sociale Italiana, kurz auch RSI), die am 23. September 1943 gegründet wurde und in den letzten Tagen des Zweiten Weltkriegs aufhörte zu existieren. Staatschef war Benito Mussolini, der als Führer des faschistischen Italiens abgesetzt und zunächst interniert worden war. Hitler-Deutschland befreite ihn jedoch und setzte ihn als Staatschef der Sozialrepublik Italien in Norditalien wieder ein, nachdem die Wehrmacht diesen Teil des Landes besetzte. Die erste Amtshandlung des Staates war die Kriegserklärung an Rom, wo König Viktor Emanuel III. den südlichen Abschnitt der Halbinsel regierte.

Nach der Konvention von Montevideo aus dem Jahr 1933 wird ein Staat als Subjekt des internationalen Rechts definiert, der vier Eigenschaften besitzen sollte: eine ständige Bevölkerung, ein definiertes Staatsgebiet, eine Regierung und die Fähigkeit außenpolitische Beziehungen zu anderen Staaten zu führen. Die Sozialrepublik galt damit als zweiter faschistischer Staat auf dem Boden Italiens und wurde nicht nur von verbündeten Staaten, wie zum Beispiel von Nazi-Deutschland, Ungarn oder Bulgarien, sondern auch von neutralen Staaten wie der Schweiz anerkannt. Zudem waren sämtliche Merkmale vorhanden, die man einem Staat allgemein zuschreiben würde: Polizeiwesen, Postwesen mit eigenen Briefmarken, eine Nationalhymne, ein internationales Kfz-Kennzeichen (RSI) und eine Nationalflagge. Diese bestand aus der bekannten italienischen Trikolore, in der ein die Flügel schwingender Adler eingesetzt wurde.

Der auch als Republik von Salò bezeichnete Staat hörte allerdings spätestens mit der Kapitulation Deutschlands auf zu existieren. Historiker sprechen vereinzelt auch von den letzten Apriltagen des Jahres 1945.

beleuchtet, umzäunt; **Preiskat.:** €€€; **Geöffnet:** April-Sept.; **Kontakt:** 25080 Manerba del Garda, Via del Rio 37, Tel. 0365 551450, www.campingrioferiengluck.com

123 Villenpark Sanghen, Manerba del Garda

GPS 45.571312, 10.545604

Der Villenpark Sanghen ist ein kleiner Campingplatz mit Swimmingpool, Animation und großem Bungalowpark. **Lage/Anfahrt:** Am Kreisverkehr auf der Hauptstraße nach Salò halbrechts halten und dann der Beschilderung nach Sanghen folgen. **Platzanzahl:** 75; **Untergrund:** harter Erdboden, Wiese; **Sicherheit:** bewacht, beleuchtet, umzäunt; **Preiskat.:** €€€€; **Geöffnet:** Mitte Mai-Ende Sept.; **Kontakt:** 25080 Manerba del Garda, Via Catullo 56, Tel. 0365 5531, www.villenparksanghen.com

124 Camping Romantica, Manerba del Garda

GPS 45.566708, 10.550029

Großer Platz mit breitem Strand, komfortable Ausstattung. **Lage/Anfahrt:** Von Manerba nach Pieve Vecchia, von dort Beschilderung folgen. **Platzanzahl:** 230; **Untergrund:** Wiese; **Sicherheit:** bewacht, beleuchtet, umzäunt; **Preiskat.:** €€€€€; **Geöffnet:** Mitte April-Sept.; **Kontakt:** 25080 Manerba del Garda, Via Verdi 17, Tel. 0365 651668, www.campingromantica.com

125 Camping Silvella, San Felice del Benaco

GPS 45.575059, 10.546231

Großer Platz mit engen, teilweise schattigen Stellplätzen, die bis an den Kiesstrand reichen. **Lage/**

Anfahrt: Anfahrt wie bei Campingplatz Villenpark Sanghen, Camping Silvella liegt wenige Meter dahinter. **Platzanzahl:** 345; **Untergrund:** Wiese, harter Erdboden, Schotter; **Sicherheit:** beleuchtet, bewacht, umzäunt; **Preiskat.:** €€€-€€€€€; **Geöffnet:** Ende April-Sept.;**Kontakt:** 25010 San Felice del Benaco, Via Silvella 10, Tel. 0365 651095, www.europasilvella.it

126 Camping La Gardiola, San Felice del Benaco

GPS 45.574877, 10.551362

Nur wenige Stellflächen zwischen einigen Bäumen, da es sich mehr um einen größeren Bungalowpark handelt. **Lage/Anfahrt:** Anfahrt wie beim Campingplatz Villenpark Sanghen 123, auf Beschilderung achten. **Platzanzahl:** 20; **Untergrund:** Wiese; **Sicherheit:** beleuchtet, umzäunt, bewacht; **Preiskat.:** €€€€; **Geöffnet:** April-Okt.; **Kontakt:** 25010 San Felice del Benaco, Via Gardiola 36, Tel. 0365 559240, www.campinglagardiola.com

127 Camping Molino, San Felice del Benaco

GPS 45.578694, 10.554965

Hübsch neben einer kleinen, alten Wassermühle gelegen. **Lage/Anfahrt:** Von San Felice der Beschilderung nach Süden folgen. **Platzanzahl:** 75; **Untergrund:** Wiese; **Sicherheit:** bewacht, beleuchtet, umzäunt; **Preiskat.:** €€€-€€€€€; **Geöffnet:** Ende März-Anfang Okt.; **Kontakt:** 25010 San Felice del Benaco, Via Gardiola 1, Tel. 0365 62023, www.campingmolino.it

128 Camping Fornella, San Felice del Benaco

GPS 45.584762, 10.566046

Familiär geführter Campingplatz, trotz der Größe kann man aber ein ruhiges Plätzchen auf der Anlage finden. **Lage/Anfahrt:** Bereits ab dem Kreisverkehr in Manerba ausgeschildert. Am Ende geht es rechts in ein kleines Wäldchen. **Platzanzahl:** 300; **Untergrund:** Wiese; **Sicherheit:** bewacht, beleuchtet, umzäunt; **Preiskat.:** €€€-€€€€€; **Geöffnet:** Ende April-September; **Kontakt:** 25010 San Felice del Benaco, Via Fornella 1, Tel. 0365 62294, www.fornella.it

129 Camping Mos, San Felice del Benaco

GPS 45.583936, 10.564256

Campingplatz mit guter Ausstattung wie Swimmingpool und Restaurant. An einer kleinen Bucht gelegen. **Lage/Anfahrt:** Anfahrt wie bei Camping Fornella 128, beide Plätze sind benachbart. **Platzanzahl:** 55; **Untergrund:** Wiese; **Sicherheit:** bewacht, beleuchtet, umzäunt; **Preiskat.:** €€-€€€; **Geöffnet:** April-Sept.; **Kontakt:** 25010 San Felice del Benaco, Via Fornella 7, Tel. 0365 62391, www.gardacampingmos.it

130 Camping Eden, San Felice del Benaco

GPS 45.599597, 10.549343

Familienfreundlicher Campingplatz mit Bar, Restaurant, Supermarkt und Zugang zum See. **Lage/Anfahrt:** In San Felice Richtung Portese, vor dem dortigen Hafen links abbiegen. **Platzanzahl:** 170; **Untergrund:** Wiese; **Sicherheit:** bewacht; **Preiskat.:** €€€-€€€€€; **Geöffnet:** Mitte April-Sept.; **Kontakt:** 25010 San Felice del Benaco, Via Preone 45, Tel. 0365 62093, www.camping-eden.it

131 Camping Weekend, San Felice del Benaco

GPS 45.596360, 10.533859

Terrassenförmige Campingplätze, etwas oberhalb des Gardasees. Modern und gut ausgestattet. **Lage/Anfahrt:** Von San Felice Richtung Cisano, gut ausgeschildert. **Platzanzahl:** 60; **Untergrund:** Wiese, harter Erdboden; **Sicherheit:** bewacht, von Hecke umgeben, beleuchtet; **Preiskat.:** €€€€€; **Geöffnet:** Mitte April-Ende Sept.; **Kontakt:** 25010 San Felice del Benaco, Via Vallone Della Selva 2, Tel. 0365 43712, www.weekend.it

SALÒ

(20 km – 61 km)

Nach dem südlichsten Punkt des Gardasees erreicht man mit Salò nun auch den **westlichsten Punkt.** Gleichzeitig nimmt die unmittelbare Umgebung von Salò auch wieder an Höhe zu, da man sich langsam wieder den Alpen nähert. Die Landschaft zwischen Desenzano und Salò ist hingegen eher unspektakulär und wartet mit zahlreichen Campingplätzen auf.

Die Ortschaft selbst ist bekannt für ihre schöne und lange **Promenade** mit Blick auf den Monte Baldo, der sich am gegenüberliegenden Ufer erhebt. Beim Flanieren über die Promenade kann man zahlreiche **kleine Paläste** und **schöne Hausfassaden** betrachten. Sehenswert ist aber auch der **Dom,** der sich hinter einer schlichten Backsteinarchitektur verbirgt und mit seinem dreidimensional wirkenden Mosaik einen interessanten und vor allem sehenswerten Fußboden vorzuweisen hat.

Salò ist ein Ausgangspunkt für Schiffsfahrten auf dem Gardasee

Touristeninformation

- **Touristeninformation Salò,** Piazza Sant Antonio, 25087 Salò, Tel. 036 521423

Ab Salò besteht zudem die Möglichkeit, den Gardasee zu verlassen und im „Landesinneren" etwas **nach Norden** zu gelangen. Diese Möglichkeit mutet zunächst merkwürdig an, da man dann die spektakuläre **Gardesana Occidentale** verpasst, doch sollte auch berücksichtigt werden, dass diese besonders in der Hauptsaison stark befahren ist. So besteht mit der Fahrt über die SS237 die schöne Alternative, die ursprüngliche Lombardei kennenzulernen. Dabei reist man durch ein wunderschönes, zerklüftetes Tal, in dem sich der **Lago d'Idro (Idrosee)** befindet. Bei der Wassertemperatur kann es der Idrosee locker mit dem Gardasee aufnehmen. Beide können eine Temperatur bis zu 25 °C erreichen. An seinem Südufer erhebt sich die kleine und noch völlig urtümliche Ortschaft **Pieve Vecchia,** bei der sich zugleich der Abfluss des Sees in den Fluss Chiese befindet. Am Westufer des Sees verläuft die Straße weiter nach Norden bis **Ca Rossa,** wo man auf die SS240 abbiegt und im weiteren Verlauf den **Lago di Ledro (Ledrosee)** passiert.

Picknickplatz

35 Idrosee, GPS 45.740019, 10.465653

Der Ledrosee ist nicht mehr weit vom Gardasee entfernt und unter anderem durch einen schönen Radweg mit Riva del Garda verbunden. Berühmt wurde der Ledrosee durch archäologische Ausgrabungen in den 1920er-Jahren. Man entdeckte bei einer Absenkung des Sees durch den Anschluss an ein Wasserkraftwerk Pfähle, die in den Seegrund gerammt waren. Die Untersuchungen konnten jedoch erst nach Ende des Zweiten Weltkrieges vollständig durchgeführt werden und ergaben, dass es sich um Überreste von Pfahlbauten handelt, die bereits vor über 3500 Jahren errichtet wurden.

Wenig später erreicht man über die SS240 die Ortschaft **Riva del Garda** (s. S. 174) am Nordufer des Gardasees. Allerdings sollte man sich bewusst sein, dass man auf diesem Weg auf kleineren Straßen unterwegs ist und einige enge Serpentinen meistern muss.

132 Stellplatz Bagolino, Idrosee

GPS 45.810309, 10.524964

Zweigeteilter Stellplatz, auf dem man die Toiletten der angeschlossenen Bar nutzen kann. Am Nordufer des Idrosees mit Blick aufs Wasser. Beliebter Spot für Kitesurfer. **Lage/Anfahrt:** Auf der SS237 bis zum nördlichen Ende des Sees bei Ponte Caffaro. Dort auf die Via dell'Ocla bis zum See; **Platzanzahl:** 20; **Untergrund:** Schotter; **Sicherheit:** Schranke; **Preiskat.:** €€; **Geöffnet:** ganzjährig; **Kontakt:** 25072 Bagolino BS, Via dei Quadri Terza 6, Tel. 348 8608267

GARDONE RIVIERA

(4 km – 65 km)

Wenn man sich nicht für die Strecke am Lago d'Idro entschieden hat, fährt man auf der Hauptroute von Salò über die SS45bis bis zum kleinen **Gardone Riviera,** das man wahrscheinlich schnell passieren würde, würde sich nicht leicht erhöht am Hang eines der interessantesten Museen Italiens befinden. Auf dem ehemaligen Grundstück des italienischen Schriftstellers **Gabriele D'Annunzio** liegt die **Vittoriale degli italiani.** Dabei handelt es sich um eine Gedächtnisstätte, die der Schriftsteller selbst errichten ließ und die aus mehreren Gebäuden, Wegen, Gärten und sogar einem Schiff besteht. Im Hauptgebäude können die Privaträume und Arbeitszimmer von D'Annunzio besichtigt werden, während auf einer nahe gelegenen Anhöhe das Mausoleum mit seinem Sarkophag steht. Doch der außergewöhnlichste Bereich des Komplexes ist ein Kriegsschiff, das der Schriftsteller 1923 von der italienischen Marine geschenkt bekam und zwei Jahre später inmitten eines Wäldchens auf einem schmalen Berggrat aufgestellt wurde.

Nicht zum Museumskomplex gehörig, aber mindestens genauso besuchenswert ist der **Botanische Garten,** der mit über 2000 Pflanzen vom Naturforscher Arthur Hruska angelegt wurde. Heute hat der österreichische Aktionskünstler André Heller einen seiner Wohnsitze in der dazugehörigen Villa.

Sehenswertes

- **Vittoriale degli italiani,** 25083 Gardone Riviera, Via Vittoriale 12, Öffnungszeiten und Preise abhängig davon, welche Einrichtungen man besichtigen möchte, Kernöffnungszeit: 9–17 Uhr, Eintritt 12–18 €
- **Hellergarden (Botanischer Garten v. André Heller),** Via Roma, 25083 Gardone Riviera, www.hellergarden.com, März–Okt. 9–17 Uhr, Eintritt 12 €

Touristeninformation

- **Touristeninformation Gardone Riviera,** Corso Repubblica 8, 25083 Gardone Riviera, Tel. 036 520347

GARDESANA OCCIDENTALE

(42 km – 107 km)

Die Gardesana Occidentale ist die **westliche Uferstraße des Gardasees** und beginnt eigentlich schon bei Salò, doch der spektakulärste Abschnitt bis zur Ortschaft Riva del Garda befindet sich erst hinter Toscolana-Maderno. Die Straße wurde in den 1930er-Jahren fertiggestellt und gilt bis heute noch als eine der **Traumstraßen Europas.** Doch man muss ehrlich sein: Eine Fahrt mit andauerndem Gegenverkehr durch viele dunkle Tunnel und Galerien, die nur selten einen Blick auf den See zulässt, kann auch anstrengend und wenig attraktiv sein.

In jüngerer Zeit wurde die Straße auch dadurch bekannt, dass sie im James-Bond-Streifen „Ein Quantum Trost“ Kulisse für eine Verfolgungsjagd wurde. Konzipiert wurde die Straße aber natürlich nicht der Schönheit wegen, sondern zum Zwecke der Verbindung der einzelnen Ortschaften, die sich am Westufer des Sees befinden.

TOSCOLANO-MADERNO

Toscolano-Maderno ist auf dem Weg nach Norden der erste Ort, auf den man trifft. Der Städtename verrät bereits, aus welchen beiden Siedlungen die Ortschaft im Jahre 1928 entstanden ist. Bis dahin waren die beiden Dörfer durch den Fluss Toscolano getrennt gewesen. Es lohnt sich auf jeden Fall, am Ufer des Flüsschens auf dem **Wanderweg** in das enge Tal hineinzugehen. Toscolana-Maderno war in früheren Zeiten bekannt für die Herstellung von Papier. In der kleinen **Schlucht** des Flusses sind noch heute mehrere Papiermühlen und Einrichtungen zur Papierherstellung zu sehen.

Touristeninformation

› **Touristeninformation Toscolano-Maderno,** Via Saverdoti 1, 25088 Toscolano-Maderno, Tel. 036 5546083

133 Camping Promontorio, Toscolano-Maderno

GPS 45.633879, 10.612554

Großer Campingplatz mit verhältnismäßig kleinem Strand, unmittelbar an der kleinen Flussmündung. **Lage/Anfahrt:** Die Beschilderung in Toscolano ist nicht zu übersehen. **Platzanzahl:** 280; **Untergrund:** Wiese; **Sicherheit:** bewacht, beleuchtet, umzäunt; **Preiskat.:** €€€; **Geöffnet:** ganzjährig; **Kontakt:** 25088 Toscolano Maderno, Via Promontorio 73, Tel. 0365 643055, www.campingpromontorio.it

134 Campeggio Toscolano, Toscolano-Maderno

GPS 45.636952, 10.611656

Teilweise sehr schön innerhalb einer ehemaligen Klosteranlage gelegen, nur wenige Meter bis in das Zentrum von Toscolano-Maderno. **Lage/Anfahrt:** Die Beschilderung in Toscolano ist nicht zu übersehen, es ist jedoch eine Durchfahrt durch enge Gassen erforderlich. **Platzanzahl:** 130; **Untergrund:** Wiese; **Sicherheit:** bewacht, beleuchtet, umzäunt; **Preiskat.:** €€€; **Geöffnet:** April–Oktober; **Kontakt:** 25088 Toscolano-Maderno, Via Religione 88, Tel. 0365 641584, www.hghotels.com

In Toscolano-Maderno hat man die Wahl zwischen See und Alpengipfel

286st©AnnaReinert, stock.adobe.com

135 Campeggio Chiaro di Luna, Toscolano-Maderno

GPS 45.662064, 10.643320

Kleiner und einfacher, aber freundlicher Campingplatz unterhalb eines kleinen Hangs. Kiesstrand mit angrenzender Felsküste. **Lage/Anfahrt:** Nördlich des Ortsteils Cecina, auf der rechten Seite der Uferstraße. **Platzanzahl:** 60; **Untergrund:** Wiese; **Sicherheit:** bewacht, beleuchtet, umzäunt; **Preiskat.:** €€€; **Geöffnet:** Ostern–Sept.; **Kontakt:** 25088 Toscolano Maderno, Via Statale 218, Tel. 0365 641179, www.chiarodiluna.org

136 Camping Lefà, Toscolano-Maderno

GPS 45.667985, 10.650175

Kleiner Campingplatz mit einfacher Ausstattung unterhalb der lauten Straße. **Lage/Anfahrt:** Wenige Hundert Meter hinter dem Campingplatz Chiaro di Luna, enge und steile Zufahrt. **Platzanzahl:** 45; **Untergrund:** Wiese; **Sicherheit:** bewacht, umzäunt; **Preiskat.:** €€€; **Geöffnet:** ganzjährig; **Kontakt:** 25088 Toscolano Maderno, Via Statale 205, Tel. 0365 643165, www.campinglefa.it

GARGNANO

Nur ein kurzes Stück ist es auf der Gardesana Occidentale bis Gargnano. Auf der rechten Seite befindet sich zunächst das **Kloster San Francesco,** von dem leider nicht mehr viel zu sehen ist. Lediglich der schöne Kreuzgang hat die Jahrhunderte seit dem Bau im 13. Jahrhundert durch Franz von Assisi überstanden. Am Nordrand von Gargnano befindet sich in einer kleinen Bucht die lachsfarbene **Villa Feltrinelli.** Der Name stammt von der Familie Feltrinelli, bei der es sich um eine Industriellenfamilie aus dem Bereich der Papierindustrie handelte. Während der letzten beiden Jahre des Zweiten Weltkriegs zog Benito Mussolini in das herrschaftliche Gebäude ein, heute ist in dem Haus ein Hotel untergebracht.

Nur wenige Parkplätze säumen den weiteren Weg auf der Gardesana Occidentale und bieten zwischen den einzelnen Galerien die Möglichkeit für einen Fotostopp. Allerdings muss man hierfür etwas Glück haben, da die meisten Stellmöglichkeiten entweder schon besetzt oder zu klein für große Wohnmobile sind.

287st©SusaZoom, stock.adobe.com

Touristeninformation

- **Tourismusverband Gardasee,** Via Oliva 32, 25084 Gargnano, Tel. 0365 791172, www.visitgarda.com

137 Camping Paradiso, Gargnano

GPS 45.706629, 10.683564

Kleiner Platz am Hang mit steilen Wegen innerhalb des Geländes. Manche der Stellplätze haben dafür aber einen tollen Ausblick auf den See. **Lage/Anfahrt:** Hinter dem nördlichen Ortsausgang von Gargnano der Serpentinenstraße nach Muslone folgen, dort ist der Platz ausgeschildert. **Platzanzahl:** 57; **Untergrund:** harter Erdboden, Wiese; **Sicherheit:** bewacht, beleuchtet, umzäunt; **Preiskat.:** €€€; **Geöffnet:** April–Sept.; **Kontakt:** 25084 Gargnano, Via Muslone 48, Tel. 0365 71223, www.paradisogarda.it

LIMONE SUL GARDA

Eng schmiegt sich **Limone sul Garda** an die Hänge des Westufers und wirbt mit der jahrhundertealten Tradition des **Zitronenanbaus.** Lediglich die Parkplatzsituation in der Stadt ist prekär und verleitet zur schnellen Weiterfahrt. Das wäre jedoch schade, da man dann das sehenswerte Zitronengewächshaus sowie die kleine und verwinkelte Altstadt verpassen würde. Auch die San-Benedetto-Kirche mit mehreren marmornen Altären aus dem 17. und 18. Jh. ist einen Besuch wert.

138 Camping Nanzel, Limone sul Garda

GPS 45.800765, 10.785166

Kleiner Campingplatz am Fuße der Hügelkette und schön in einer schmalen Bucht, allerdings auch unterhalb der viel befahrenen Gardesana Occidentale. **Lage/Anfahrt:** Hinter einer Rechtskurve der Gardesana Occidentale direkt am Ortseingang auf der rechten Seite. **Platzanzahl:** 60; **Untergrund:** Wiese; **Sicherheit:** bewacht, beleuchtet, umzäunt; **Preiskat.:** €€€; **Geöffnet:** April–Okt.; **Kontakt:** 25010 Limone sul Garda, Via 4 Novembre 10, Tel. 0365 954155, www.campingnanzel.it

RIVA DEL GARDA

Gegen Ende der Gardesana Occidentale erblickt man schon das letzte zu besichtigende Städtchen am Gardasee, Riva del Garda. Wahrzeichen der Stadt ist der **Torre Apponale (Apponaleturm).** Mit dem Bau des Turms wurde im 13. Jahrhundert begonnen und er war Teil der einstigen Stadtbefestigung. Durch die Via Antonio Gazzoletti sind es von hier nur wenige Schritte bis zur nahegelegenen **Wasserburg** der Scaliger. In ihr ist heute das **Stadtmuseum** untergebracht.

Von Riva führte während der Wende zum 19. Jh. eine schmale Straße in das Ledrotal, in dem sich der gleichnamige See befindet. Diese ehemalige Straße **(Strada Ponale),** auf der früher auch Autos verkehrten, ist heute ein Tipp für Mountainbiker. Sie verläuft südlich von Riva oberhalb der Gardesana Occidentale und bietet einen wunderbaren Ausblick auf den See. Wer ein geeignetes Fahrrad dabei hat, sollte auf diesen Ausflug nicht verzichten.

Sehenswertes

- **Museo della Carta (Papiermuseum),** Valle delle Cartiere, 25088 Toscolano-Maderno, www.valledellecartiere.it, März–Mai Sa/So 14–18 Uhr, Juni–Sept. tägl. 10–18 Uhr, Eintritt 7 €
- **La Limonaia del Castèl (Zitronengewächshaus),** Via Castello, 25010 Limone sul Garda, April–Okt. tgl. 10–18 Uhr, sonst So 13–16 Uhr, Eintritt 2 €
- **Museo Riva del Garda (Stadtmuseum),** Piazza C. Battisti 3a, 38066 Riva del Garda, Mo–Do 8.30–12.30 und 14–17 Uhr, Fr. 8.30–12 Uhr, Eintritt 5 €
- **Torre Apponale,** Turmbesteigung Mo–Do 8.30–12.30 Uhr und 14–17 Uhr, Fr 8.30–12 Uhr, Preis 2 €

Touristeninformation

- **Touristeninformation Riva del Garda,** Largo Medaglie d'Oro al V.M. 5, 38066 Riva del Garda, Tel. 0464 554444, www.gardatrentino.it

139 Camping Al Lago, Riva del Garda

GPS 45.879351, 10.856316

Kleiner und enger Campingplatz neben dem kleinen Hafen am Ortsrand unterhalb des Monte Brione. Der Platz ist Teil einer Hotelanlage. **Lage/Anfahrt:** In Riva del Garda auf der SS240 Richtung Torbole, hinter dem großen weißen Hotel Oasi und dem Camping Bavaria sofort rechts in die Einfahrt. **Platzanzahl:** 65; **Untergrund:** Wiese; **Sicherheit:** bewacht, beleuchtet, umzäunt; **Preiskat.:** €€€; **Geöffnet:** Mitte April–Ende Okt.; **Kontakt:** 38066 Riva del Garda, Viale Rovereto, Tel. 0464 553186, www.campingallago.com

288st©Jo Graetz, stock.adobe.com

So leer ist die Uferstraße Gardesana Occidentale – hier mit Blick auf Limone – leider fast nie

Von der Terrazza del Brivido hat man einen imposanten Blick auf die Uferstraße

140 Camping Bavaria, Riva del Garda

GPS 45.880135, 10.856044

Kleiner und etwas lauter Campingplatz mit normaler Ausstattung. **Lage/Anfahrt:** In Riva del Garda auf der SS240 Richtung Torbole, kurz vor dem Ortsausgang rechts. Auf das Hinweisschild achten. **Platzanzahl:** 75; **Untergrund:** Wiese, harter Erdboden; **Sicherheit:** bewacht, beleuchtet, umzäunt; **Preiskat.:** €€€; **Geöffnet:** Apr.-Okt.; **Kontakt:** 38066 Riva del Garda, Viale Rovereto, Tel. 0464 552524, www.bavarianet.it

141 Camping Brione, Riva del Garda

GPS 45.881375, 10.861912

Direkt unterhalb des Monte Brione gelegen, gut ausgestattet, nicht am Seeufer. **Lage/Anfahrt:** Am Hafen hinter den beiden anderen Campingplätzen links in die Via Brione, der Platz liegt wenig später auf der rechten Seite. **Platzanzahl:** 70; **Untergrund:** Wiese; **Sicherheit:** bewacht, beleuchtet, umzäunt; **Preiskat.:** €€€-€€€€€; **Geöffnet:** Ende März-Mitte Okt.; **Kontakt:** 38066 Riva del Garda, Via Brione 32, Tel. 0464 520885, www.campingbrione.com

142 Stellplatz Riva del Garda

GPS 45.879634, 10.858865

Der beliebte Stellplatz mit sehr engen Stellflächen liegt nur wenige Meter vom Hafen entfernt. **Lage/Anfahrt:** Am Hafen hinter den beiden anderen Campingplätzen links in die Via Brione. Der Stellplatz befindet sich nach dem Abbiegen an der ersten Kreuzung links, noch vor dem Sportplatz. **Platzanzahl:** 40; **Untergrund:** Asphalt; **Sicherheit:** keine; **Preiskat.:** €; **Geöffnet:** ganzjährig; **Kontakt:** 38066 Riva del Garda, Via Brione

177st-mm

ROUTE 7

AM BRENTAGEBIRGE VORBEI BIS IN DEN VINSCHGAU

277st©feinefotos, stock.adobe.com

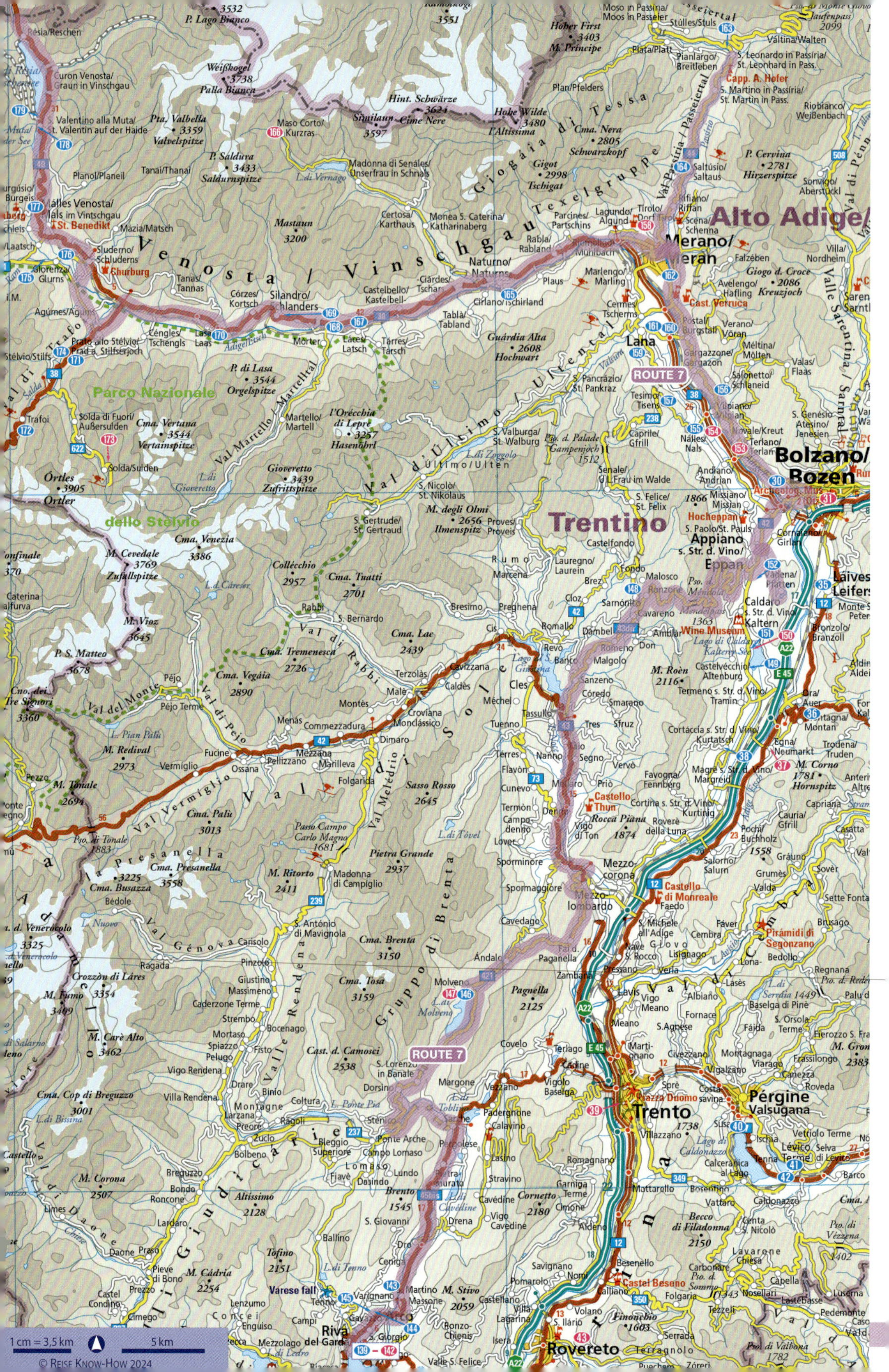
Alto Adige
Trentino
Merano/Meran
Bolzano/Bozen
Trento
Rovereto
Riva del Garda
Arco
Pergine Valsugana
Lana
Appiano/Eppan
Caldaro/Kaltern
Cles
Malè
Mezzocorona
Mezzolombardo
Laives/Leifers
Levico
Silandro/Schlanders
Naturno/Naturns
Venosta/Vinschgau
Val di Sole
Val di Non
Val d'Ultimo/Ultental
Gruppo di Brenta
Giudicarie
Parco Nazionale dello Stelvio
Texelgruppe
Ortles/Ortler 3905
M. Cevedale 3769
Cma. Presanella 3558
Cma. Tosa 3159
Cma. Brenta 3150
M. Stivo 2059
Passo Campo Carlo Magno 1681
Pso. di Tonale 1883
Madonna di Campiglio
ROUTE 7
Castello di Monreale
Piramidi di Segonzano
Wine Museum
Churburg
Cast. Verruca
Castello Thun
Castel Beseno
Varone fall
Archeolog. Mus.
Cast. d. Camosci 2538
1 cm = 3,5 km
5 km
© Reise Know-How 2024

295st-mm

ROUTENÜBERSICHT

KLETTERN IM BRENTAGEBIRGE, FLANIEREN IN MERAN UND WANDERN AM STILFSERJOCH

Im Sarcatal sieht man die Folgen eines jahrtausendealten Bergsturzes und hat die Möglichkeit, in der Umgebung seine Klettererfahrung unter Beweis zu stellen. Wer nur Wandern möchte, der ist wenig später im Brentagebirge gut aufgehoben. Zu Fuß verfolgt man auch die Spuren von Kaiserin Elisabeth, die einige Zeit in Meran verbrachte und im Schloss Trauttmansdorff lebte. Ihr zu Ehren wurde in der mondänen Stadt Meran eine Marmorstatue errichtet. Das Rohmaterial für dieses Denkmal stammt aus dem Vinschgau, dem letzten Tal, das man auf dieser Reise erreicht, sofern man nicht noch einen Abstecher zum Stilfserjoch einplant, wo im dortigen Nationalpark ausgiebig gewandert werden kann. Zum Abschluss der Reise trifft man endlich auf die Quelle des Flusses, der sich wie ein roter Faden durch fast alle Routen zieht.

Strecke:
Riva del Garda (s. S. 174) – **Arco** (6 km, s. S. 180) – **Brentagebirge/Molveno** (80 km, s. S. 181) – **Kaltern an der Weinstraße** (Caldaro sulla Strada del Vino, 40 km, s. S. 183) – **Eppan an der Weinstraße** (Appiano sulla Strada del Vino, 6 km, s. S. 185) – **Terlan** (Terlano, 12 km, s. S. 187) – **Meran** (Merano, 22 km, s. S. 189) – **Abstecher ins Passeiertal nach St. Leonhard** (hin und zurück 42 km, s. S. 195) – **Naturns** (Naturno, 15 km, s. S. 197) – **Schlanders und Laas** (Silandro und Lasa, 19 km, s. S. 199) – **Prad am Stilfserjoch** (Prato allo Stelvio, 16 km, s. S. 201) – **Graun im Vinschgau** (Curon Venosta, 29 km, s. S. 205)

Streckenlänge:
ohne Abstecher: ca. 245 km
mit Abstecher: ca. 287 km

◁ S. 177: Vor grandioser Bergkulisse breitet sich das Tal der Weinstraße aus (s. S. 183)

△ Einfach mal anhalten und den Vinschgau genießen

ARCO

(6 km – 6 km)

Von Riva del Garda könnte man auf der SS240 in wenigen Minuten nach Torbole fahren und schließlich wieder durch das Etschtal nach Norden. Doch um nicht die gleiche Strecke zurückzufahren, empfiehlt sich die ebenfalls landschaftlich attraktive Route durch das Brentagebirge. Dafür bleibt man zunächst im weiten Tal nördlich von Riva auf der SS45bis.

Arco ist die letzte Ortschaft, von der aus man den Gardasee sehen kann. Allerdings muss man hierfür bereits die Felsspitze besteigen, die sich am Nordrand der Stadt befindet und auf der sich eine **Burgruine** erhebt. Mehrere kleine Wanderwege führen von der Altstadt hinauf auf die Felsnadel. In den 1980er-Jahren fanden archäologische Ausgrabungen auf dem Gelände der Burg statt, die davor langsam verfiel. Erbaut wurde sie vermutlich schon vor 1000 Jahren und wechselte seitdem oftmals in erbitterten Kämpfen den Besitzer.

Die letzte Schlacht, bei der die Burg die heute sichtbaren Schäden erlitt, fand zu Beginn des 18. Jahrhunderts statt. Seitdem wurde sie nicht mehr als Verteidigungsfeste genutzt.

Touristeninformation

› **Touristeninformation Arco,** Viale delle Palme 1, 38062 Arco, Tel. 0464 532255, www.gardatrentino.it

⊡ *Blick auf das Brentagebirge*

Gastronomie

› **Ristorante Alla Lega,** Via Vergolano 8, 38062 Arco, www.ristoranteallalega.com. Lokale Spezialitäten, teilweise scharf gewürzt, in rustikaler Atmosphäre

143 Camping Arco, Arco

GPS 45.927252, 10.891998

Schöner Campingplatz, teilweise mit schattigen Plätzen am Fuß der steilen Felswand mit Blick auf die Burg. Die Nutzung der Kletterwand ist im Preis inkl. **Lage/Anfahrt:** Am Ufer des Flusses Sarca. Den Fluss nicht überqueren, sondern am Parkplatz geradeaus weiter. **Platzanzahl:** 242; **Untergrund:** Wiese; **Sicherheit:** beleuchtet, bewacht, umzäunt; **Preiskat.:** €€€; **Geöffnet:** Ende März–Anf. Nov.; **Kontakt:** 38062 Arco, Loc. Prabi, Tel. 0464 517491, www.arcoturistica.com

144 Camping Arcosole

GPS 45.911946, 10.866739

Einer von zwei kleinen Höfen, die gleich nebeneinander inmitten von Weinbergen liegen. Mit eigenem Außenpool. **Lage/Anfahrt:** Von der SS45bis am Einkaufszentrum nach links in die Via della Croseta fahren. Der Platz liegt nach wenigen Augenblicken auf der rechten Seite; **Platzanzahl:** 19; **Untergrund:** Rasen; **Sicherheit**: umzäuntes Privatgelände; **Preiskat.:** €€€€; **Geöffnet:** ganzjährig; **Kontakt:** 38062 Arco, Via della Crosetta 20, Tel. 339 5245961, www.arcosole.com

145 Arco Bed and Camping

GPS 45.912201, 10.866151

Zweiter Campingplatz in den Weinbergen. Mit Pool. **Lage/Anfahrt:** Gleich hinter dem Camping Arcosole 144, selbe Anfahrt; **Platzanzahl:** 19; **Untergrund:** Rasen; **Sicherheit:** umzäuntes Privatgelände; **Preiskat.:** €€€€; **Geöffnet:** ganzjährig; **Kontakt:** 38062 Arco TN, Via della Croseta 22, Tel. 327 6637960, www.arcobedandcamping.it

BRENTAGEBIRGE/ MOLVENO

(80 km – 86 km)

Nördlich von Arco gelangt man auf der SS-45bis zu den beiden kleinen Ortschaften **Dro** und **Drena,** wovon letztere nicht direkt am Wegesrand liegt, aber einen Besuch wert ist. Um von Dro nach Drena zu gelangen, muss man zuvor eine Serpentinenstraße passieren, die sich am Rande eines riesigen Geröllfeldes entlangschlängelt. Diese Steinwüste, die an eine Mondlandschaft erinnert, ist das Resultat eines plötzlichen Bergsturzes, bei dem vermutlich eine Million Kubikmeter Fels in das Sarcatal stürzten. Doch keine Sorge, dieses Ereignis dürfte mehrere Tausend Jahre zurückliegen, ein genaues Datum konnte bisher allerdings nicht erforscht werden. Heute ist **Marocche di Dro,** wie das Geröllfeld heißt, ein geschütztes Biotop.

Schon vor Beginn der Serpentinen ist auf einem Hügel das **Schloss Drena** zu erkennen, welches der Graf von Arco im ausgehenden 12. Jahrhundert erbauen ließ. Es kann nur im Rahmen einer Führung besichtigt werden. Das Schloss wurde 2018 in Mitleidenschaft gezogen, als es tagelange Regenfälle gab, die dazu führten, dass rund 300 m² der Befestigungsmauer wegrutschten und die Mauer einstürzte. Ein Verein zur Erhaltung des Schlosses bemüht sich um Spenden, um die Mauer wieder instandsetzen zu können.

Sehenswertes

› **Schloss Drena,** Juli und Aug. Di–So 10–19 Uhr, März–Juni und Sept. Di–So 10–18 Uhr, Okt. Di–So 10–17 Uhr, Nov., Dez. und Febr. nur Sa und So 10–17 Uhr, sonst geschlossen, Eintritt 4 €

Durch das Geröllfeld verläuft eine schmale Straße, die zum **Lago di Cavedine** führt, einem See, der durch den erwähnten Felssturz entstand.

An kleinen Stromschnellen oberhalb des romantischen Sees verläuft die Straße durch das Sarcatal, das bei Kletterern für zahlreiche Klettersteige bekannt ist, bis zur Ortschaft **Sarche.** Dort trifft der schmale Weg zwischen Weinfeldern an einem Kreisverkehr wieder auf die SS45bis. Bevor man in Sarche

275st©Berg Andrey, stock.adobe.com

nach links auf die SS237 abbiegt, sollte man noch der Verlängerung der Gardesana Occidentale, also der SS45bis, ein kleines Stück folgen. Auf der rechten Seite liegt der malerische **Toblinosee,** der als Blickfang auf einer schmalen Halbinsel das **Schloss Toblino** vorweisen kann. Das Castello di Toblino wurde in etwa zur gleichen Zeit wie Schloss Drena erbaut, eine Besichtigung ist jedoch nur den Gästen des darin befindlichen Restaurants vorbehalten.

Die Passstraße SS237 führt von Sarche nach Westen, wo sie bei **Villa Banale** auf die SS421 trifft. Auf dem kurzen Stück, das mit steil ansteigenden Serpentinen beginnt, sollte man unbedingt einen kurzen Stopp auf einem der Parkplätze einlegen und den Wanderwegen in die Schlucht auf der rechten Seite folgen. Senkrecht abfallende Felswände wechseln sich mit ausgewaschenen, glatten Steinen ab und gelegentlich sieht man alte Römerbrücken, die die beiden steilen Talwände miteinander verbinden. Besonders für Kletterer ist diese **Sarcaschlucht,** als Teil des gesamten Tals, ein beliebtes Revier.

Zwischen Villa Banale und dem nächstgrößeren Ort liegt **Dorsino,** ein sehr schöner Ausgangspunkt für eine Wanderung in die höher gelegenen Bereiche der **Brentagruppe.** Auf dem Wanderweg 325 geht es durch das immer schmalere Ambieztal (Val d'Ambiez) bis zur **Agostinihütte (Rifugio Agostini)** auf 2410 m Höhe. Für den Aufstieg, bei dem über 1500 Höhenmeter bewältigt werden, sollten rund viereinhalb Stunden eingeplant werden. Am Ende befindet man sich immer noch 700 m unterhalb des höchsten Brentagipfels, hat aber zur Belohnung einen Blick auf das wunderbare Panorama, das den Dolomiten in nichts nachsteht, aber touristisch weit weniger erschlossen ist.

Touristeninformation

› **Touristeninformation San Lorenzo in Banale,** Casa del Parco „C'era una Volta", 38078 San Lorenzo in Banale, Tel. 0465 734040, nur in der Saison geöffnet

Bei der Fahrt entlang des Brentamassivs erreicht man an der gleichnamigen Ortschaft den 4 km langen **Molvenosee.** Molveno befindet sich herrlich gelegen am östlichen Fuß des Brentagebirges und bietet einige Wanderwege, die an kleineren Wasserfällen vorbeiführen. Eine besondere Sehenswürdigkeit hat das Städtchen zwar nicht zu bieten, doch allein schon die Lage in dem engen Tal macht es zu einem beliebten Reiseziel.

Touristeninformation

› **Touristeninformation Molveno,** Piazza Marconi 5, 38018 Molveno, www.visitdolomitipaganella.it und www.molveno.it, Tel. 0461 586924, Öffnungszeiten: Mo–Sa 9–12.30 Uhr und 15.30–19 Uhr, So 9.30–12.30 Uhr

Gastronomie

› **Restaurant Bucaneve,** 38018 Molveno, Via Garibaldi 32. Wild und Trentiner Küche

146 Camping Spiaggia, Molveno

GPS 46.138051, 10.957854

Sehr schön gelegener Platz am Ufer des Molvenosees, gute Ausstattung. **Lage/Anfahrt:** In Molveno links über die schmale Brücke, der Straße bis zum Ende folgen. **Platzanzahl:** 264; **Untergrund:** Wiese; **Sicherheit:** bewacht, beleuchtet, umzäunt; **Preiskat.:** €€€€€; **Geöffnet:** ganzjährig; **Kontakt:** 38018 Molveno, Via Lungolago 27, Tel. 0461 586978, www.camping molveno.it

147 Stellplatz Camping Spiaggia, Molveno

GPS 46.138051, 10.957854

Stellplatz beim Campingplatz, Ticket an der Schranke. Wenn der Platz voll ist, darf man auf Parkplatz vor Sporthalle nebenan übernachten. **Lage/Anfahrt:** In Molveno links über die schmale Brücke, der Straße bis zum Ende folgen. **Platzanzahl:** 52; **Untergrund:** Asphalt; **Sicherheit:** beleuchtet, beschrankt, nicht bewacht; **Preiskat.:** €€€; **Geöffnet:** Oktober–Juni, nicht in der Hauptsaison; **Kontakt:** 38018 Molveno, Via Lungolago 27, Tel. 0461 586978, www.camping molveno.it

Zur Überquerung des folgenden Santelpasses fährt man zunächst weiter auf der SS421, die ab **Andalo** die Bezeichnung SP64 trägt. Von dem Pass kann man die herrliche Aussicht auf das Etschtal genießen. Die Erhebung auf der rechten Seite ist das 2100 m hohe Bergmassiv Paganella, von dessen Gipfel aus der Blick bis zurück zum Lago di Garda reicht.

Über Serpentinen geht es hinab zur SS43 und auf dieser Straße links bis zur **Rocettaschlucht,** die das Etschtal vom folgenden **Valle di Non (Nonstal)** trennt. Mit dem Nonstal verlässt man das Brentamassiv, aber nicht ohne vorher noch einen Blick auf den **Santa-Giustina-See** geworfen zu haben. Dieser unterscheidet sich von anderen Seen der Region durch die spektakuläre Staumauer am südlichen Seeufer. Sie ist verhältnismäßig schmal, da dass Flusstal ohnehin schon eng ist, aber dafür rund 150 m hoch. Diese Ausmaße geben der Staumauer ein ungewöhnliches Aussehen.

◁ *Der Molvenosee wird herrlich von den Südausläufern der Alpen eingerahmt*

Touristeninformation

› **Tourismusverband Fondo,** Via Roma 21, 38013 Fondo, Tel. 0463 830133, www.visitvaldinon.it

KALTERN AN DER WEINSTRASSE (CALDARO SULLA STRADA DEL VINO)

(40 km – 126 km)

Über den **Mendelpass (Passo Mendola)** erreicht man nicht nur das Überetsch, sondern auch wieder Südtirol und somit also den deutschsprachigen Bereich Italiens. Am Ende der Serpentinenstraße muss man nun nach rechts auf die SP14 abbiegen.

Kaltern an der Weinstraße (Caldaro sulla Strada del Vino), auch gerne als **Kaltern am See** bezeichnet, liegt ungefähr auf der Hälfte der Südtiroler Weinstraße. Wie bereits in den Ortschaften weiter südlich, findet sich auch in Kaltern ein Weinmuseum. In den Gewölben eines alten Weinkellers werden anhand von Arbeitsmaterialien die Tradition des Wein-

baus und die früheren Arbeitsweisen auf den Feldern gezeigt.

Wenige Kilometer südlich des Hauptortes befindet sich der als Ausflugsziel beliebte **Kalterer See.** Das südliche Ufer des Sees ist stark verschilft, während im Norden die Möglichkeit besteht, ein Tretboot zu leihen. Empfehlenswert ist aber auch ein Spaziergang oder eine Radtour rund um den See. Letztere kann auch mit einem Tagesausflug nach Bozen (Bolzano, s. S. 90) kombiniert werden. Kaltern war bis 1974 durch eine Schmalspurbahn mit der Landeshauptstadt verbunden. Nach der Einstellung des Bahnverkehrs verfiel die Trasse zunächst, wurde aber inzwischen zu einem beliebten, rund 15 km langen **Radweg** ausgebaut, der die Zentren der beiden Städte miteinander verbindet.

Sehenswertes

› **Südtiroler Weinmuseum,** Goldgasse 1, 39052 Kaltern an der Weinstraße, www.weinmuseum.it, Apr.–Nov. Di–Sa 10–17 Uhr, So 10–12 Uhr, Eintritt 6 €

Touristeninformation

› **Tourismusverein Kaltern am See,** Marktplatz 8, 39052 Kaltern an der Weinstraße, Tel. 0471 963169, www.kaltern.com

148 Campingpark Baita Dolomiti, Sarnonico

GPS 46.421197, 11.140888

Abseits gelegener Campingplatz mit Swimmingpool, modern ausgestattet, kinderfreundlich. **Lage/Anfahrt:** In Cavareno der SS43dir nach links folgen. Der Platz befindet sich auf der linken Seite. **Platzanzahl:** 150; **Untergrund:** Wiese; **Sicherheit:** bewacht, beleuchtet; **Preiskat.:** €€€–€€€€; **Geöffnet:** Juni–Sept.; **Kontakt:** 38013 Sarnonico/Fondo, Via C. Battisti 18c, Tel. 0463 830109, www.baita-dolomiti.it

149 Camping St. Josef am Kalterer See, Kaltern an der Weinstraße

GPS 46.372361, 11.251944

Parzellierte Stellplätze mit Restaurant, Supermarkt und eigenem Bootssteg am südlichen Ufer des Kalterer Sees. **Lage/Anfahrt:** Zwischen Weinfeldern am Ufer des Kalterer Sees, Zufahrt über die SP14 von Auer bzw. Tramin in nördliche Richtung. Enge Zufahrt auf der

Der Kalterer See bietet auch die Möglichkeit zum Tretbootfahren

rechten Seite. **Platzanzahl:** 120; **Untergrund:** Wiese, harter Erdboden; **Sicherheit:** bewacht, beleuchtet; **Preiskat.:** €€€€; **Geöffnet:** Ende März–Anfang November; **Kontakt:** 39052 St. Josef am Kalterer See, Weinstraße 75, Tel. 0471 960170, www.camping-kalterersee.com

150 Wohnmobilstellplatz Kalterer See

GPS 46.383271, 11.257139

Zum Teil enger Stellplatz ohne Seeblick, aber für eine Zwischenübernachtung gut gelegen. **Lage/Anfahrt:** Gleich neben dem Camping Gretl 151 in Seenähe, aber nicht direkt am Ufer. Zufahrt wie zum Freibad und zum Camping Gretl 151; **Platzanzahl:** 35; **Untergrund:** Schotter; **Sicherheit:** umzäunt, beleuchtet, Schranke; **Preiskat.:** €€€; **Geöffnet:** März–Mitte November; **Kontakt:** 39052 Kaltern, St. Josef am See 18a, www.caravanpark-kalterersee.it

EPPAN AN DER WEINSTRASSE (APPIANO SULLA STRADA DEL VINO)

(6 km – 132 km)

Kaltern verlässt man wieder auf der SP14. Auf dem weiteren Weg nach Norden trifft man auf der Südtiroler Weinstraße zunächst wieder auf die SS42 und kurz darauf auf die kleine Stadt Eppan, die aus mehreren kleinen Fraktionen besteht, wie die Ortsteile in Südtirol heißen.

Der interessanteste Ortsteil, Missian (Missiano), befindet sich am Nordrand am Übergang zwischen dem Überetsch und dem Etschtal und am Fuße des Mendelkamms. Etwas oberhalb von Eppan-Missian beginnt der sogenannte **Dreiburgen-Wanderweg.**

151 Camping Gretl am See, Kaltern an der Weinstraße

GPS 46.383353, 11.256866

Campingplatz mit angrenzendem Supermarkt und Restaurant. Der Eintritt in das benachbarte Freibad ist bei Übernachtung auf dem Platz kostenlos. Direkter Zugang zum Kalterer See und eigene Liegewiese. Vor dem Campingplatz gibt es einen Stellplatz (€). **Lage/Anfahrt:** Auf der SP14 in nördliche Richtung und auf die Beschilderung achten, die hinter einer Kurve nach rechts zeigt. Dieser folgen und anschließend an den Parkplätzen des Freibades vorbei. **Platzanzahl:** 220; **Untergrund:** Wiese; **Sicherheit:** bewacht, beleuchtet, umzäunt; **Preiskat.:** €€€€; **Geöffnet:** Ende März–Nov.; **Kontakt:** 39052 St. Josef am Kalterer See, St. Josef am Kalterer See 18, Tel. 0471 960244, www.camping-gretl.it

243st-Camping Gretl am See

Bei einer Gehzeit von rund drei Stunden erreicht man zunächst **Schloss Korb** mit seinem romanischen Wohnturm, wenig später die **Burgruine Boymont** mit herrlicher Aussicht auf das Etschtal und abschließend **Schloss Hocheppan** mit seinem außergewöhnlichen, fünfeckigen Burgturm. Auf dem Schlossgelände von Hocheppan befindet sich die Burgkapelle, die durch ihre sehr gut erhaltenen Fresken den Beinamen Sixtinische Kapelle der Alpen erhielt.

Sehenswertes

› **Burg Hocheppan,** Hocheppanerweg 16, 39050 Eppan (St. Pauls-Missian), Ostern–Nov. Do–Di 10–18 Uhr, Eintritt frei (Kapelle nur im Rahmen einer Führung zu besichtigen: 7 €)

Touristeninformation

› **Tourismusverein Eppan-Raiffeisen,** Bahnhofstr. 7, 39057 Eppan an der Weinstraße, Tel. 0471 662206, www.eppan.com

152 Camping Montiggl

GPS 46.439667, 11.281871

Der große und komplett von Wald umgebene Campingplatz hat unterschiedlich große Parzellen zu bieten, die entsprechend verschiedene Preise haben und mit Hecken voneinander abgetrennt sind. Der Platz erinnert fast mehr an einen modernen Wohnmobilstellplatz. Vor der Anlage gibt es noch einen unter dem Begriff „Camperstop“ geführten Wohnmobilstellplatz mit deutlich engeren Parzellen. Zum Campingplatz gehört auch noch ein Restaurant.

Lage/Anfahrt: Südwestlich von Bozen. Auf dem Weg von Bozen nach Kaltern die SS42 bei St. Michael verlassen und über die Montiggler Straße hinauf in den Wald zum Platz; **Platzanzahl:** 80; **Untergrund:** Schotter; **Sicherheit:** Schrankenanlage; **Preiskat.:** €€–€€€; **Geöffnet:** Mitte März–Anfang Nov.; **Kontakt:** Montiggler Str. 62/A, 39057 Eppan an der Weinstraße, Tel. 0471 662320, www.campingmontiggl.com

Südtiroler Legenden

Als märchenhaft schön kann man Südtirol sicherlich bezeichnen, aber der Begriff Märchenland wäre dann doch etwas übertrieben – oder doch nicht? Zahlreiche Legenden und Erzählungen stammen aus den Tälern der Region, von denen einige bereits vor vierhundert Jahren schriftlich festgehalten wurden. Bei einer Reise durch Südtirol begegnet man verschiedenen Seen, Burgen oder Dörfern, um die sich Legenden ranken, und so ist es nicht ganz zufällig, dass einer der zehn Dolomiten-Höhenwanderwege als „Weg der Legenden und Sagen“ bezeichnet wird. Er führt über 185 km von Brixen nach Feltre und beinhaltet auch eine Gletscherbegehung.

Viele Legenden sind ladinischen Ursprungs. So kennen die Ladiner z. B. die sogenannten Anguana. Hierbei handelt es sich um ein feenähnliches Wesen, das man der Legende nach an Seen und Flüssen treffen kann.

Eine Aufzählung sämtlicher Sagen würde hier den Rahmen sprengen, aber es gibt viele Bücher, die sich nur mit den sogenannten Dolomiter Sagen befassen. Allein das Pustertal kennt rund neunzig verschiedene Erzählungen, die unter anderem von Schätzen in der Haslacher Klause oder auch den drei Seligen aus dem Mühlbach berichten. Die bekannteste Legende dürfte aber König Laurins Rosengarten sein, eine von über 200 Sagen aus Meran und Umgebung. Diese handelt vom Zwergenkönig Laurin, der seinen eigenen Rosengarten mit den Worten verwünscht, er solle für niemanden mehr sichtbar sein. Doch dabei machte ihm die Dämmerung einen Strich durch die Rechnung: Auch heute noch wird nämlich manche Felsformation – übrigens auch in anderen Gebirgen außerhalb der Alpen – als Rosengarten bezeichnet, wenn im Abendlicht der Berg rot zu glühen scheint.

TERLAN (TERLANO)

(12 km - 144 km)

Über die SS42 gelangt man in nördliche Richtung im Bozener Westen zur Schnellstraße SS38. Dabei überquert man auch die sogenannte MeBo. Hierbei handelt es sich um eine vierspurige Schnellstraße, die zur Entlastung der SS38 gebaut wurde. Trotz ihrer Ähnlichkeit mit einer Autobahn ist sie kostenlos. Selbstverständlich kann auch die MeBo genutzt werden, um Terlan zu erreichen. Schon bei der nächsten Abfahrt muss die vierspurige Straße wieder verlassen werden. Mit der Ankunft in Terlan hat man nach langer Zeit auch wieder die Etsch überquert, die man zuletzt bei Rovereto gesehen hat.

Schon von Weitem ist die Ortschaft mit dem hohen Kirchturm im flachen Etschtal erkennbar. Kein Wunder, gehört der Turm doch zu den höchsten in Südtirol. Sehenswert ist die gotische Kirche aus dem 14. Jh. aufgrund ihres **bunt dekorierten Ziegeldachs,** aber auch ein Blick ins Innere lohnt, wo der Chorraum mit Fresken der sogenannten „Bozner Schule" ausgestattet wurde. Nicht mehr zu sehen, ist, dass der Kirchturm gegen Ende des 19. Jh. so stark geneigt war, dass nur noch der Rückbau ein Umstürzen des Turmes verhindern konnte. Zehn Jahre dauerte es, bis der gesamte Turm abgetragen und mit den originalen Sandsteinquadern wieder aufgebaut wurde.

Einen schönen Blick auf Terlan und auf die Kirche hat man von der **Ruine Neuhaus** aus, auch **Maultasch** genannt. Sie befindet sich oberhalb des Kreisverkehrs am südlichen Ortsausgang und ist über einen Wanderweg ab dem Parkplatz am Hochseilgarten zwischen dem Kreisverkehr und dem Ortseingang von Terlan in ungefähr 30 Minuten zu erreichen.

Ursprünglich bestand die Ruine aus zwei Burgen, von denen nur noch die obere aus dem 13. Jahrhundert erhalten geblieben ist. Die untere stand ungefähr an der Stelle des heutigen Kreisverkehrs und diente dort als Straßensperre.

Touristeninformation

› **Tourismusverein Terlan,** Dr.-Weiser-Platz 2, 39018 Terlan, Tel. 0471 257165, www.terlan.info

153 Wohnmobilstellplatz Terlan

GPS 46.525333, 11.2513

2023 neu errichteter, moderner Stellplatz bei einem Winzer. Der Bahnhof mit Anschluss nach Meran und Bozen ist nur fünf Minuten Fußweg entfernt. **Lage/Anfahrt:** Zwischen Bozen und Meran. Die SS38 zwischen den beiden Städten an der Ausfahrt Terlan verlassen und den Fluss überqueren. Am ersten Kreisverkehr an der dritten Ausfahrt (links) direkt zum Platz; **Platzanzahl:** 20; **Untergrund:** Schotter; **Sicherheit:** Schrankenanlage; **Preiskat.:** €€€; **Geöffnet:** ganzjährig; **Kontakt:** Niederthorstraße, 10, 39018 Terlano, Tel. 338 9210855

154 Wohnmobilstellplatz Pircher, Nals

GPS 46.564318, 11.205501

Umgeben von zahlreichen Obstplantagen kann man auf dem Grundstück eines Landwirts unterkommen. Außer einer ruhigen Nacht wird hier nichts geboten, doch wer eine Zwischenübernachtung benötigt, findet hier genau das Richtige. Ein kleiner Hofladen befindet sich in fußläufiger Nähe. **Lage/Anfahrt:** Zwischen Bozen und Meran. Die SS38 an der Ausfahrt Vilpian/Nals verlassen und nicht über den Fluss fahren, sondern in die andere Richtung. Gegenüber der Tankstelle am Kreisverkehr rechts und dann durch die Plantagen bis zum Stellplatz; **Platzanzahl:** 20; **Untergrund:** Schotter; **Preiskat.:** €€; **Geöffnet:** ganzjährig; **Kontakt:** 39010 Nals, Tel. 338 1758118

155 Camping zum guten Tropfen, Nals

GPS 46.545344, 11.201398

Dieser kleine Campingplatz ist zwar sehr einfach, aber er bietet viel Ruhe. Der Name ist Programm, denn der Platz liegt umgeben von zahlreichen Weinbergen am Ortsrand. **Lage/Anfahrt:** Die Schnellstraße nach Nalles (Nals) verlassen und im Dorf in Richtung Schernag rechts abbiegen. **Platzanzahl:** 15; **Untergrund:** Wiese, harter Erdboden; **Sicherheit:** bewacht, beleuchtet; **Preiskat.:** €€€; **Geöffnet:** April–Oktober; **Kontakt:** 39010 Nals, Mühlgasse 14, Tel. 0471 678046, www.camping-nals.com

156 Camping Ganthaler, Vilpian

GPS 46.567712, 11.223006

Kleiner kinderfreundlicher Platz mit Pizzeria, der sich terrassenartig an den Talhang schmiegt. Leider hört man die SS38 deutlich, nachts ist allerdings wenig Verkehr. **Lage/Anfahrt:** Auf der SS38 nördlich von Vilpian, auf der rechten Seite. **Platzanzahl:** 30; **Untergrund:** Waldboden, harter Erdboden, Wiese; **Sicherheit:** bewacht, umzäunt, beleuchtet; **Preiskat.:** €€€; **Geöffnet:** März–Oktober; **Kontakt:** 39018 Vilpian, Meraner Str. 50, Tel. 0471 678716, www.campingganthaler.com

Markantes Gebäude am Fluss: das Meraner Kurhaus

157 Natur Caravanpark Tisens

GPS 46.562047, 11.177131

Moderner Campingplatz mit gutem Sanitärgebäude und Abwasseranschlüssen an jeder Parzelle. **Lage/Anfahrt:** Die Anfahrt von Süden ist etwas umständlich, da man erst Richtung Meran fahren muss. Bei Meran-Süd die Schnellstraße verlassen und in Lana der SS238 folgen bis bei Narano die Ausschilderung nach Tisens und zum Campingplatz beginnt. **Platzanzahl:** 75; **Untergrund:** Wiese; **Sicherheit:** bewacht, umzäunt, beleuchtet; **Preiskat.:** €€€€; **Geöffnet:** ganzjährig; **Kontakt:** 39010 Tisens bei Lana, Schwimmbadstr. 39, Tel. 0473 927131, www.naturcaravanpark-tisens.com

244st-Natur Caravanpark Tisens

MERAN (MERANO)

(22 km – 166 km)

Die letzte größere Stadt auf der Reise befindet sich am Zusammenschluss dreier Täler. Das **Passeiertal** im Nordosten und der aus Westen kommende **Vinschgau** münden bei Meran in das südlich gelegene **Etschtal.** Die einfachste Anreise findet über die Schnellstraße SS38 statt. An der Ausfahrt Meran verlässt man sie und am Ende der Straße hält man sich links und folgt der Beschilderung ins Zentrum.

Meran ist nach Bozen die zweitgrößte Stadt Südtirols, bietet aber deutlich bessere Parkmöglichkeiten. Am Ende der Europaallee im Westen der Stadt befindet sich direkt am Bahnhof ein Parkplatz, der außerhalb der Marktzeiten oftmals sogar zum Übernachten genutzt wird. Durch die vielen Grünflächen im Stadtzentrum ist die ruhige Atmosphäre eines Kurortes sofort deutlich zu spüren. Doch ihren Aufstieg zur **Kurstadt** hat Meran unter anderem auch Kaiserin „Sissi" (Elisabeth von Österreich) zu verdanken, die in den 1870er-Jahren mehrfach länger in Meran verweilte und allein durch ihre Anwesenheit für die Stadt warb. Heute hat sich das Bild der Stadt geringfügig gewandelt. Die meisten Übernachtungen auswärtiger Gäste finden in den umliegenden Dörfern statt, doch auch die leben alle immer noch vom Ruf des mondänen Kurortes Meran.

Durchzogen wird die Stadt vom Fluss **Passer,** der am Westrand Merans in die Etsch mündet. Das linke, südliche Flussufer besteht überwiegend aus der Sommerpromenade, einer Grünanlage, an deren Ende die sitzende **Kaiserin Elisabeth** in Form eines Denkmals verewigt wurde. Auf dem gegenüberliegenden Ufer erstreckt sich die **Winterpromenade** mit ihrer langen und nach Süden offenen Wandelhalle. Beide Promenaden sind flussaufwärts unterhalb der Zenoburg mit der Steinernen Brücke verbunden.

Flussabwärts mündet die Winterpromenade in die Kurpromenade, wo sich selbstverständlich das einstige **Kurhaus** befindet. Mit der Kuppel und der Jugendstilfassade ist das

Meran, Zentrum

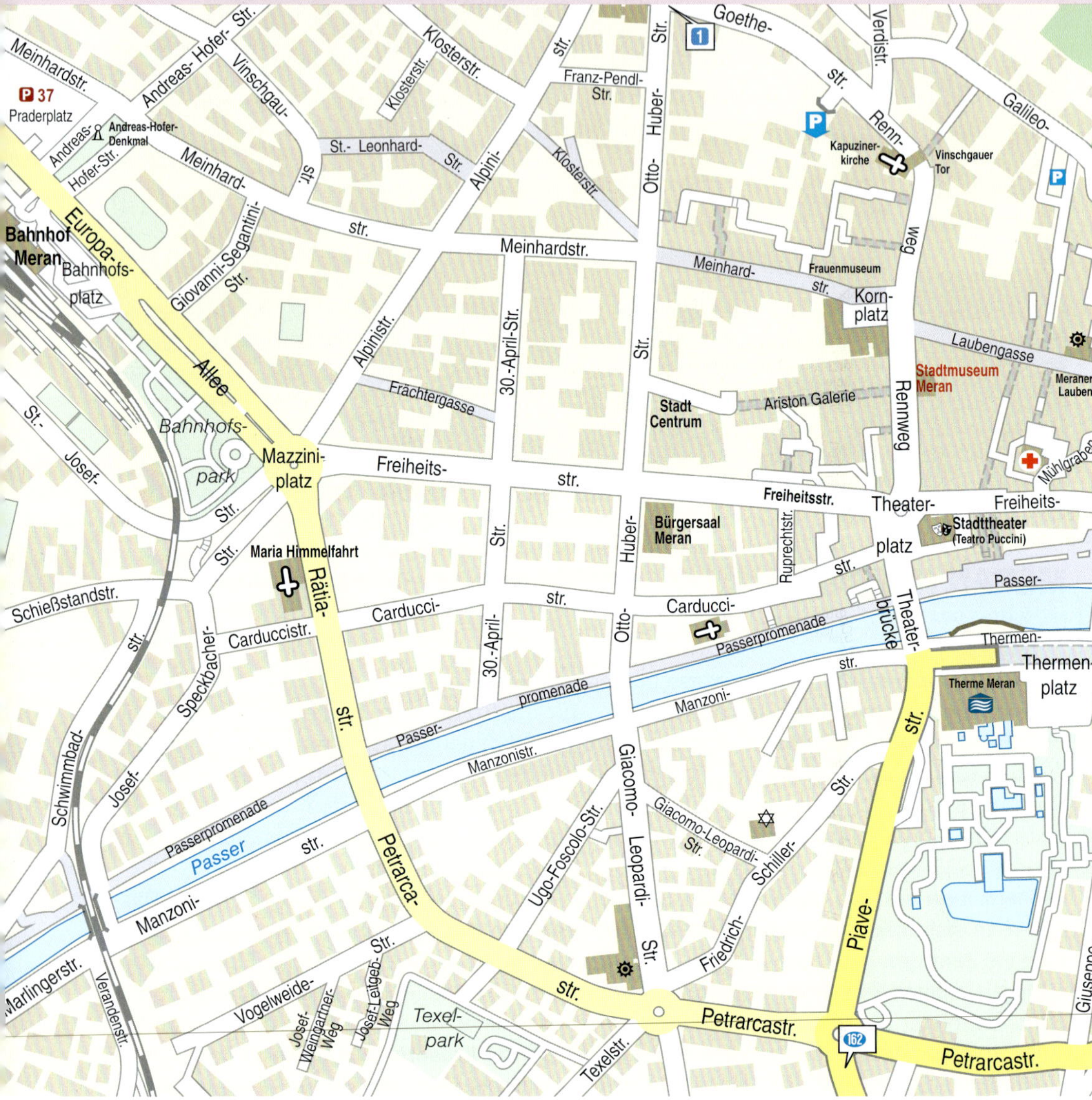

Kurhaus auch heute noch sehenswert, aber eine Besichtigung von innen ist nur während der vielen Veranstaltungen möglich, für die das Gebäude mittlerweile genutzt wird.

Rechts hinter dem Kurhaus erstreckt sich der kleine Sandplatz, auf dem sich eine Mariensäule erhebt. Diese wurde aus Dankbarkeit errichtet, weil die Stadt während der napoleonischen Kriege weitestgehend unversehrt blieb. Nicht zu übersehen ist auch das schmale, aber hohe **Stadttor,** durch das man in den verkehrsberuhigten Bereich Merans gelangt. Durch die enge Gasse mit den hübschen Erkern und kunstvoll verzierten Hausfassaden gelangt man automatisch zur wichtigsten Sehenswürdigkeit: Die **Pfarrkir-**

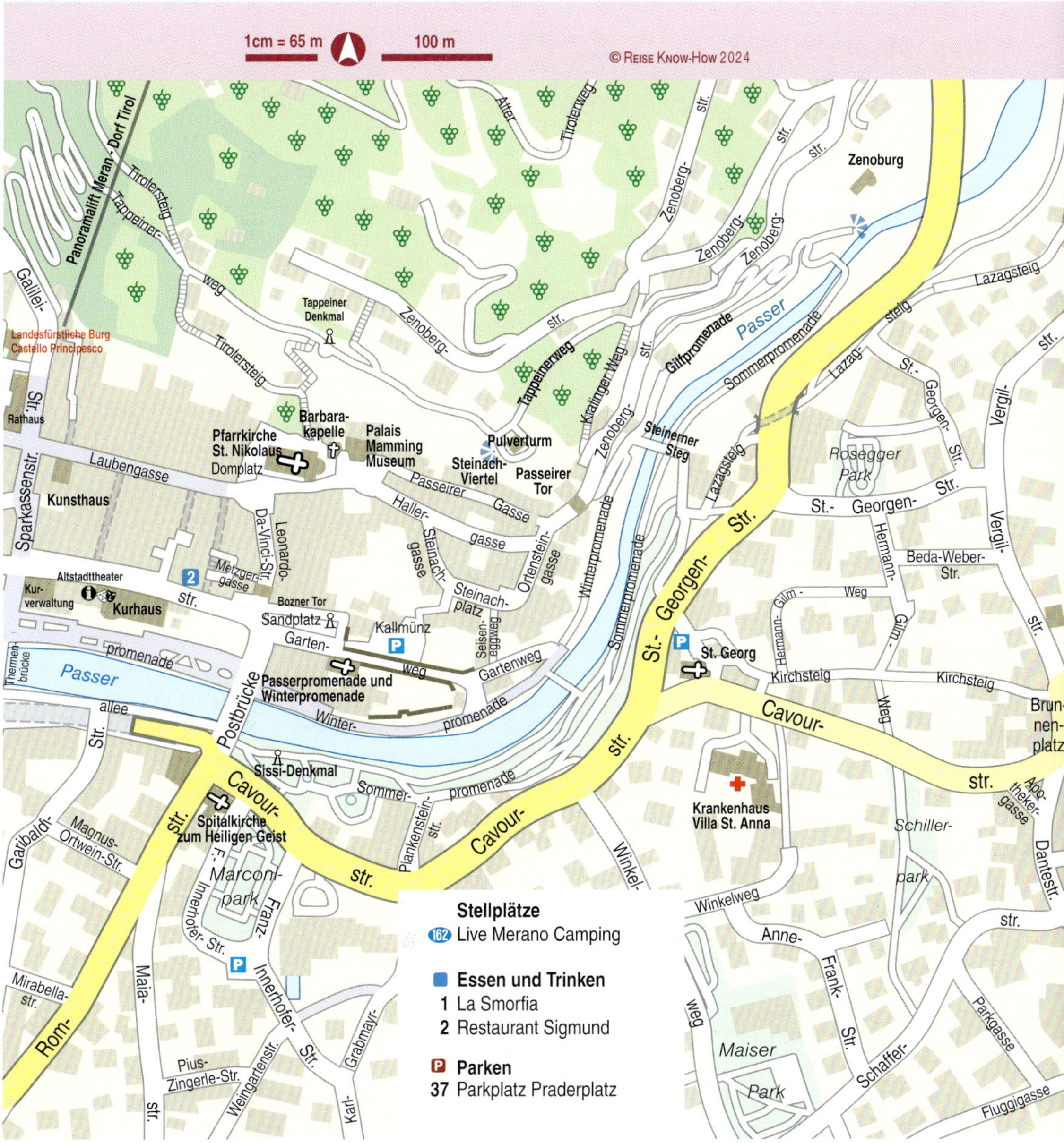

che stammt aus den Anfängen des 14. Jahrhunderts und besitzt einen 80 m hohen Turm, dessen vier Außenseiten mit sieben Uhren versehen sind. Mit zahlreichen Fresken ist das Kircheninnere verziert, während sich über dem Portal das Hauptaugenmerk auf die schöne Fensterrose richtet. Vor der Kirche beginnt die **Laubengasse,** die mit über 200 Geschäften jeden Einkaufswunsch erfüllt, sich aber von der Laubengasse in der Landeshauptstadt nur in einem Detail unterscheidet: Sie ist länger als ihr Pendant in Bozen.

Auf der Hälfte der Laubengasse zweigt am Rathaus eine Straße nordwärts zur **Landesfürstlichen Burg** ab. Die Bezeichnung Burg

Meran, Stadtgebiet

1cm = 250 m · 500 m · © Reise Know-How 2024

ist trotz Zinnen und Schießscharten jedoch übertrieben, vielmehr ließ Landesfürst Sigmund der Münzreiche dieses gotische Lustschlösschen als gehobenen Wohnsitz errichten. Die damalige Wohnkultur kann bei einem Rundgang durch das Bauwerk besichtigt werden.

Gleich neben dem Schlösschen befindet sich die Talstation des Sessellifts, der auf den **Küchelberg** fährt und von der dortigen Bergstation einen Pendelverkehr in das kleine **Dorf Tirol** anbietet.

Dorf Tirol ist als Ausflugsziel beliebt und daher auch gut besucht. Der Grund ist die tolle Aussicht auf den **Vinschgau** und in das weiter unten liegende Meran, aber auch das **Schloss Tirol.** Das Schloss, welches auf das 11. Jahrhundert datiert wird, war ein halbes Jahrtausend die Residenz der Tiroler Landesfürsten und ist daher auch Namensgeber für ganz Tirol. Heute ist in der mächtigen Festung das Südtiroler Landesmuseum für Kultur- und Landesgeschichte untergebracht.

Touristeninformation

› **Tourismusverein Dorf Tirol,** Hauptstraße 31, 39019 Dorf Tirol, Tel. 0473 923314, www.dorf-tirol.it

Parken

P 36 Dorf Tirol, GPS 46.686433, 11.158618

158 Stellplatz Dorf Tirol

GPS 46.676076, 11.167108

Stellplatz der Pension Schneeburghof inmitten von Obstplantagen oberhalb von Meran. Enge Zufahrt. Zeitungs- und Brötchenservice, Schwimmbadnutzung im Sommer, Spielplatz. **Lage/Anfahrt:** Über die SS44 zum Dorf Tirol, dort am ersten Parkplatz scharf links ab und Beschilderung folgen; **Untergrund:** Schotter; **Preiskat.:** €€€; **Geöffnet:** ganzjährig; **Kontakt:** Fami-

137st-mm

lie Waldner, 39019 Dorf Tirol, Segenbühelstr. 26, Tel. 0473 923595, www.schneeburghof.com

Eine weitere besondere Sehenswürdigkeit liegt etwas außerhalb, südwestlich der Meraner Altstadt: **Schloss Trauttmansdorff.** Gelb leuchtet das Schloss oberhalb des Botanischen Gartens. Es war die Unterkunft von Kaiserin Sissi, die für über ein halbes Jahr die komplette obere Etage bezog. Die Touristeninformation gibt einen kleinen Faltplan heraus, der den gut beschilderten **Sissi-Weg** vom Kurhaus bis zum Schloss Trauttmansdorff beschreibt.

Der Garten um das Schloss wurde 2005 als schönster Garten Italiens ausgezeichnet, während in den feudalen Räumen das **Touriseum** untergebracht wurde. Es präsentiert die lange Geschichte des Tourismus von Südtirol und ist als Abschluss einer Südtirolreise empfehlenswert, da man in den 20 Räumen auf allerlei Bekanntes trifft, unter anderem auf Holzschnitzkunst aus Gröden, die Geschichte der Grand Hotels und natürlich auf die Räumlichkeiten von Kaiserin Elisabeth.

Sehenswertes

- **Stadtmuseum Meran,** Rennweg 42a, 39012 Meran, März–1. So im Januar Di–Sa 10–17 Uhr, So 10–13 Uhr, Eintritt 6 €
- **Landesfürstliche Burg,** Galilei-Straße, 39012 Meran, März–1. So im Januar Di–Sa 10–17 Uhr, So 10–13 Uhr, Eintritt 5 €
- **Touriseum im Schloss Trauttmansdorff,** St.-Valentin-Str. 51a, 39102 Meran, Mai–Mitte Nov. 9–21 Uhr, April 9–18 Uhr, Eintritt für Touriseum und den Garten 16 €, www.touriseum.it
- **Südtiroler Landesmuseum für Kultur und Landesgeschichte im Schloss Tirol,** Schlossweg 24, 39019 Tirol, Mitte März–Nov. Di–So 10–17 Uhr, im August bis 18 Uhr, Eintritt 8 €, www.schlosstirol.it

Das Schloss Tirol erhebt sich über Weinreben auf einem Felssporn am Dorf Tirol

Touristeninformation

› **Kurverwaltung Meran,** Freiheitsstraße 45, 39012 Meran, Tel. 0473272000, www.meran.eu

Gastronomie

› **Restaurant La Smorfia,** Goethestr. 28, 39010 Meran, www.lasmorfiamerano.com. Echte neapolitanische Pizza aus dem Holzofen, Terrasse.

› **Restaurant Sigmund,** Freiheitsstraße 2, 39010 Meran, www.restaurantsigmund.com, Mi geschlossen. Südtiroler Spezialitäten und Gartenterrasse.

Parken

P 37 **Parkplatz Praderplatz Meran,** GPS 46.674000, 11.150157

159 Camping Völlan, Lana-Völlan

GPS 46.598653, 11.146682

Terrassenartig angelegte Stellplätze zwischen Obstfeldern etwas oberhalb des Etschtals. Guter Ausgangspunkt für kleinere Wanderungen. **Lage/Anfahrt:** Nördlich von Lana die Schnellstraße nach Meran verlassen (SP101) und später nach links auf die SS238. Der Beschilderung nach Foiana und zum Campingplatz folgen. **Platzanzahl:** 55; **Untergrund:** Wiese, harter Erdboden; **Sicherheit:** bewacht, umzäunt, beleuchtet; **Preiskat.:** €€€€; **Geöffnet:** April–Oktober; **Kontakt:** 39011 Völlan, Zehentweg 6, Tel. 0473 568056, www.camping-voellan.com

161 Campingresort Schlosshof, Lana bei Meran

GPS 46.611158, 11.167168

Teils schattig, alle Stellplätze verfügen über Ab- und Frischwasseranschlüsse, Strom sowie Kabel-TV-Anschluss. **Lage/Anfahrt:** Die Besitzer empfehlen, nicht per Navi zu fahren (Ausfahrt Meran-Süd), sondern bei Lana (blaues Schild) von der Schnellstraße abzufahren und der Beschilderung im Ort zu folgen. Bei der Einfahrt Feldgatterweg am Gasthof „Tennis" dann rechts abbiegen. **Platzanzahl:** 100; **Untergrund:** Wiese; **Sicherheit:** bewacht, umzäunt, beleuchtet; **Preiskat.:** €€€€–€€€€€; **Geöffnet:** März–Mitte November; **Kontakt:** 39011 Lana bei Meran, Jaufenstr. 10 (Einfahrt Feldgatterweg), Tel. 0473 561469, www.schlosshof.it

245st-Campingresort Schlosshof

246st-mm

160 Camping Arquin, Lana

GPS 46.611139, 11.174500

Großer Platz inmitten von Obstfeldern, freundliche Betreiber. **Lage/Anfahrt:** Die Schnellstraße SS38 verlassen und nach links überqueren. Kurz hinter der Brücke rechts in die kleine Straße abbiegen. **Platzanzahl:** 90; **Untergrund:** Wiese; **Sicherheit:** bewacht, beleuchtet, von Hecke umgeben; **Preiskat.:** €€€€€; **Geöffnet:** März–Mitte Nov.; **Kontakt:** 39011 Lana, Feldgatterweg 25, Tel. 0473 561187, www.camping-arquin.it

162 Live Merano Camping, Meran

GPS 46.664176, 11.158548

Moderner Campingplatz mit Pool und Spa-Bereich. **Lage/Anfahrt:** Südlich des Zentrums neben der Reitanlage. Einfach der Piavestraße am Hotel Meraner Hof am südlichen Flussufer folgen. **Platzanzahl:** 91; **Untergrund:** Wiese; **Sicherheit:** bewacht, beleuchtet; **Preiskat.:** €€€€€; **Geöffnet:** Ende Mai–Mitte Sept.; **Kontakt:** 39012 Meran, Piavestr. 46, Tel. 0473 231249, www.livemeranocamping.com

ABSTECHER INS PASSEIERTAL NACH ST. LEONHARD

(hin und zurück 42 km)

Das **Passeiertal** erstreckt sich nordöstlich von Meran und führt zum Timmelsjoch und zum Jaufenpass. Das **Timmelsjoch** ist über die gleichnamige, mautpflichtige Hochalpenstraße erreichbar und stellt in 2474 Metern Höhe gleichzeitig den Grenzpass zwischen Italien und Österreich dar. Die Überfahrt kostet als Wohnmobilist 28 €, ist allerdings nur für Fahrzeuge bis zu 8 Tonnen und maximal zehn Meter Länge erlaubt. Die maximale Höhe beträgt vier Meter und die Breite 2,55 m. Außerdem sollte man aufgrund der zahlreichen Serpentinen ausreichend Fahrpraxis haben.

Den Fluss Passer kann man auch auf ungewöhnlichen Wegen erkunden

Beim **Jaufenpass** bleibt man wiederum in Südtirol und gelangt nach der Überquerung in 2094 Metern Höhe in das **Wipptal** bei **Sterzing** (s. S. 43). Damit ist er die kürzeste Verbindung zwischen Meran bzw. dem Vinschgau und dem Brenner. Geöffnet ist der Jaufenpass das gesamte Jahr, jedoch darf er im Winter nicht zwischen 18 und 8 Uhr befahren werden (Nachtsperre) und es kann immer ein Sperrung wegen widriger Wetterumstände veranlasst werden. Fahrzeuge mit Anhänger, die länger als 4,50 Meter sind, also Wohnmobile mit Anhänger, dürfen den Jaufenpass nicht befahren. Unterwegs werden 37 Spitzkehren mit zum Teil über 9 % Steigung durchfahren, so dass man auch hier ausreichend Fahrerfahrung haben sollte.

164 Camping Passeier/Meran, Saltaus-St. Martin

GPS 46.728110, 11.201806

Sehr ruhig im Passeiertal in einer Flussschlinge gelegen. Der Bauernhof nebenan bietet ein rheumalinderndes Heubad an. **Lage/Anfahrt:** Von Meran über die SS44 in das Passeiertal bis in das Dorf Saltaus (Saltusio), dort der Beschilderung bis zum Flussufer folgen. **Platzanzahl:** 50; **Untergrund:** Wiese; **Sicherheit:** bewacht, beleuchtet, umzäunt; **Preiskat.:** €€€€; **Geöffnet:** Anfang April–Anfang November; **Kontakt:** 39010 Saltaus-St. Martin, Passeierstr. 10, Tel. 0473 645454, www.camping passeiermeran.com

247st-Camping Passeier/Meran©Benjamin Pfitscher

Doch auch ohne geplante Überfahrten über die Pässe lohnt sich ein Besuch des Passeiertals allemal. Ab **St. Leonhard** kann man zum Beispiel sehr schön am Ufer der Passer wandern. Dabei bleibt man nicht nur neben dem Fluss und genießt die wunderbare Natur in dem immer enger werdenden Tal, sondern wandert gelegentlich auch oberhalb des Wasserlaufs. Für den Wanderweg hat man nämlich Stege an den Felswänden angebracht, auf denen man das Tal durchwandert.

Sehenswert ist das **Museum Passeier** am südlichen Ende von St. Leonhard. Es ist im Geburtshaus von Andreas Hofer untergebracht und berichtet ausführlich über den Südtiroler Volkshelden.

Sehenswertes

› **Museum Passeier,** Passeirerstraße 72, 39015 St. Leonhard in Passeier, 10 €, www.museum.passeier.it

163 Camping Zögghof, St. Leonhard

GPS 46.816420, 11.239886

Am hinteren Ende des Passeiertals breitet sich dieser Campingplatz auf mehreren Ebenen aus. Er ist ein guter Ausgangspunkt für Wanderungen entlang der Passer. **Lage/Anfahrt:** Auf der SS44bis bis St. Leonhard und am dortigen, auffälligen Kreisverkehr mit der Skulptur weder zum Timmelsjoch noch zum Jaufenpass, sondern geradeaus und am Sportplatz vorbei. Hinter den Tennisplätzen befindet sich der Campingplatz gleich auf der rechten Seite; **Platzanzahl:** 38; **Untergrund:** Rasen; **Sicherheit:** umzäunt, beleuchtet und mit Rolltor; **Preiskat.:** €€€€€; **Geöffnet:** ganzjährig; **Kontakt:** Mooserstr. 31a, 39015 St. Leonhard, Tel. 335 1050440, www.zoegghof.com

NATURNS (NATURNO)

(15 km – 181 km)

Naturns ist die erste Ortschaft im **Vinschgau.** Das letzte Tal auf dieser Südtirolreise beginnt bei Meran und endet am Reschenpass, der zugleich die Grenze zwischen Italien und Österreich bildet. Der Vinschgau besitzt zahlreiche Seitentäler und grenzt im Süden den Nationalpark Stilfserjoch ab. Gleichzeitig nähert man sich bei einer Fahrt durch das Tal der Quelle der Etsch, die mittlerweile deutlich schmaler geworden ist.

Am Kreisverkehr kurz vor Naturns lohnt es sich die SS38 zu verlassen und in den Ortskern zu fahren. Schon nach wenigen Metern sieht man auf der rechten Seite die kleine, fast unscheinbare **St.-Prokulus-Kirche.** Auch wenn man auf der Reise bereits zahlreiche Freskenbilder gesehen hat, beherbergt das kleine Kirchlein die womöglich bedeutendsten. Sie wurden unmittelbar nach Erbauung der Kirche im 7. Jahrhundert geschaffen und sind damit die ältesten Wandbilder im deutschsprachigen Raum.

Direkt neben der Kirche wurde ein unterirdisches Museum eingerichtet, dass sich der Antike, dem Frühmittelalter, der Gotik und der Pestzeit widmet. Insbesondere Letztere ist durch Gräber des damaligen Pestfriedhofs anschaulich dargestellt.

Am westlichen Ortsrand von Naturns führt von einem Parkplatz an der SS38 ein Wanderweg steil bergauf zum **Schloss Juval.** Dieses aus dem 13. Jahrhundert stammende Bauwerk ist ebenfalls ein Teil des **Messner Mountain Museums.** Reinhold Messner präsentiert hier unter anderem seine Sammlung zum Thema Tibet und nutzt das Schloss auch als privates Wohnhaus. Am Schloss Juval beginnt in nördliche Richtung das Schnalstal, dass an den Ötztaler Alpen endet.

Dort, an der Grenze zwischen Italien und Österreich, befindet sich am **Hauslabjoch** in 3210 m Höhe die Fundstelle von „Ötzi“, wis-

⊡ *Diesen kleinen Skywalk findet man an der Bergstation oberhalb von Naturns*

278st©Ulrich, stock.adobe.com

senschaftlich auch als Mumie von Similaun bezeichnet.

Gleich von Anfang an verläuft die Fahrt mit einer deutlichen Steigung durch das **Schnalstal.** Belohnt wird sie jedoch mit der Aussicht auf das kleine Dorf Katharinaberg und den Vernagt-Stausee. Am Ende des Tals wartet einer der höchstgelegenen Wohnmobilstellplätze Europas.

Sehenswertes

- **Kirche St. Prokulus,** Prokulusstraße, 39025 Naturns, April–Anf. Nov. Di–So 9.30–12 Uhr und 14.30–17.30 Uhr
- **Prokulus-Museum,** Prokulusstraße, 39205 Naturns, April–Anf. Nov. Di–So 9.30–12 Uhr und 14.30–17.30 Uhr, Eintritt 6 €
- **Messner Mountain Museum im Schloss Juval,** 39020 Kastelbell, www.messner-mountain-museum.it, Palmsonntag–Ende Juni und Sep.–Anf. Nov. Do–Di 10–16 Uhr. Eine Besichtigung ist nur während einer der zwölf an den Öffnungstagen täglich stattfindenden Führungen möglich, Eintritt 14 €.

Touristeninformation

- **Tourismusverband Vinschgau,** Kapuzinerstraße 10, 39028 Schlanders, Tel. 0473 620480, www.vinschgau-suedtirol.info
- **Tourismusverein Naturns,** Rathausstraße 1, 39025 Naturns, Tel. 0473 666077, www.naturns.it

Parken

P 38 **Schloss Juval,** GPS 46.647856, 10.976479

166 CaravanPark Schnalstal

GPS 46.753959, 10.783667

Einer der höchstgelegenen Stellplätze in Europa. **Lage/Anfahrt:** Hinter Naturns folgt der Abzweig zum Schnalstal. Am Ende des Tals, noch hinter dem dortigen Vernagt-Stausee, befindet sich der Stellplatz. **Platzanzahl:** 90; **Untergrund:** Schotter; **Sicherheit:** beleuchtet, umzäunt; **Preiskat.:** €€€; **Kontakt:** 39020 Kurzras, Tel. 0473 662171 (Schnalstaler Gletscherbahn, nur 9–16 Uhr), www.caravanpark-schnals.com

248st-CaravanPark Schnalstal

165 Waldcamping, Naturns

GPS 46.643367, 11.008366

Moderner Campingplatz mit Schwimmbad und Supermarkt. **Lage/Anfahrt:** Im Ort Richtung Bahnhof halten und die Etsch überqueren. Danach nach links in den Dornsberger Weg. **Platzanzahl:** 100; **Untergrund:** Wiese, harter Erdboden; **Sicherheit:** bewacht, beleuchtet, umzäunt; **Preiskat.:** €€€€; **Geöffnet:** Mitte März–Anfang Nov.; **Kontakt:** 0473 Naturns, Dornsbergweg 8, Tel. 0473 667298, www.waldcamping.com

167 Camping Latsch an der Etsch, Latsch

GPS 46.621620, 10.863869

Zwischen Etsch und der Hauptstraße, daher leider etwas lauter. **Lage/Anfahrt:** Am Kreisverkehr vor Latsch (Laces) halblinks Richtung Dorfzentrum halten und rechts etwas hinab in die Einfahrt. **Platzanzahl:** 120; **Untergrund:** Wiese; **Sicherheit:** bewacht, beleuchtet, umzäunt; **Preiskat.:** €€€€; **Geöffnet:** ganzjährig; **Kontakt:** 39021 Latsch, Reichsstraße 4, Tel. 0473 623217, www.camping-latsch.com

168 Camping Cevedale, Latsch-Goldrain

GPS 46.617604, 10.818615

Moderner Campingplatz mit Supermarkt und kleiner Bar. Das Sanitärgebäude verfügt über Fußbodenheizung. **Lage/Anfahrt:** In Coldrano die SS38 verlassen und die Etsch überqueren. Dahinter in die zweite Straße rechts abbiegen. **Platzanzahl:** 53; **Untergrund:** Wiese; **Sicherheit:** bewacht, umzäunt, beleuchtet; **Preiskat.:** €€€; **Geöffnet:** Mitte März–Mitte Nov.; **Kontakt:** 39020 Latsch-Goldrain, Vinschgauer Str. 59, Tel. 0473 742132, www.camping-cevedale.com

SCHLANDERS (SILANDRO) UND LAAS (LASA)

(19 km – 200 km)

Die Fahrt geht nun über die SS38 nach Westen. **Schlanders** ist der Mittelpunkt des Vinschgau und besticht durch eine Vielzahl an Kirchen. Eine davon, die Pfarrkirche, wird gerne von den Einheimischen auch als die höchste Kirche ganz Tirols bezeichnet. Unzweifelhaft ist sie mit ihren 97 m auf jeden Fall schon von Weitem zu erkennen und wenn man ganz genau hinschaut, dann sieht man, dass sich der Turm ein wenig nach Westen neigt. Ansonsten wirkt das Zentrum des Dorfes durch die Fußgängerzone sehr modern und ist mit vielen kleinen Skulpturen versehen.

Nicht weit von Schlanders entfernt befindet sich das kleine Dörfchen **Laas,** das für seinen Marmor bekannt ist. Unmittelbar neben der SS38 befindet sich die **Marmorfabrik,** in der das harte Gestein aus dem Laaser Tal bearbei-

169 Camping Vogelsang, Schlanders

GPS 46.627136, 10.786651

Campingplatz in ruhiger Lage. **Lage/Anfahrt:** in Schlanders Richtung Sportzentrum, weiter über die schmale Holzbrücke und gleich dahinter nach rechts; **Platzanzahl:** 60 Stellflächen unterschiedlicher Größe; **Untergrund:** Rasen; **Sicherheit:** bewacht, umzäunt, Schrankenanlage; **Preiskat.:** €€€€; **Geöffnet:** Anf. April–Anf. Nov.; **Kontakt:** Vogelsangstr. 27, 39028 Schlanders, www.camping-vogelsang.com

185st-mm

063st-mm

tet und von wo es in die ganze Welt exportiert wird. In Deutschland bestehen zum Beispiel das Helmholtz-Denkmal vor der Berliner Humboldt-Universität und die Walhalla in Regensburg aus Laaser Marmor. Aber auch auf den Routen in diesem Buch konnte Laaser Marmor besichtigt werden, so bestehen die Statue von Walther von der Vogelweide und das Siegesdenkmal in Bozen (s. S. 95) genauso aus dem Gestein wie die Figur von Kaiserin Sissi in Meran (s. S. 189). Und wer mal zu einem der größten Bahnhöfe der Welt reist, dem Grand Central Terminal in New York, der wird in der Ankunftshalle ebenfalls von Marmor aus dem kleinen Dorf Laas umgeben sein.

Zweistündige Führungen finden von Juli bis September jeden Dienstag und Donnerstag (im Juni und Oktober nur am Samstag) statt, in denen der Abbau und die Verarbeitung von Marmor gezeigt werden (7,50 €/Person, Treffpunkt am Josefhaus, Parkplatz Feliusstraße).

Touristeninformation

› **Tourismusverein Schlanders-Laas,** Göflanerstraße 27, 39028 Schlanders, Tel. 0473 730155, www.schlanders-laas.it

249st-Camping Badlerhof

(170) Camping Badlerhof, Laas

GPS 46.615458, 10.699376

Kleiner, familiär geführter Campingplatz zwischen Bauernhof und der jungen Etsch, sehr schön gelegen und ruhig. **Lage/Anfahrt:** In Laas über die Etschbrücke und sofort rechts. **Platzanzahl:** 35; **Untergrund:** Wiese; **Sicherheit:** bewacht, umzäunt, beleuchtet; **Preiskat.:** €€€; **Geöffnet:** Ende März–Anfang Nov.; **Kontakt:** 39023 Laas, Kugelgasse 4b, Tel. 0473 628159, www.camping-badlerhof.it

PRAD AM STILFSERJOCH (PRATO ALLO STELVIO)

(16 km – 216 km)

Prad am Stilfserjoch ist eine kleine, eher unbedeutende Ortschaft im Westen des Vinschgau, wo die SS38 nach Süden abzweigt, doch ihr Namenszusatz macht sie berühmt. Das **Stilfserjoch** ist mit über 2700 m Höhe der **zweithöchste Pass der Alpen** und der **höchste in Italien.** Er verbindet die Lombardei mit Südtirol und befindet sich südlich von Prad und wird von dort auf einer Serpentinenstraße mit 48 Spitzkehren erreicht.

Doch das Stilfserjoch ist nicht nur ein Gebirgspass, sondern auch ein **Nationalpark.** Es handelt sich um eines der größten Naturschutzgebiete Europas und wurde im Jahr 1935 eingerichtet. Im gesamten Park existieren zahlreiche Wandermöglichkeiten und neun verschiedene Nationalparkhäuser mit unterschiedlichen Themenausstellungen. Das **Aquaprad** in Prad beschäftigt sich beispielsweise überwiegend mit dem Thema Wasser und den Bewohnern der Flüsse und Seen.

Wer die Auffahrt zum Stilfserjoch scheut, der kann ab dem Nationalparkhaus in Trafoi für ein geringes Entgelt mit dem öffentlichen Bus hinauf- und wieder hinabfahren. Für Wanderfreunde empfiehlt sich die Auffahrt zum Pass und dann der gemütliche Abstieg. Dieser darf dennoch nicht unterschätzt werden, denn es handelt sich um rund 1700 Höhenmeter, die man vom Pass zum Campingplatz in Trafoi zurücklegt. Einen kleinen Aufstieg kann man am Stilfserjoch auch trotz Busfahrt genießen: Rund 100 Höhenmeter sind es von der Passüberquerung hinauf zur Dreisprachenspitze. Hier befand sich bis zum Jahr 1919 das Dreiländereck zwischen Italien, der Schweiz und Österreich. Bis heute treffen hier die Verbreitungsgebiete der drei Sprachen Italienisch, Deutsch und Rätoromanisch aufeinander.

◁ Sehenswerte Trompe-l'Œil-Deckenfresken in der Kirche von Schlanders

▽ Parkplatz und Ausgangspunkt für Wandertouren auf dem Stilfserjoch

182st-mm

Wandern im Nationalpark Stilfserjoch

Sehr empfehlenswert ist ein Abstecher zum Campingplatz in Trafoi (172). Die Ortschaft befindet sich in 1500 m Höhe und beherbergt das naturatrafoi, ein weiteres Naturparkzentrum, in dem sehr gute Wandertipps gegeben werden. Einer davon ist zum Beispiel die Kombination aus Wanderung und Busfahrt zum ***Stilfserjoch,*** *mit der man sein eigenes Wohnmobil schont. Dieses lässt man auf dem Campingplatz stehen, fährt mit dem Bus ab Trafoi bis zum Pass und wandert ab der Dreisprachenspitze auf dem Goldseeweg stets bergab und wieder zurück in Richtung Trafoi. Dabei genießt man die Ausblicke bis in das Vinschgau. Mit einem Fernglas oder Teleobjektiv kann man in Richtung Osten auch das Gipfelkreuz auf dem Ortler, dem höchsten Berg Südtirols erkennen. Gutes und günstiges Kartenmaterial halten die fünf Nationalparkzentren bereit.*

› ***Nationalparkhaus aquaprad,*** *Kreuzweg 4c, 39026 Prad am Stilfserjoch, GPS 46.617280, 10.589915, Themenschwerpunkt Wasser*
› ***Besucherzentrum avimundus,*** *Hauptstr. 67, 39028 Schlanders, GPS 46.628764, 10.775394, Themenschwerpunkt Vogelwelt*
› ***Besucherzentrum culturamartell,*** *Trattla 246, 39020 Martell, GPS 46.571456, 10.796554), Themenschwerpunkt Bäuerliches Leben*
› ***Besucherzentrum lahnersäge,*** *St. Gertraud 62, 39016 St. Gertraud, GPS46.490244, 10.877445, Themenschwerpunkt Ressource Wald*
› ***Besucherzentrum naturatrafoi,*** *Trafoi 13a, 39029 Stilfs, GPS46.550391, 10.510303, Themenschwerpunkt Hochalpines Leben*
› *www.nationalpark-stelvio.it*

183st-mm

Sehenswertes

› **Nationalparkhaus aquaprad,** Kreuzweg 4c, 39026 Prad am Stilfserjoch, www.gasthof-stern.it, Di–Fr 9–12 u. 14.30–18 Uhr, 6 €

Touristeninformation

› **Ferienregion Ortlergebiet im Nationalpark Stilfserjoch,** Informationsbüro Sulden, Hauptstraße 72, 39029 Sulden, Tel. 0473 613015, www.ortlergebiet.it

Gastronomie

› **Pizzeria Stern,** Silbergasse 1, 39026 Prad am Stilfserjoch, www.gasthof-stern.it. Breites Angebot von leckerer Pizza über vegetarische Kost bis zu Wildspezialitäten

Parken

39 Mals, GPS 46.690563, 10.538206

40 Reschensee, GPS 46.822156, 10.509967. Am nordwestlichen Ufer des Reschensees befindet sich ein Schotterparkplatz, auf dem übernachtet werden darf. Keine Ausstattung, aber ein schöner Blick auf den See (1 €/Std.).

171 Camping Sägemühle, Prad am Stilfserjoch

GPS 46.617522, 10.597737

Die Campingplätze Sägemühle und Kiefernhain gehören zusammen, beide mit guter Ausstattung. **Lage/Anfahrt:** Auf der SS38 in Fahrtrichtung Stilfserjoch links in den Dornweg einbiegen. **Platzanzahl:** 150; **Untergrund:** Wiese; **Sicherheit:** bewacht, umzäunt, beleuchtet; **Preiskat.:** €€€€€; **Geöffnet:** Ende Dez.–Anfang Nov.; **Kontakt:** 39026 Prad am Stilfserjoch, Dornweg 12, Tel. 0473 616078, www.saegemuehle.it

172 Campingplatz Trafoi

GPS 46.543956, 10.507257

Ein kleiner und relativ einfacher, aber hervorragend ausgestatteter Campingplatz am Fuße des Ortlers. Der Platz ist ein idealer Ausgangspunkt für Wanderungen im Nationalpark Stilfserjoch (s. S. 202): Mit dem Bus geht es hinauf auf den Pass, um das Womo und die eigenen Nerven zu schonen. **Lage/Anfahrt:** Ab Prad der SS38 bis Trafoi folgen, durch den Ort hindurch und rund 300 m hinter der Serpentine links abbiegen; **Platzanzahl:** 30; **Untergrund:** Wiese; **Sicherheit:** bewacht, umzäunt, beleuchtet; **Preiskat.:** €€€; **Geöffnet:** Mitte Juni–Anfang Sept.; **Kontakt:** 39020 Trafoi, Dreibrunnenweg 1, Tel. 0473 611533, www.camping-trafoi.com

173 Wohnmobilstellplatz Sulden

GPS 46.529297, 10.582759

Wohnmobilstellplatz unterhalb des Hotels Alpina, das den Platz auch betreibt. **Lage/Anfahrt:** Richtung Stilfserjoch und in Gomagnoi in das Nebental nach Sulden, **Platzanzahl:** 26; **Untergrund:** fester Grund; **Preiskat.:** €€; **Geöffnet:** Mitte Juni–Mitte September und November–Mitte April; **Kontakt:** 39029 Sulden, Sulden 111, Tel. 0473 613104, www.alpina-mountain-resort.it

174 Camping Kiefernhain, Prad am Stilfserjoch

GPS 46.624508, 10.592388

Moderner Campingplatz mit guter Ausstattung. Idealer Ausgangspunkt für einen Besuch des Nationalparks. **Lage/Anfahrt:** In Prad am Nationalparkhaus rechts auf den Kreuzweg und wenig später erneut rechts auf den Kiefernhainweg. **Platzanzahl:** 180; **Untergrund:** Wiese; **Sicherheit:** bewacht, umzäunt, beleuchtet; **Preiskat.:** €€€€; **Geöffnet:** Mitte April–Anfang Okt.; **Kontakt:** 39026 Prad am Stilfserjoch, Kiefernhainweg 37, Tel. 0473 616422, www.camping-kiefernhain.it

Durch 48 Spitzkehren geht es hinauf zum Stilfserjoch

186st-mm

⑰⑤ Camping Im Park, Glurns

GPS 46.669843, 10.543676

Dieser kleine kommunale Campingplatz befindet sich im Westen unter Bäumen außerhalb der sehenswerten Stadtmauer. **Lage/Anfahrt:** Die Adresse lautet eigentlich Florastraße, aber nicht darüber anreisen, sondern über die SS41 zwischen Glurns und Taufers. Kurz nach dem Verlassen von Glurns rechts abbiegen; **Platzanzahl:** 20; **Untergrund:** Wiese; **Sicherheit:** umzäunt; **Preiskat.:** €€; **Geöffnet:** Apr.–Okt.; **Kontakt:** 39020 Glurns, Tel. 0473 424017

⑰⑥ Campingpark Gloria Vallis, Glurns

GPS 46.673323, 10.569834

Große terrassenförmig angelegte Parzellen in Stadtrandlage. Gute Ausstattung und ruhige Lage. **Lage/Anfahrt:** Die Schnellstraße SS40 im Ort Richtung Bahnhof verlassen. **Platzanzahl:** 79; **Untergrund:** Wiese; **Sicherheit:** bewacht, beleuchtet, umzäunt; **Preiskat.:** €€€€€; **Geöffnet:** April–Okt.; **Kontakt:** 39020 Glurns, Wiesenweg 5, Tel. 0473 835160, www.gloriavallis.com

⑰⑦ Camping Mals, Mals

GPS 46.684084, 10.549472

Kleiner Platz am Ortsrand in unmittelbarer Nachbarschaft zum Bahnhof, an dem die moderne Vinschgerbahn nach Bozen abfährt. Parzellierte Stellplätze auf drei Terrassen. **Lage/Anfahrt:** Die SS40 im Zentrum nach links Richtung Bahnhof verlassen. **Platzanzahl:** 45; **Untergrund:** Wiese, harter Erdboden; **Sicherheit:** bewacht, beleuchtet; **Preiskat.:** €€€€€; **Geöffnet:** Mitte April–Anfang Nov.; **Kontakt:** 39024 Mals im Vinschgau, Bahnhofstraße 51, Tel. 0473 835179, www.campingmals.it

Ausblick von der Dreisprachenspitze am Stilfserjoch

GRAUN IM VINSCHGAU (CURON VENOSTA)

(29 km – 245 km)

Nirgendwo passt die Redewendung, man solle die Kirche im Dorf lassen, besser als in Graun im Vinschgau. Das heutige Dorf, welches über die SS40 zu erreichen ist, befindet sich am Westufer des Reschensees und wäre wohl kaum einen Aufenthalt wert, wäre da nicht der **Kirchturm,** der mitten aus der Wasseroberfläche hinausragt. Das Dorf Graun musste 1950 den Wassermassen weichen, die durch Stauung den vorhandenen **Reschensee** vergrößerten. Sämtliche Gebäude (mehr als 160) wurden gesprengt und abgerissen, nur die Kirche wurde aus Gründen des Denkmalschutzes stehengelassen. Im Gemeindehaus neben der (neuen) Kirche kann eine kleine Ausstellung zur Seestauung besichtigt werden. Anhand von Fotos und einem Modell wird veranschaulicht, wie das damalige Dorf aussah.

Am Nordufer des Reschensees liegt die ebenso kleine Siedlung **Reschen (Resia).** Am nördlichen Ortsaugang befindet sich ein Wanderweg, auf dem man nach einer guten halben Stunde ganz unspektakulär die **Quelle der Etsch** erreicht hat. Nicht weit von dort entfernt, erreicht man über den Reschenpass Österreich.

Sehenswertes

› **Museum Vinschgauer Oberland,** 39020 Graun im Vinschgau, Altes Gemeindehaus, Juli–September Mi 16–17 Uhr oder auf Anfrage. Es wird um eine Spende gebeten.

Touristeninformation

› **Ferienregion Reschenpass,** Hauptstraße 61, 39027 Graun, Tel. 0473 737090, www.reschenpass.it

Parken

P 41 **Graun im Vinschgau,** GPS 46.810473, 10.537734

P 42 **Reschenpass,** GPS 46.845929, 10.506377

178 Camping zum See, St. Valentin auf der Haide

GPS 46.764185, 10.531763

Überschaubarer Campingplatz mit Restaurant. Zugehörig ist auch ein Womostellplatz für 15 Fahrzeuge, der gleich hinter dem Hauptgebäude liegt. **Lage/Anfahrt:** Wie auch Camping Thöni zwischen dem Reschensee und dem unterhalb liegenden Haidersee gelegen, nur näher am Haidersee. Anfahrt über die SS40 (Reschenpassstraße) bis St. Valentin. Dort links zum Campingplatz abbiegen; **Platzanzahl:** 20; **Untergrund:** Rasengittersteine; **Sicherheit:** umzäunt, beleuchtet; **Preiskat.:** Campingplatz €€€, Womostellplatz €; **Geöffnet:** ganzjährig; **Kontakt:** Kirchgasse 26, 39027 St. Valentin auf der Haide, Tel. 0473 634576, www.zumsee.it

179 Camping Thöni, St. Valentin auf der Haide – Graun

GPS 46.76966, 10.531834

Gemütlicher kleiner Platz in sehr schöner und ruhiger Lage. Das Dorf und der Reschensee sind zu Fuß in wenigen Minuten erreichbar. **Lage/Anfahrt:** Exakt zwischen Haidersee und Reschensee, etwas unterhalb der Straße auf der rechten Seite. **Platzanzahl:** 30; **Untergrund:** Wiese; **Sicherheit:** bewacht, beleuchtet; **Preiskat.:** €€€; **Geöffnet:** Mitte Dez.–Okt.; **Kontakt:** 39020 St. Valentin auf der Haide, Landstr. 83, Tel. 0473 634020, www.camping-thoeni.it

067st-mm

066st-mm

ANHANG

WOMO-WÖRTERLISTE DEUTSCH – ITALIENISCH

A

Abblendlicht	*anabbagliante*
abdichten	*turare/stagnare*
abschleppen	*rimorchiare*
Abschleppdienst	*servizio di rimorchio*
Abschleppseil	*cavo da rimorchio*
abstellen	*chiudere*
Abwasser	*acqua di scarico*
Achse	*asse*
Alarmanlage	*impianto d'allarme*
Alkoholtest	*alcoltest*
Ampel	*semaforo*
Anlasser	*starter*
Anschluss/Adapter	*adattatore*
Anwohner	*residenti*
aufbrechen	*forzare, scassinare*
Auffahrt	*rampa d'accesso/ raccordo*
Auffahrunfall	tamponamento
Ausfahrt	*uscita*
Auspuff	*tubo di scappamento*
Auto	*macchina*
Autobahn	*autostrada*
Autowerkstatt	*autofficina*

B

Batterie (laden)	*(ricaricare la) batteria*
(nicht) befahrbar	*(non) carrozzabile*
Benzin	*benzina*
Benzinpumpe	*pompa della benzina*
beschädigt	*danneggiato*
bleifrei	*senza piombo*
Blinker	*freccia*
Breite	*larghezza*
Bremsbelag	*pastiglia dei freni*
Bremse, bremsen	*freno, frenare*
Bremsflüssigkeit	*liquido dei freni*
Bremslicht	*luce di arresto/stop*
Brücke	*ponte*

C

Campingwagen	*roulotte, caravan*
Campingplatz	*camping, campeggio*
Chemietoilette	*WC chimico*

D

defekt	*difettoso*
dicht	*stagno*
Dichtung	*guarnizione*
Diebstahl	*furto*
Diesel	*gasolio/diesel*
Differenzial	*differenziale*

E

Einbahnstraße	*strada a senso unico*
Einspritzmotor	*motore a iniezione*
eng, schmal	*stretto*
entleeren	*svuotare*
erlaubt	*permesso*
Ersatzrad	*ruota di scorta*
Ersatzteil	*pezzo di ricambio*

F

Fahrbahn	*carreggiata*
fahren	*guidare*
Fahrer	*autista*
Fahrrad	*bicicletta*
Fahrspur	*corsia*
Fahrtrichtung	*direzione di marcia*
Fährschiff	*traghetto*
Feder	*molla*
Fernlicht	*faro abbagliante*
Feuerlöscher	*estintore*
Frostschutzmittel	*antigelo*
Führerschein	*patente di guida*

G

Gang	*marcia*
Gas	*gas*
Gasflasche	*bombola del gas*
Gaspedal	*acceleratore*
Gasse	*vicolo*
gebrochen	*rotto*
Gebühr	*tassa/tariffa/diritto*
geöffnet	*aperto*
Gepäckträger	*portabagagli*
geradeaus	*sempre dritto*
geschlossen	*chiuso*
Geschwindigkeit	*velocità*

gesperrt	*chiuso*
gestohlen	*rubato*
Getriebe	*cambio*
Gewicht	*peso*
Glühbirne	*lampadina*
Grauwasser	*acque grigie*

H

Haarnadelkurve	*tornante*
Handbremse	*freno a mano*
Hebel	*leva*
Heizung	*riscaldamento*
Hilfe	*aiuto*
Höhe	*altezza*
Hubraum	*cilindrata*
Hupe	*clacson*

K

Kabel	*cavo*
(Benzin-)Kanister	*tanica/bidone (di benzina)*
kaputt	*rotto*
Kardanwelle	*albero cardanico*
Karosserie	*carrozzeria*
Keilriemen	*cinghia trapezoidale*
Kfz-Kennzeichen	*targa automobilistica*
Kolben	*pistone*
Kreuzung	*incrocio*
Kugellager	*cuscinetto a sfere*
Kühler	*radiatore*
Kühlschrank	*frigorifero*
Kühlwasser	*acqua di raffreddamento*
Kupplung	*frizione*
Kurve	*curva*
Kurzschluss	*corto circuito*

L

Länge	*lunghezza*
langsam	*lento*
leer	*scarico/vuoto*
Lenkradschloss	*bloccasterzo*
Lenkung	*sterzo*
Licht	*luce*
Lichtmaschine	*dinamo*
(nach) links	*(a) sinistra*
Lkw	*autocarro, camion*
Luftfilter	*filtro dell'aria*
Lüftung	*ventilazione*

M

Maut	*pedaggio*
Mautstelle	*casello*
Mautstraße	*strada a pagamento*
Messstab	*asta di livello dell'olio*
Motor	*motore*
Motoröl	*olio motore*
Motorrad	*moto, motocicletta*
M+S-Reifen	*pneumatico M+S*
(Schrauben-)Mutter	*dado/ madrevite*

N

Nabe	*mozzo*
Navigationssystem	*sistema di navigazione*
Nebel	*nebbia*
niedrig	*basso*

O

Öl	*olio*
Ölwanne	*coppa dell'olio*
Ölwechsel	*cambio dell'olio*

P, Q

Panne	*panne*
Pannenhilfe	*soccorso stradale*
parken	*parcheggiare*
Parkgebühr	*tassa di parcheggio*
Parkplatz	*parcheggio/ posteggio*
Parken verboten	*parcheggio vietato*
Parkscheibe	*disco orario*
Parkuhr	*parchimetro*
Pkw	*autovettura*
Polizei	*polizia*
Propangas	*gas propano*
Querstraße	*strada trasversale*

R

Rad	*ruota*
Radweg	*pista ciclabile*
Radkappe	*copriruota*
Radkreuz	*chiave a croce*
Radwechsel	*cambio della ruota*
Rast	*sosta*
Rastplatz	*piazzola di sosta*
(nach) rechts	*(a) destra*
Reifen	*gomma*
Reifendruck	*pressione dei pneumatici*
Reifenpanne	*foratura*
Reparatur	*riparazione*
Reparaturwerkstatt	*officina di riparazioni*
reparieren	*riparare*
Reserverad	*ruota di scorta*
Rücklicht	*luce posteriore*
Rückspiegel	*specchietto retrovisore*
Rückwärtsgang	*retromarcia*

S

Schalter	*interruttore*
Scheibe	*vetro*
Scheiben-waschanlage	*lavavetro*
Scheibenwischer	*tergicristallo*
Scheinwerfer	*faro*
Schlauch	*tubo*
Schlüssel	*chiave*
Schmutzwasser	*acqua di scarico*
Schneeketten	*catene da neve*
Schraubendreher	*cacciavite*
Schraubenschlüssel	*chiave per dadi*
Sicherung	*fusibile*
Sommerreifen	*pneumatico estivo*
Starthilfekabel	*cavo d'accensione*
Steckdose	*presa di corrente*
Stecker	*spina*
steil	*ripido*
Stoßdämpfer	*ammortizzatore*
Stoßstange	*paraurti*
Straße	*strada, via*
Straßengraben	*fosso della strada*
Straßenkreuzung	*incrocio*
Straßenverhältnisse	*condizioni stradali*
Strom	*corrente*
Super-Benzin	*benzina super*

T

Tank	*serbatoio*
tanken	*fare benzina*
Tankstelle	*stazione di servizio distributore*
Tempo	*velocità*
Tempolimit	*limite di velocità*
Trinkwasser	*acqua potabile*

U

übernachten	*pernottare*
Umleitung	*deviazione*
undicht	*non stagno*
Unfall	*incidente*
Unfallprotokoll	*verbale dell'incidente*

V

Ventil	valvola
Ventilator	*ventilatore*
verboten	*vietato*
Vergaser	*carburatore*
Verletzte(r)	*ferita/ferito*
Versicherung	*assicurazione*
Versorgung	*approvvigionamento*
volltanken	*fare il pieno*
Vorfahrt	*precedenza*

W

Wagen	*macchina/ automobile*
Wagenheber	*cric*
Wagenwäsche	*lavaggio dell'automobile*
Wasser	*acqua*
Wasserpumpe	*pompa dell'acqua*
Wassertank	*serbatoio dell'acqua*
Werkstatt	*officina*
Werkzeug	*attrezzo*

Windschutzscheibe	*parabrezza*
Wie weit ist es nach …?	*Quanto è distante …?*
Wo ist die nächste Werkstatt?	*Dov'è l'officina più vicina?*
Wo ist die nächste Tankstelle?	*Dov'è la stazione di rifornimento più vicina?*
Wohnmobil	*camper*
Wohnwagen	*roulotte, caravan*

Z

Zoll	*dogana*
Zulassung	*immatricolazione*
Zündkerze	*candela d'accensione*
Zündung	*accensione*
Zündschüssel	*chiavetta d'accensione*
Zusammenstoß	*collisione*
Zylinder	*cilindro*
Zylinderkopf	*testata/testa del cilindro*

WEITERE NÜTZLICHE BEGRIFFE

A

acque	Gewässer
aeroporto	Flughafen
altipiano/altopiano	Plateau/Hochebene
altura/collina	Anhöhe/Hügel

B

baia	Bucht
bassopiano	Niederung, Tiefebene
belvedere	Aussichtspunkt
bivio	Gabelung
bosco/selva/foresta	Wald

C, D

cammino	Weg
canale	Kanal
capo	Kap
cascata	Wasserfall
castello	Schloss/Kastell/Burg
centro	Zentrum
chiesa	Kirche
cima/vetta	Gipfel
cima arrotondata	Bergkuppe
città	Stadt
cittadella	Zitadelle
colle	Hügel
convento/monastero	Kloster
costa	Küste
cresta	Grat
cresta di una montagna	Bergkamm
diga di sbarramento	Staudamm

F, G

fermata	Haltestelle/Station
fiume	Fluss
funivia/teleferica	Seilbahn
giardino zoologico	Tierpark
gola	Klamm/Schlucht
guado	Furt

I

insediamento	(An)Siedlung
isola	Insel

L

lago	See
limite della vegetazione arborea	Baumgrenze
lingua di terra	Landzunge

M

marciapiede	Bahnsteig
mercato	Markt
monte	Berg
montagna	Gebirge
municipio	Rathaus
museo	Museum

O, P

opera	Oper
orto botanico	botanischer Garten
parco	Park
passeggiata	Promenade
penisola	Halbinsel

pianura	Ebene/Flachland
polizia	Polizei
porto	Hafen
posta	Post
posto	Platz
prato	Wiese/Rasen
prato lungo d'un fiume	Flussaue

R

regione/paesaggio	Landschaft
riva	Ufer
rocca/fortezza	Burg
rovina	Ruine
ruscello/torrente	Bach/Wildbach

S

scoglio	Klippe
seggiovia	Sessellift
sentiero	Pfad/Weg
sentiero per escursioni	Wanderweg
spartiacque	Wasserscheide
spiaggia	Strand
salice	Weide
stagno	Teich/Weiher
stadio	Stadion
stazione	Bahnhof
strada	Straße

T

teatro	Theater
terreno	Gelände
torre (campanile)	Turm (Kirchturm)
traghetto	Fähre

V, Z

valle	Tal
vicolo	Gasse
villaggio	Dorf
vista	Aussicht/Fernblick
zona pedonale	Fußgängerzone
zoo	Zoo

254st-mm

KLEINE SPRACHHILFE ITALIENISCH

Die Sprachhilfe entstammt dem Kauderwelsch-Sprachführer **„Italienisch – Wort für Wort“** aus dem Reise Know-How Verlag.

Aussprache

Hier sind diejenigen Buchstaben(kombinationen) aufgeführt, deren Aussprache abweichend vom Deutschen ist bzw. sein kann.

ie, ai, eu	Doppellaute werden immer getrennt ausgesprochen, also „i-e“, „a-i“, „e-u“.
c	wie „k“ vor den Selbstlauten a, o, u; wie „tsch“ in „Matsch“ vor den Selbstlauten e, i
ch	wie „k“
g	wie „g“ vor den Selbstlauten a, o, u; wie „dsch“ in „Dschungel“ vor den Selbstlauten e, i
gh	wie „g“
gli	wie „lj“
gn	wie „nj“ in „Tanja“
h	stumm, wird nicht gesprochen
r	gerolltes Zungenspitzen-r
s	am Wortanfang immer stimmloses „s“ wie in „Bus“; in der Wortmitte zwischen Selbstlauten stimmhaftes „s“ wie in „Rose“
st	spitzes „st“ wie in „Hast“
v	wie „v“ in „Vase“
z	stimmhaftes „ds“ wie in „Rundsaal“

Zahlen

0	*zero*	11	*undici*	40	*quaranta*
1	*uno*	12	*dodici*	50	*cinquanta*
2	*due*	13	*tredici*	60	*sessanta*
3	*tre*	14	*quattordici*	70	*settanta*
4	*quattro*	15	*quindici*	80	*ottanta*
5	*cinque*	16	*sedici*	90	*novanta*
6	*sei*	17	*diciassette*	100	*cento*
7	*sette*	18	*diciotto*	200	*duecento*
8	*otto*	19	*diciannove*	300	*trecento*
9	*nove*	20	*venti*	1000	*mille*
10	*dieci*	30	*trenta*	2000	*duemila*

Die wichtigsten Richtungsangaben

(a) sinistra	(nach) links
(a) destra	(nach) rechts
d(i)ritto	geradeaus
indietro	zurück, rückwärts
vicino	nah
lontano	weit, fern
qui, qua	hier, hierher
lì, là	dort, da
accanto	nebenan
di fronte	gegenüber
davanti	vor, vorne
svoltare	abbiegen
tornare	zurückkommen/-fahren
all'angolo	an der Ecke

Die wichtigsten Fragewörter

chi?	wer?	*quando?*	wann?
che (cosa)?	was?	*perchè?*	warum?
come?	wie?	*quanto?*	wie viel?
dove?	wo(hin)?	*quanti/-e?*	wie viele?
di/da dove?	woher?	*quale?*	welche(r)?

Die wichtigsten Zeitangaben

oggi	heute	*(più) tardi*	spät(er)
domani	morgen	*di mattina*	morgens
dopodomani	übermorgen	*a mezzogiorno*	mittags
ieri	gestern	*di sera*	abends
l'altro ieri	vorgestern	*di notte*	nachts
adesso, ora	jetzt	*a mezzanotte*	um Mitternacht
subito	sofort	*lunedì*	Montag
fra poco	bald	*martedì*	Dienstag
sempre	immer	*mercoledì*	Mittwoch
mai	nie	*giovedì*	Donnerstag
prima	vorher	*venerdì*	Freitag
dopo	nachher	*sabato*	Samstag
(più) presto	früh(er)	*domenica*	Sonntag

Die wichtigsten Floskeln und Redewendungen

ja – nein	*sì – no*
bitte (um etw. bitten)	*per favore*
Bitteschön! (anbieten)	*Prego!*
(Vielen) Dank!	*(Mille) Grazie!*
Keine Ursache!	*Di niente! / Non c'è di che!*
Guten Morgen / Tag!	*Buongiorno!*
Guten Abend!	*Buona sera!*
Herzlich willkommen!	*Benvenuto!/Benvenuta!*
Wie geht es dir / Ihnen?	*Come stai / sta?*
(Sehr) gut. – Schlecht.	*(Molto) bene. – Male.*
Auf Wiedersehen! (du/Sie)	*Arrivederci! / ArrivederLa!*
Hallo!, Tschüss!	*Ciao!*
Bis später! / Bis morgen!	*A più tardi! / A domani!*
In Ordnung!	*Va bene!, D'accordo!*
Ich weiß (es) nicht.	*Non (lo) so.*
Guten Appetit!	*Buon appetito!*
Zum Wohl!, Prost!	*Salute!, Cin cin!*
Die Rechnung, bitte!	*Il conto, per favore!*
Entschuldige/n Sie!	*Scusa! / Scusi!*

Liebe Leserin, lieber Leser,

ein unabhängiger Verlag für unabhängig Reisende – das sind wir, der Reise Know-How Verlag aus Bielefeld, eines der letzten Familienunternehmen in der Branche. Obwohl wir zu den größten Reiseführerverlagen Deutschlands gehören, ist der familiäre Umgang miteinander in allen Bereichen des Verlagslebens zu spüren: In der Geschäftsführung in zweiter Generation, in einer wertschätzenden Arbeitsatmosphäre, in der Nähe zu unseren frei arbeitenden Autorinnen und Autoren, im engen Austausch mit unseren Leserinnen und Lesern – und auch in der Zusammenarbeit mit Druckereien in Deutschland, in denen wir ausschließlich und regional unsere Bücher produzieren. Die sollen schließlich erst mit Ihnen auf große Reise gehen.

Alles, was wir in unsere Bücher und Landkarten stecken, soll Ihnen eines ermöglichen: Auf Ihre ganz eigene, individuelle Weise die Welt zu entdecken. Wir wünschen Ihnen viel Freude und unvergessliche Erlebnisse mit diesem Wohnmobil-Tourguide.

Es grüßen herzlich
Peter Rump & Wayan Rump

REGISTER

T

U, V

W

Z

DER AUTOR

091st-mm

Michael Moll begann seine Campingkarriere mit einer Fahrradreise durch Europa. Ihr folgte eine Radreise, die ihn für einen karitativen Zweck zu zahlreichen Prominenten brachte. Später war er mit einem VW-Bus und per Wohnmobil in sämtlichen Ländern des europäischen Festlands unterwegs und lebte zwischendurch sogar drei Jahre lang ausschließlich in einem Wohnmobil.

Michael Moll hat bereits mehr als 90 Reiseführer für Wohnmobilurlauber, Wanderer, Pilger auf dem Jakobsweg und Fahrradtouristen geschrieben. Außerdem hält er bundesweit Multimedia-Präsentationen über seine Reisen und in unregelmäßigen Abständen veranstaltet er Fotoausstellungen mit seinen Bildern. 2016 stellte er in den Alpen einen Fahrradweltrekord auf und radelte innerhalb von 24 Stunden durch sechs Alpenstaaten. Im gleichen Jahr investierte er in einen eigenen Wohnmobilstellplatz und begrüßt seither seine Gäste am Barockschloss Nordkirchen im südlichen Münsterland.

Mehr Informationen über den Autor, seine Bücher und den Wohnmobilstellplatz gibt es unter www.dieweltenbummler.de.

IMPRESSUM

Michael Moll

Die schönsten Routen durch Südtirol und am Gardasee

7., neu bearbeitete und aktualisierte Auflage 2024

ISBN 978-3-8317-3790-1

Printed in Germany

Druck und Bindung:
mediaprint solutions GmbH, Paderborn

Herausgeber: Klaus Werner
Layout: amundo media GmbH (Inhalt), Wayan Rump (Umschlag)
Lektorat: amundo media GmbH
Routenkarten: world mapping project
Ortspläne: amundo media GmbH, der Verlag
Kontakt: Osnabrücker Str. 79, 33649 Bielefeld, info@reise-know-how.de
Anzeigenvertrieb: KV Kommunalverlag GmbH & Co. KG, Alte Landstraße 23, 85521 Ottobrunn, Tel. 089 928096-0, info@kommunal-verlag.de

---

Bildnachweis: Umschlagvorderseite: ©Michael Lutz, stock.adobe.com |
Umschlagrückseite: Camping Passeier/Meran©Benjamin Pfitscher (oben), ©AnnaReinert, stock.adobe.com (unten)
Soweit ihre Namen nicht vollständig am Bild vermerkt sind, stehen die Kürzel an den Abbildungen für die folgenden Fotografen, Firmen und Einrichtungen. Michael Moll: mm

---

068st-mm

069st-mm

ROUTENATLAS

H
J
2
10°30'
46°30'
Freienfeld
Meran
Brixen
Cortina d'Ampezzo
Bozen
Fondo
Arabba
Andalo
Trient
Mel
Riva d. Garda
Treviso
Garda
Venezia
Padova
Verona
Tschlin/ Schleins
Strada
Vná
Ramosch
Crusch
En/Inn
Bassa Engadin
Unterengadin
Piz Lischana 3105
Piz Plavna Dadaint 3166
S-charl
Piz Sesvenna 3205
Punt la Drossa
Stradin 2149
Ofenpass Pass dal Fuorn
Tschierv
Urtiola 2909
Kloster Mustiar
Fulderá
Valchava
Santa Maria i. Münstertal
Mustair/ Münster
Tubre/ Taufers i.M.
Lago d. Gallo
Pzo. d. Ferro 3033
Cma. la Casina 3180
Piz Umbrail 3031
Umbrailpass 2501
Lago di San Giacomo
Lago di Cancano
Trepalle
Pso. di Foscagno 2291
Valdidentro
Semogo
Pecé
Bagni di Bórmio
Premadio
Bórmio
Valfurva
S. António
Oga
S. Lucia
Biatta
Cepina
M. Foscagno 3234
Val Viola
Bormina
Valfurva
Frodolfo
Cma. de Piazzi
Valdisotto
Stilfserjoch Pso. d. Stelvio 2758
M. Confinale 3370
S. Caterina
228
Résia/Reschen
L. di Résia/ Reschensee
Róia/ Rojen
205
Curon Venosta/ Graun in Vinschgau
S. Valentino alla Muta/ St. Valentin auf der Haide
L. di Muta/ Haider See
Planol/Planeil
Slingia/ Schlinig
Burgúsio/ Burgeis
Marienberg
Málles Venosta/ Mals im Vintschgau
St. Benedikt
Clusio/Schleis
Láudes/Laatsch
Glorenza/ Glurns
Rom
Mázia/Matsch
Sluderno/ Schluderns
Churburg
Tanai/Thanai
Venosta/V
Tanas/ Tannas
Córzes/ Kortsch
199
Silandro/ Schlanders
Agúmes/Agums
201
Prato allo Stélvio/ Prad a. Stilfserjoch
Céngles/ Tschengls
Lasa/ Laas
Adige/Etsch
Mórter
Stélvio/Stilfs
Val di Trafoi
Salda
Trafoi
Parco Nazionale
dello Stelvio
Solda di Fuori/ Außersulden
Solda/Sulden
Órtles 3905 Ortler
Cma. Vertana 3544 Vertainspitze
P. di Lasa 3544 Orgelspitze
Val Martello/ Martelltal
Martello/ Martell
L. di Gioveretto
Gioveretto 3439 Zufrittspitze
Cma. Venezia 3386
M. Cevedale 3769 Zufallspitze
L. d. Careser
Collécchio 2957
Rabbi
Weißseespitze 3532 P. Lago Bianco
Weißkogel 3738 Palla Bianca
Pta. Valbella 3359 Valvelspitze
P. Saldura 3433 Saldurnspitze
Maso Corto/ Kurzras
L. di Vernago
Mastaun 3200
27
28
41
38
40
300
301
622
180
179
178
177
176
175
174
171
172
173
170
169
168
166
31
5

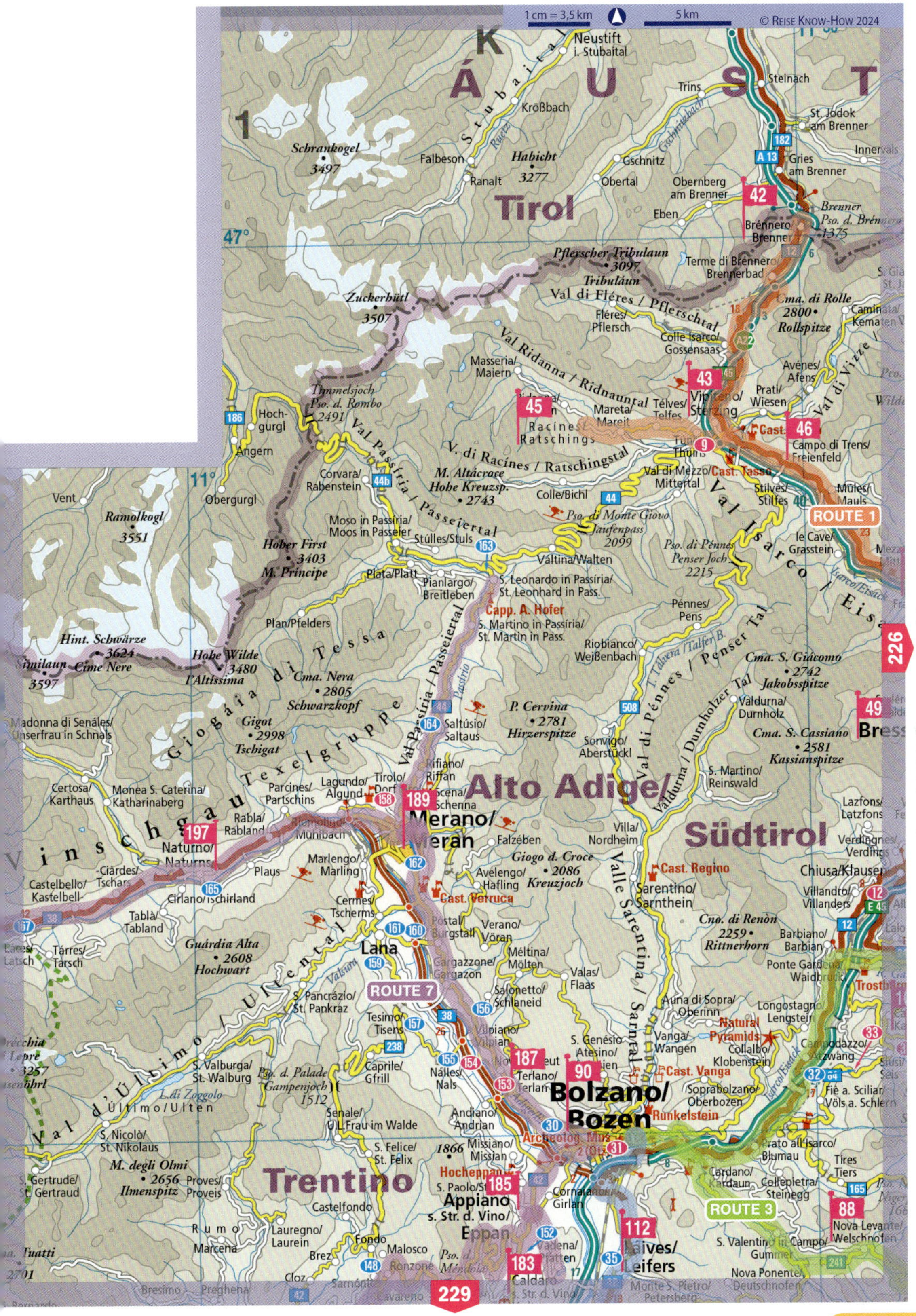

1 cm = 3,5 km
5 km
© REISE KNOW-HOW 2024
ÖSTERREICH
Tirol
Alto Adige/
Südtirol
Trentino
Neustift i. Stubaital
Stubaital
Kroßbach
Schrankogel 3497
Habicht 3277
Falbeson
Ranalt
Gschnitz
Obertal
Trins
Steinach
St. Jodok am Brenner
Innervals
Gries am Brenner
Obernberg am Brenner
Eben
Brennero/ Brenner
Brenner Pso. d. Brennero 1375
Pflerscher Tribulaun 3097
Tribulaun
Terme di Brennero/ Brennerbad
Zuckerhütl 3507
Val di Fléres / Pflerschtal
Fléres/ Pflersch
Colle Isarco/ Gossensaas
Cma. di Rolle 2800 Rollspitze
Val Ridanna / Ridnauntal
Masseria/ Maiern
Racines/ Ratschings
Mareta/ Mareit
Telves/ Telfes
Vipiteno/ Sterzing
Avènes/ Afens
Prati/ Wiesen
Val di Vizze
Campo di Trens/ Freienfeld
Timmelsjoch Pso. d. Rombo 2491
Hochgurgl
Angern
Obergurgl
Vent
Ramolkogl 3551
Corvara/ Rabenstein
Val Passiria / Passeiertal
V. di Racines / Ratschingstal
M. Altácrace Hohe Kreuzsp. 2743
Colle/Bichl
Val di Mezzo/ Mitterta
Cast. Tasso
Stilves/ Stilfes
Mules/ Mauls
ROUTE 1
Moso in Passíria/ Moos in Passeier
Stúlles/Stuls
Pso. di Monte Giovo Jaufenpass 2099
Pso. di Pénnes Penser Joch 2215
Val Isarco / Eisack
le Cave/ Grasstein
Hoher First 3403 M. Principe
Plata/Platt
Pianlargo/ Breitleben
Váltina/Walten
S. Leonardo in Passíria/ St. Leonhard in Pass.
Capp. A. Hofer
S. Martino in Passíria/ St. Martin in Pass.
Plan/Pfelders
Pénnes/ Pens
Hint. Schwärze 3624
Similaun 3597
Cime Nere
Hohe Wilde 3480 l'Altíssima
Giogáia di Tessa
Cma. Nera 2805 Schwarzkopf
Riobianco/ Weißenbach
Val di Pénnes / Penser Tal
Cma. S. Giácomo 2742 Jakobsspitze
Valdurna/ Durnholz
Gigot 2998 Tschigat
Texelgruppe
P. Cervina 2781 Hirzerspitze
Saltúsio/ Saltaus
Sonvigo/ Aberstückl
Cma. S. Cassiano 2581 Kassianspitze
Madonna di Senáles/ Unserfrau in Schnals
Val Passíria / Passeiertal
Rifiano/ Riffian
Tirolo/ Dorf
Valdurna / Durnholzer Tal
S. Martino/ Reinswald
Certosa/ Karthaus
Monea S. Caterina/ Katharinaberg
Parcines/ Partschins
Lagundo/ Algund
Scena/ Schenna
Merano/ Meran
Lazfons/ Latzfons
Rabla/ Rabland
Vinschgau
Naturno/ Naturns
Ciárdes/ Tschars
Plaus
Marlengo/ Marling
Falzébèn
Giogo d. Croce 2086 Kreuzjoch
Villa/ Nordheim
Verdings
Chiusa/Klausen
Castelbello/ Kastelbell
Cirlano/ Tschirland
Avelengo/ Hafling
Cast. Verruca
Cast. Regino
Sarentino/ Sarnthein
Villandro/ Villanders
Valle Sarentina / Sarntal
Tablà/ Tabland
Cermes/ Tscherms
Postal/ Burgstall
Verano/ Vöran
Cno. di Renòn 2259 Rittnerhorn
Barbiano/ Barbian
Tárres/ Tarsch
Guárdia Alta 2608 Hochwart
Lana
Méltina/ Mölten
Ponte Gardena/ Waidbruck
Gargazzone/ Gargazon
Valas/ Flaas
ROUTE 7
Salonetto/ Schlaneid
Val d'Último / Ultental
S. Pancrázio/ St. Pankraz
Auna di Sopra/ Oberinn
Longostagno/ Lengstein
Tesimo/ Tisens
Vilpiano/ Vilpian
Natural Pyramids
S. Genésio Atesino/ Jenesien
Vanga/ Wangen
Collalbo/ Klobenstein
Campodazzo/ Atzwang
Caprile/ Gfrill
Nalles/ Nals
Terlano/ Terlan
Cast. Vanga
Pso. d. Palade Gampenjoch 1512
S. Valburga/ St. Walburg
L. di Zoggolo
Bolzano/ Bozen
Soprabolzano/ Oberbozen
Fiè a. Sciliar/ Völs a. Schlern
Runkelstein
Senale/ U.L.Frau im Walde
Andriano/ Andrian
Archeolog. Mus.
S. Nicolò/ St. Nikolaus
S. Felice/ St. Felix
Missiano/ Missian
Prato all'Isarco/ Blumau
M. degli Olmi 2656 Ilmenspitz
Hocheppan
Tires/ Tiers
S. Gertrude/ St. Gertraud
Proves/ Proveis
S. Paolo/St. Pauls
Appiano s. Str. d. Vino/ Eppan
Cornaiano/ Girlan
Cardano/ Kardaun
Collepietra/ Steinegg
ROUTE 3
Castelfondo
Nova Levante/ Welschnofen
Rumo
Marcena
Lauregno/ Laurein
Fondo
Malosco
Brez
Vadena/ Pfatten
Laives/ Leifers
S. Valentino in Campo/ Gummer
Cloz
Sarnonico
Ronzone
Pso. d. Mendola
Caldaro s. Str. d. Vino
Nova Ponente/ Deutschnofen
Bresimo
Preghena
Cavareno
Monte S. Pietro/ Petersberg
47°
11°
A 13
A 22
226
229

1 cm = 3,5 km
5 km
© Reise Know-How 2024
Freienfeld
Meran
Brixen
Cortina d'Ampezzo
Bozen
Fondo
Arabba
Andalo
Trient
Mel
Riva d. Garda
Treviso
Garda
Venezia
Verona
Padova
Ginzling
Roßwandspitze 3751
Rauchkofel 3251
Pco. dei Tre Signori 3498
Dreiherrenspitze
Österreich
Großer Löffler 3378
M. Lovello
Ahrntal
Predoi/ Prettau
Pzo. Rosso di Predoi 3495
Rötspitze
S. Giàcomo/ St. Jakob
S. Pietro/ St. Peter
Pzo. di Alpre 3083
Arventalspitze
Großer Möseler 3479
Mèsule
Valle Aurina
Cadipietra/ Steinhaus
Osttir
S. Giàcomo/ St. Jakob
Hochfeiler 3510
Gran Pilastro
S. Giovanni/ St. Johann
Cma. Dura 3130
Durreck
Riva di Túres/ Rain in Taufers
Riobianco/ Weißenbach
Sasso Lungo dl Collato 3237
Lenkstein
Pfitscher Tal
L. di Neves/ Neveser See
Campo Tures
Sand in Taufers
Vedrette di Ries
Collalto 3436
Hochgall
Erlabach
Pco. d. Croce 3132
Wilde Kreuzsp.
Val di Fúndres / Pfunderer Tal
V. Selva dei Molini / Mühlwalder T.
Lappago/ Lappach
Molini di Tures/ Mühlen in Taufers
Croda Nera 3105
Schwarze Wand
Riesenfernergruppe
Pso. Stalle
Staller Sattel 2052
Fúndres/ Pfunders
M. Gruppo 2809
Grubbachsp.
Selva dei Molini/ Mühlwald
Valle di Túres / Taufer Tal
Antholzer Tal
Anterselva di Sopra/ Antholz Obertal
Val di Vallès / Valser
Villa Ottone/ Uttenheim
Anterselva di Mezzo/ Antholz Mittertal
Vallès/ Vals
Vallarga/ Weitental
Marga/ Margen
Terento/ Terenten
Riomolino/ Mühlbach
Villa/Dörfl
Gàis
V. di Anterselva
Gsieser Tal
S. Maddalena/ St. Magdalena
Maranza/ Meransen
Vandòies/ Vintl
S. Sigismondo/ St. Sigmund
Issengo/ Issing
S. Giorgio/ St. Georgen
Vila di Sopra/ Oberwielenbach
M. Novale di Fuori 2493
Eisatz
S. Martino in C./ St. Martin in G.
Mezzaselva/ Mittewald
47
57
Rio di Pusteria/ Mühlbach
58
Fálzes/ Pfalzen
60
Villa S. Caterina/ Aufhofen
Perca/ Percha
Valle di Casies
Colle di Dentro (Innerpichl)
Fortezza/ Franzensfeste
S. Benedetto/ Nauders
Casteldarne/ Ehrenburg
S. Lorenzo d.S./ St. Lorenzen
Brunico/ Bruneck
Cast. Lamberto
Rasun/Rasen
Tésido/ Taisten
68
72
Spinga/ Spinges
57
Rodengo/ Rodeneck
Val Pusteria
Montana/ Mantal
Riscone/ Reischach
Valdàora/ Olang
Monguelfo/ Welsberg
Villabassa/ Niederdorf
Dobbiaco/ Toblach
225
Eisacktal
Sciàves/Schabs
Naz/Natz
Lùson/ Lüsen
Ònies/ Onach
2273
Plan de Corónes
Kronplatz
Vahrn
56
Novacella/Neustift
S. Vito/ St. Veit
69
Vallone/ Pflung
Val di Landro
Elvas
S. Leonardo/ St. Leonhard
Longega/ Zwischenwasser
Pieve di M./ Enneberg-Pfarre
Plose
Bressanone/ Brixen
S. Andrea i.M./ St. Andrä
Cma. d. Plose 2742
Telegraph
Rina/ Welschellen
Val Badia
Marebbe/ Enneberg
L. di Bráies/ Pragser Wildsee
Croda
Sarnes/Sarns
Plàncios/ Palmschoß
Antermóia/ Untermoi
S. Martino i.B./ St. Martin i. Thurn
Croda d. Becco 2810
Seekofel
Prato Piazza/ Plätzwiesen
ROUTE 2
Velturno/ Feldthurns
Albes/ Albeins
Valcroce/ Kreuztal
Dolomiti
Èores/Afers
Gadertal
Val di Fúnes / Villnösstal
Longiarù/ Campill
Cma. Dieci 3026
Zehnerspitze
Croda Rossa 3146
Hohe Gaisl
Carbonin/ Schluderbach
Gudon/ Gufidaun
Pizzago/ Pitzach
S. Maddalena/ St. Magdalena
Albions
Pedráces/ Pedratsches
S. Leonardo/ St. Leonhard
Laion/Lajen
le Odle / Geislergruppe
Sass Rigáis 3025
la Villa/Stern
la Varella 3055
M. Cristallo 3221
Val Gardena / Grödner Tal
102
105
107
Castelrotto/ Kastelruth
Ortisei/ St. Ulrich
S. Cristina Valg./ St. Christina i.G.
Pso. di Gardena
Grödner Joch 2121
San Cassiano/ St. Kassian
Tofana di mezzo 3243
79
Pso. Tre Croci 1805
107
Selva di Valg./ Wolkenstein i.G.
Colfosco/ Kolfuschg
Corvara i.B./ Corvara
Pso. di Valparola 2192
Pocol
Cortina d'Ampezzo
Alpe di Siusi / Seiser Alm
Siusi/ Seis
Sasso Lungo 3179
Langkofel
Gruppo di Sella
Piz Boè 3152
84
Livinallongo del Col di Lana
Settsass 2571
Zuèl
Sciliar 2563
Schlern
Pso. di Sella
Sellajoch 2244
Sellagruppe
Pso. di Falzarego 2105
Acquabona
Pta. Sorapiss 3205
86
Campitello di Fassa
Arabba
Pso. di Giau 2233
Croda da Lago 2701
Catinàccio / Rosengarten
Catinàccio d'Antermóia 3002
Kesselkogel
85
la Mésola
Canazei
Pso. Pordoi 2239
T. Avisio
2734
Pso. di Fedáia 2057
Colle S. Lucia
Selva di Cadore
Valle d'Ampezzo
S. Vito di Cadore
Serdes
Borca di Cadore
Vodo Cadore
Pso. Nigra
Nigerpass 1688
Ronch
Fontanazzo
Mazzin
Alba
L. di Fedáia
Marmolada 3343
87
87
Vigo di Fassa
Pozza di Fassa
Palue
Rocca Piétore
Pso. Staulanza 1773
M. Pelmo 3168
Sasso di Valfredda 3009
Costabella
230
L. d'Alleghe
Alleghe
Zoppè di Cadore

Großvenediger
3674
Hinterbichl
Prägraten
47°
Lasörling
3098
St. Jakob i. Defreggen
Mariahilf
Weiße Spitze
2962
M. Riepa
2774
Riepenspitze
Inner-villgraten
Cno. di Fana
2663
Toblacher Pfannhorn
Prato alla Drava/ Winnebach
Sillian
Arnbach
12°30'
Drau
Kartitsch
Kartitscher Sattel
1525
Leiten
Ober-tillach
Eggenkofel
2590
Unter-tillach
Bergen
Wallfahrtsk.
Maria Luggau
St. Lorenzen im Lesachtal
Liesing
Birnbaum
Podlan
St. Jakob im Lesachtal
Gail
S. Càndido/ Innichen
Drava
Sesto/Sexten
S. Giuseppe/ Moos
Bagni di S. Giuseppe/ Bad Moos
Val di Sesto
Großer Kingat
2689
M. Cavallino
Pso. di M. Croce di Comélico
Kreuzbergpass
1636
Val Pádola
d. Baranci
2905
Tre Cime di Lavaredo
2999
Drei Zinnen
Cda. d. Toni
3094
Zwölferkofel
M. Peralba
2694
Hochweißenstein
Hohe Warte
2694
M. Coglians
M. Rinaldo
2471
Piave di Visdende
Piave
Forni Avoltri
Sigilletto
Collina
M. Crostis
2251
Dosoledo
Pádola
Candide
Sega Digòn
San Nicolò di Comelico
Costalta
Comelico Superiore
S. Antònio
Costalissoio
S. Pietro di Cadore
Sappada
Giralba
Ansiei
Col S. Angelo
1756
2839
Gruppo d. Cadini
Auronzo di Cadore
L. di S. Caterina
Danta di Cadore
S. Stefano di Cadore
M. Creta Forata
2462
Rigolato
Valpicetto
Sella Valcalda
959
Tuàlis
Ravascletto
Pieria
Prato Carnico
Canale di Gorto
M. Terza grande
2585
M. Brentoni
2548
Cima Cogna
T. Pesarina
Pesàriis
Val Pesarina
Comeglians
Cimòn d. Froppa
2932
Vigo di Cadore
Lozzo di Cadore
Gruppo delle Marmarole
Sella Ciampigotto
1790
Sella di Razzo
1760
Sàuris
Lago di Sàuris
la Màina
Cella
Ovaro
M. Arvènis
1968
Col Gentile
2076
Lorenzago di Cadore
Domegge di Cadore
M. Antelao
3263
Calalzo di Cadore
Pieve di Cadore
Lago di Pieve di Cadore
Pso. d. Mauria
1295
Chiandarens
M. Bivera
2473
Pso. d. Pura
1425
Voltóis
Raveo
Avàglio
Vinaio
Villa Santina
Làuco
Enemonzo
Valle di Cadore
Vinigo
Sorto-castello
M. Cridola
2580
Forni di Sopra
Andrazza
Sella di Cima Corso
868
Ampezzo
Priuso
Socchieve
Preone
Invillino
Venas di Cadore
Perarolo di Cadore
Caralte
Cima Cadin
Forni di Sotto
Karnische Alpen
Lesachtal
Dolomiti
231

224
232
3
4
46°
Freienfeld
Meran
Brixen
Cortina d'Ampezzo
Fondo
Bozen
Arabba
Andalo
Trient
Mel
Riva d. Garda
Treviso
Garda
Venezia
Padova
Verona
Valdisotto
Valfurva
Aquilone
Adda
Verdezo
Fumero
Sondalo
M. Sobretta 3296
M. Vioz 3645
P. S. Matteo 3678
Cno. dei Tre Signori 3360
Pso. di Gávia 2621
P. di Pietra Rossa 3212
Val del Monte
Péjo
Péjo Terme
Val di Pejo
Cma. Tremenesca 2726
Cma. Vegáia 2890
Rabbi
S. Bernardo
Val di Rabbi
Menás
Commezzadura
Mezzana
Marilleva
Pellizzano
Ossana
Fucine
Vermiglio
Val Vermiglio
L. Pian Palù
M. Redival 2973
M. Serottini 2967
M. Coleazzo 3006
Pezzo
M. Tonale 2694
Ponte di Legno
Grosotto
M. Masuccio 2816
Mazzo di Valtellina
Vérvio
Prà Campo
Tovo di S. Ágata
Cma. Cadì 2449
Vezza d'Oglio
Stadolina
Vione
Temù
Pso. di Tonale 1883
Cma. Palù 3013
Passo Campo Carlo Magno 1681
Val di Sole
Sernio
Lóvero
Tirano
Monno
Incudine
Oglio
Cma. Presanella 3558
Cma. Busazza 3225
Bédole
M. Ritorto 2411
Madonna di Campiglio
Trivigno
M. Pádrio 2153
Édolo
Mu
Cortenedolo
Lombro
L. d'Aviolo
Pta. d. Venerócolo 3325
L. Nuovo
Val Génova
Carisolo
S. António di Mavignola
Val di Córteno
Córteno Golgi
Sónico
L. Pantana
L. d. Venerocolo
Adamello 3539
Ragada
Pinzolo
Giustino
Massimeno
Caderzone Terme
Strembo
Bocenago
Rino
Lezza
Garda
Crozzòn di Láres 3354
M. Fumo 3409
Val Rendena
Lando
Malonno
L. Dosazzo
M. Carè Alto 3462
Mortaso
Spiazzo
Pelugo
Fisto
Cast. d. Camp. 2538
Berzo-Demo
Saviore d. Adamello
Cno. Léndeno 2830
L. di Salarno
Vigo Rendena
M. Telenek 2753
Paisco Loveno
Loveno
Cevo
Valle di Saviore
Val Paisco
Novelle
Cedégolo
Val di Saviore
Cma. Cop di Breguzzo 3001
Villa Rendena
Darè
Binio
Coltura
Montagne
Larzana
Preore
Ragoli
Séllero
L. d'Arno
L. di Bissina
Zuclo
Bolbeno
Bleggio Superiore
M. Campione 2174
Incisioni rupestri
Rock drawings
Capo di Ponte
Paspardo
Ono S. Pietro
Cimbergo
M. Re di Castello 2889
Val di Daone
Breguzzo
Bondo
Roncone
Fiavè
Valle Camonica
Adamello
Cerveno
Ceto
Villa
L. di Boazzo
M. Corona 2507
Altissimo 2128
Valli Giudicarie
Pzo. Camino 2492
Lózio
Lósine
Braone
Niardo
Limes
Chiese
Lardaro
Ballino
Cornone di Blumone 2830
Daone
Praso
Tofino 2151
Pieve di Bono
M. Cádria 2254
Malegno
Borno
Ossimo
Cividate Camuno
Breno
Bienno
Prestine
Degna
Prezzo
L. di Tenno
Varese fall
Tenno
Piancogno
Berzo Inf.
Ésine
Castel Condino
Lenzumo
Concei
Enguiso
Campi
Riva del Garda
Boário Terme
Plemo
Campolaro
Coletto di Cadino 1943
Cimego
Tiarno
Bezzecca
Mezzolago
L. di Ledro
Condino
Val di Ledro
Val d'Ampola
Darfo-
Valle d. Cáffaro
2203
Biacesa
M. delle Palafitte
Legos
Gianico
Artogne
Monte Colombine 2215
Coletto d. Crocette 2070
Ca' Rossa
Darzo
Storo
M. Tremalzo 1974
M. Carone 1621
Pregasina
M. Muffetto 2060
Vissone
Alpiaz
Bagolino
Lodrone
Limone s. Garda
Cóllio
Dosso Alto 2065
Bondone
Tremosine
Bovegno
Val Trómpia
Pezzaze
Irma
M. Ário 1757
ROUTE 6
M. Cingla 1669
Magasa
M. Púria 1476
Arias
Malcésine
M. Guglielmo 1949
Corna Zeno 1619
Lago d'Idro (Eridio)
Valvestino
Távernole sul Mella
Marmentino
Pertica Bassa
Anfo
Capovalle
Tignale
Pertica Alta
Lavenone
Idro
Lemprato
L. di Valvestino
Brozzo
Lodrino
Marcheno
Mura
Vestone
Lago di Benaco
Sorelle Villa
Cma. Valdritta 2218
Monte Baldo

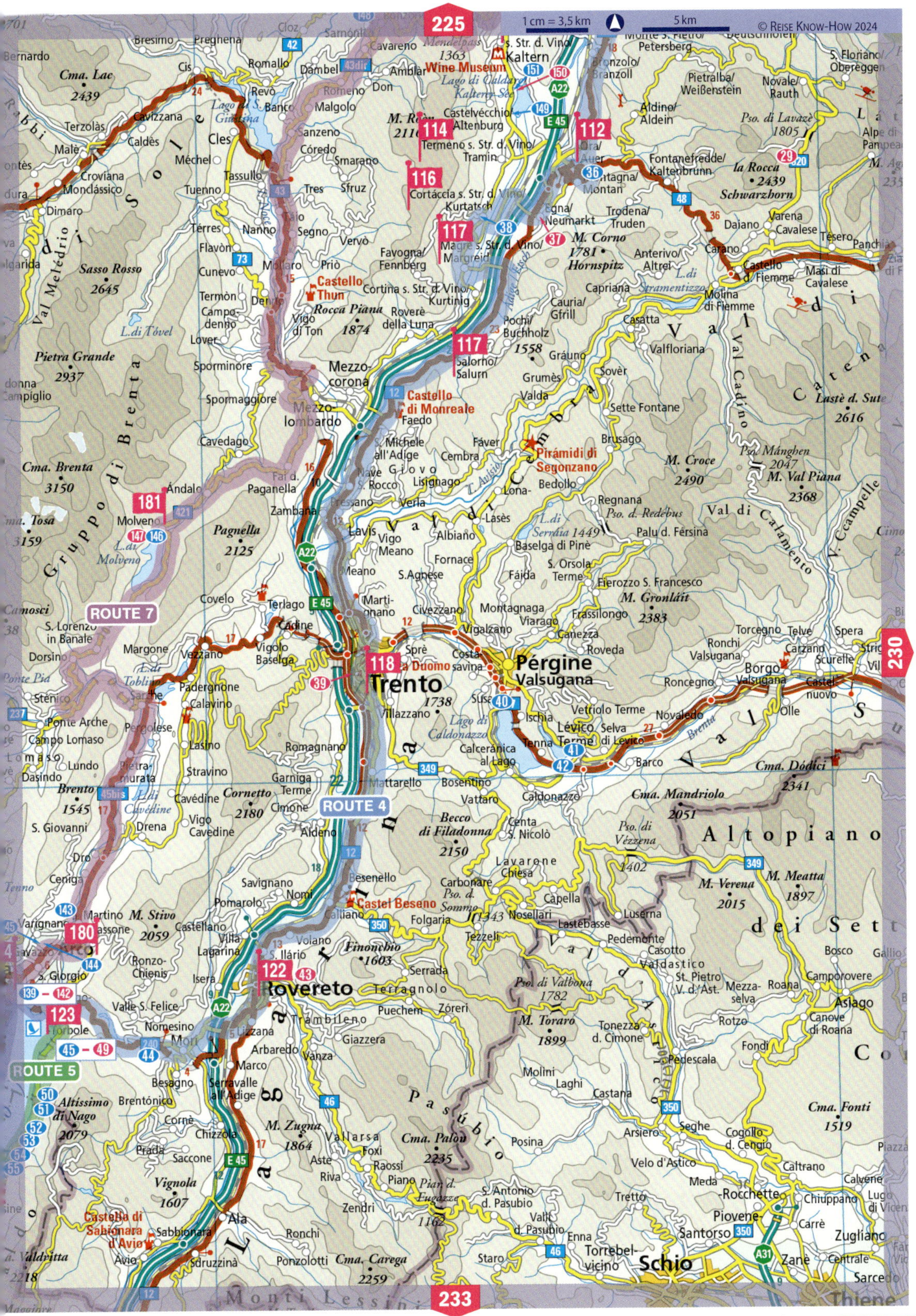

225
1 cm = 3,5 km
5 km
© Reise Know-How 2024
230
233
Kaltern
Wine Museum
Mendelpass 1363
Tramin
Neumarkt
Salurn
Castello di Monreale
Piramidi di Segonzano
Mezzocorona
Mezzolombardo
Castello Thun
Cles
Trento
Duomo
Pergine Valsugana
Levico Terme
Borgo Valsugana
Lago di Caldonazzo
Castel Beseno
Rovereto
Ala
Castello di Sabbionara d'Avio
Schio
Thiene
Arco
Torbole
Molveno
Cavalese
Val di Fiemme
Val di Cembra
Altopiano dei Sette Comuni
Gruppo di Brenta
Cma. Brenta 3150
Pietra Grande 2937
Sasso Rosso 2645
Paganella
M. Stivo 2059
Cma. Carega 2259
Pasubio
Vallarsa
ROUTE 4
ROUTE 5
ROUTE 7
112
114
116
117
118
122
123
180
181

226

229

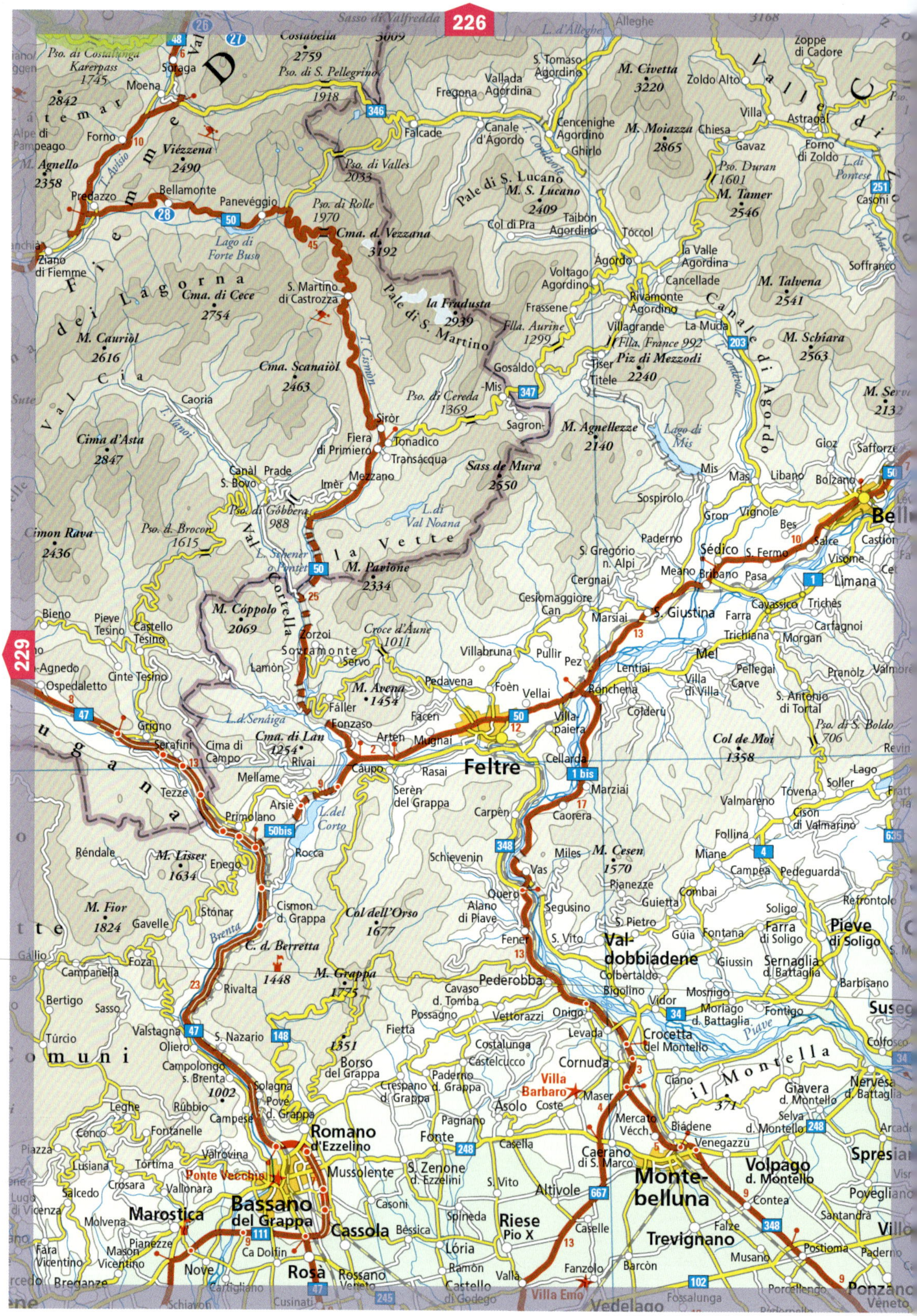
Feltre
Bassano del Grappa
Montebelluna
Valdobbiadene
Pieve di Soligo
Romano d'Ezzelino
Marostica
Cassola
Rosà
Riese Pio X
Trevignano
Volpago d. Montello
Cornuda
Pederobba
Crocetta del Montello
Caerano di S. Marco
Ponte Vecchio
Villa Barbaro
Villa Emo
Agordo
Predazzo
Moena
Sedico
S. Giustina
Fonzaso
Arsiè
Primolano
Lamon
Fiera di Primiero
Tonadico
Transàcqua
Imèr
Mezzano
Sospirolo
Cesiomaggiore
Pedavena
Quero
Alano di Piave
Valstagna
Asolo
Maser
Fonte
Paderno d. Grappa
Crespano d. Grappa
Borso del Grappa
Possagno
Cavaso d. Tomba
Altivole
Castello di Godego
Lória
M. Grappa
1775
M. Civetta
3220
M. Pavione
2334
Cima d'Asta
2847
Cma. d. Vezzana
3192
Pale di S. Martino
Pale di S. Lucano
Val di Fiemme
Catena dei Lagorai
la Vette
Valsugana
Sette Comuni
Canale di Agordo
Val Cismon
il Montello
Piave
Brenta
Lago di Mis
Lago del Corlo
Pso. di Rolle
1970
Pso. di Valles
2033
Pso. di Cereda
1369
Pso. d. Broccon
1615
Croce d'Aune
1011
M. Tamer
2546
M. Talvena
2541
M. Schiara
2563
Col de Moi
1358
M. Cesen
1570
M. Avena
1454
M. Lisser
1634
Col dell'Orso
1677

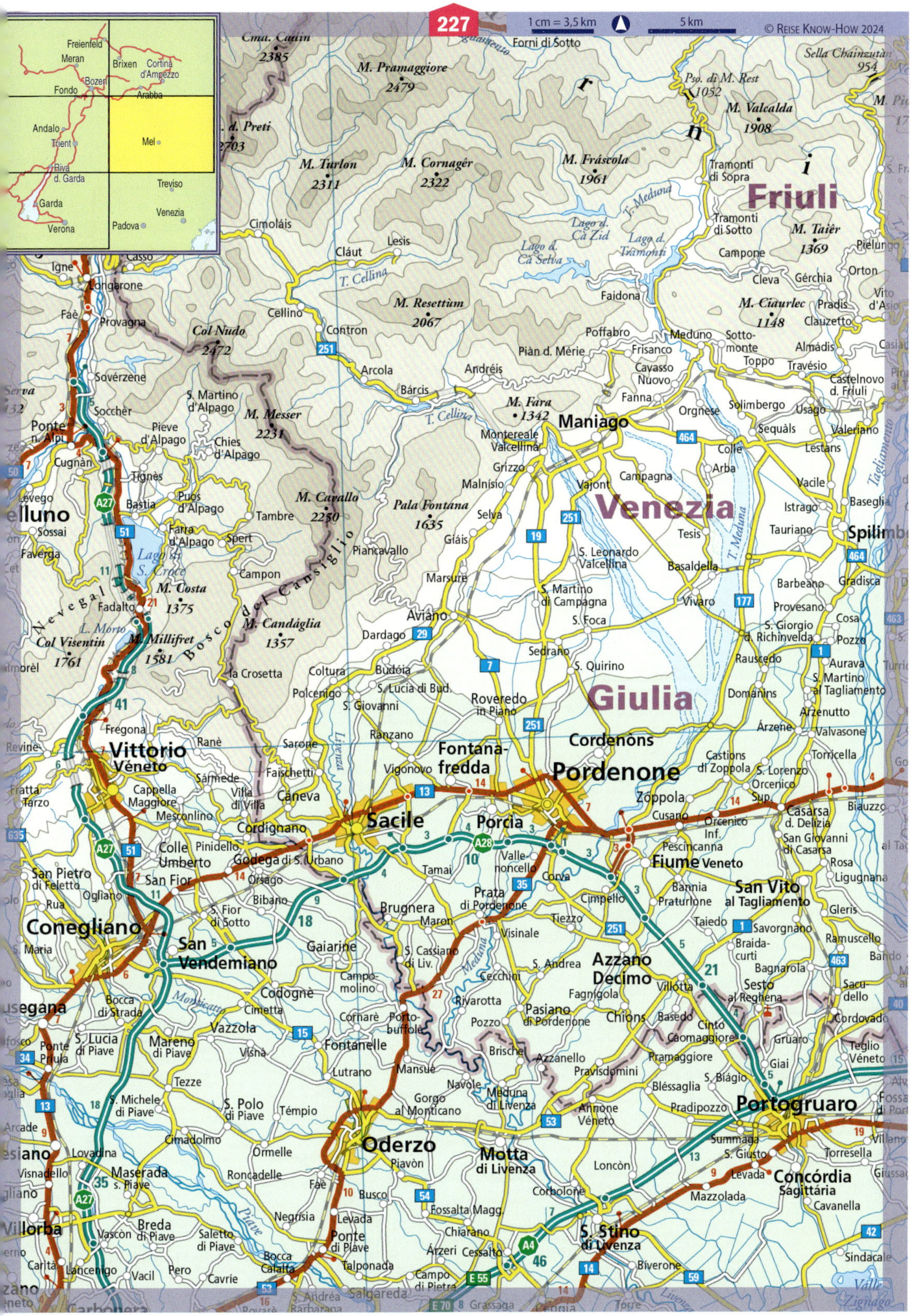
227
1 cm = 3,5 km
5 km
Freienfeld
Meran
Brixen
Cortina d'Ampezzo
Bozen
Fondo
Arabba
Andalo
Trient
Mel
Riva d. Garda
Treviso
Garda
Venezia
Verona
Padova
Cma. Caun 2385
Forni di Sotto
M. Pramaggiore 2479
Sella Chianzutan 954
Pso. di M. Rest 1052
M. Valcalda 1908
d. Preti 2703
M. Turlon 2311
M. Cornagêr 2322
M. Fràscola 1961
Tramonti di Sopra
Friuli
Tramonti di Sotto
M. Taièr 1369
Cimoláis
Lesis
T. Meduna
Lago d. Ca Zid
Lago d. Tramonti
Lago d. Ca Selva
Campone
Pielungo
Claut
Cleva
Gérchia
Orton
Casso
Igne
Longarone
T. Cellina
Faidona
M. Ciaurlec 1148
Pradis
Vito d'Asio
M. Resettùm 2067
Clauzetto
Faè
Provagna
Cellino
Contron
Poffabro
Meduno
Sotto-monte
Almádis
Col Nudo 2472
Piàn d. Mérie
Frisanco
Toppo
Travésio
Arcola
Andréis
Cavasso Nuovo
Castelnovo d. Friuli
Sovèrzene
Bárcis
Fanna
S. Martino d'Alpago
Soccher
M. Fara 1342
Maniago
Orgnese
Solimbergo
Usago
M. Messer 2231
T. Cellina
Sequals
Ponte n. Alpi
Pieve d'Alpago
Chies d'Alpago
Montereale Valcellina
Colle
Valeriano
Lestans
Cugnan
Grizzo
Arba
Tignes
Malnísio
Campagna
Vacile
Vajont
Levego
Puos d'Alpago
M. Cavallo 2250
Pala Fontana 1635
Venezia
Istrago
Baseglia
Belluno
Bastia
Tambre
Selva
Tauriano
Spilimbergo
Sossai
Farra d'Alpago
Spert
Gíais
Tesis
Faverga
Lago di S. Croce
Piancavallo
S. Leonardo Valcellina
Basaldella
Campon
Marsure
Barbeano
Gradisca
M. Costa 1375
Bosco del Cansiglio
S. Martino di Campagna
Vivaro
Provesano
Nevegal
Fadalto
Aviano
S. Foca
S. Giorgio d. Richinvelda
Cosa
L. Morto
M. Candáglia 1357
Pozzo
Col Visentin 1761
M. Millifret 1581
Dardago
Sedrano
Rauscedo
Aurava
S. Quirino
S. Martino al Tagliamento
la Crosetta
Coltura
Budóia
Polcenigo
S. Lucia di Bud.
Giulia
Domanins
S. Giovanni
Roveredo in Piano
Arzenutto
Árzene
Valvasone
Fregona
Ranzano
Cordenons
Torricella
Vittorio Véneto
Ranè
Sarone
Fontanafredda
Castions di Zoppola
S. Lorenzo
Orcenico Sup.
Sàrmede
Faischetti
Vigonovo
Pordenone
Fratta
Tarzo
Cappella Maggiore
Villa di Villa
Cáneva
Zóppola
Biauzzo
Sacile
Cusano
Orcenico Inf.
Casarsa d. Delizia
Mesconlino
Porcia
San Giovanni di Casarsa
Cordignano
Colle Umberto
Pinidello
Pescincanna
Godega di S. Urbano
Tamai
Vallenoncello
Fiume Veneto
Rosa
Orsago
Lìgugnana
San Pietro di Feletto
San Fior
Corva
Bannia
San Vito al Tagliamento
Ogliano
Bibano
Praturlone
Prata di Pordenone
Cimpello
Rua
S. Fior di Sotto
Brugnera
Maron
Tiezzo
Taiedo
Gleris
Conegliano
Savorgnano
Braida-curti
Ramuscello
San Vendemiano
Gaiarine
S. Cassiano di Liv.
Visinale
Azzano Decimo
Bando
S. Maria
S. Andrea
Bagnarola
Campomolino
Cecchini
Sesto al Reghena
Sacudello
Susegana
Codognè
Fagnigola
Villotta
Bocca di Strada
Rivarotta
Pasiano di Pordenone
Chions
Basedo
Cordovado
Cimetta
Cornarè
Portobuffolè
Pozzo
Cinto Caomaggiore
Gruaro
Teglio Véneto
Vazzola
Ponte Priula
S. Lucia di Piave
Mareno di Piave
Fontanelle
Brischel
Azzanello
Pramaggiore
Visnà
Lutrano
Mansuè
Giai
Tezze
Pravisdòmini
S. Biágio
Blèssaglia
Portogruaro
Navolè
Gorgo al Monticano
Meduna di Livenza
Annone Véneto
Pradipozzo
S. Michele di Piave
S. Polo di Piave
Témpio
Cimadolmo
Summaga
Villanova
Arcade
Oderzo
Motta di Livenza
Piavon
S. Giusto
Torresella
Lovadina
Ormelle
Loncòn
Maserada s. Piave
Roncadelle
Levada
Concórdia Sagittària
Visnadello
Faè
Busco
Corbolone
Mazzolada
Cavanella
Villorba
Levada
Negrisia
Fossalta Magg.
Breda di Piave
Saletto di Piave
Ponte di Piave
Chiarano
S. Stino di Livenza
Vascon
Bocca Callalta
Àrzeri
Cessalto
Sindacale
Carità
Lancenigo
Vacil
Pero
Cavrie
Talponada
Campo di Pietra
Biverone
Valle Zignago
S. Andrea Barbarana
Salgareda
Grassaga
Torre
Carbonera
Piave
Livenza
Meduna
Monticano
Tagliamento

228
Brescia
Lumezzane
Gardone Val Trompia
Sarezzo
Villa Carcina
Concesio
Bovezzo
Nave
Corna di Sonclino 1351
M. Ucia 1169
Gavardo
Prevalle
Rezzato
Mazzano
Bedizzole
Lonato
Calcinato
Montichiari
Castenedolo
Borgosatollo
Flero
S. Zeno Naviglio
Poncarale
Montirone
Bagnolo Mella
Ghedi
Leno
Manerbio
Carpenedolo
Calvisano
Castiglione delle Stiviere
Solferino
Birthplace of the Red Cross
Medole
Castel Goffredo
Guidizzolo
Cavriana
Volta Mantovana
Goito
Asola
Gotto-lengo
Pralboino
Milzano
Remedello
Acquafredda
Casalmoro
Casaloldo
Ceresara
Rodigo
Marmirolo
Roverbella
Porto Mantovano
Mantova
Centro storico
Curtatone
Virgilio
Suzzara
Marcaria
Bozzolo
Canneto s. Oglio
Castelfranco d'Oglio
Piadena
Isola Dovarese
Vescovato
Cicognola
Valeggio sul Mincio
Villafranca di Verona
Somma-campagna
Castelnuovo del Garda
Peschiera del Garda
Sirmione
Desenzano del Garda
Salò
Gardone Riviera
Toscolano-Maderno
Gargnano
Bardolino
Lazise
Garda
Torri d. Benaco
Manerba del Garda
Moniga del Garda
Padenghe s. Garda
Lago di Garda
Incisioni rupestri Rock drawings
Villa Bettoni
M. Pizzòcolo 1582
M. Zingla 1497
170
171
172
173
133
135
136
137
139
156
159
162
Detailkarte Gardasee siehe Seite 234
VBS
E 70
A4
A21
5
Meran
Brixen
Cortina d'Ampezzo
Bozen
Arabba
Fondo
Andalo
Trient
Mel
Riva d. Garda
Garda
Verona
Treviso
Padova
Venezia

229
1 cm = 3,5 km
5 km
© Reise Know-How 2024
Monti Lessini
M. Tomba 1766
M. Zévola 1975
Cma. di Marana 1552
Recoaro Terme
S. Quirico
Thiene
Valdagno
Malo
Villaverla
Isola Vicentina
Caldogno
Cornedo Vicentino
Castelgomberto
Trissino
Chiampo
Montécchio Maggiore
Creazzo
Altavilla Vicentina
Arzignano
Brendola
Montebello Vicentino
Lonigo
San Bonifacio
Soave
Colognola ai Colli
Illasi
Caldiero
San Martino Buon Albergo
Verona
142
Pescantina
S. Pietro in Cariano
S. Ambrogio Valpolicella
Negrar
Grezzana
Valpolicella
Val Policella
Valle di Squaranto
Val d'Illasi
VRN Aeroporto di Verona
San Giovanni Lupatoto
Zévio
Castel d'Azzano
Povegliano Veronese
Buttapietra
Vigásio
Isola della Scala
Bovolone
Oppeano
Ronco all'Adige
Albaredo d'Adige
Cologna Veneta
Arcole
Adige
Montagnana
Legnago
Cerea
Nogara
Bonferraro
Sanguinetto
Casaleone
Villa Bartolomea
Gazzo Veronese
Ostiglia
Sustinente
Serravalle a Po
Melara
Bergantino
Castelnovo Bar.
Castelmassa
Valli Grandi Veronesi
Roncoferraro
Bagnolo S. Vito
S. Benedetto Po
Badia Polesine
Castagnaro
Trecenta
Ceneselli
Sermide
Quistello
E 70
A4
A22
E 45
Po
Tione
Menago
Fratta

1 cm = 1,6 km
2 km
© Reise Know-How 2024
Gazzane
Roè
Volciano
170
171
45bis
11
Maderno
Gardone Riviera
Salò
S. Giacomo
Portese
S. Felice d. Benaco
Puegnago s. Garda
Muscoline
20
Polpenazze del Garda
Manerba del Garda
572
Soiano d. Lago
Moniga del Garda
Carzago Riv.
ROUTE 6
Padenghe s. Garda
162
Sedena
Desenzano del Garda
159
Sirmione
Colombare
Rivoltella
6
9
11
7
E 70
8
54
10
S. Pietro
S. Benedetto
Peschiera del Garda
156
Castelnuovo del Garda
4
Lago di
249
d. Montagna
135
Torri d. Benaco
Castiòn Ver.
Pésina
Incisioni rupestri
Rock drawings
136
Garda
Costermano
137
Bardolino
Affi
Cavaion Veronese
Calmasino
ROUTE 5
139
Lazise
450
14
Colá
Oliosi
12

ZEICHENERKLÄRUNG ZUM ROUTENATLAS

Straßennummern Road numbers Numérotation des routes Número de carretera Numerazione delle strade Номера автодорог (A22, E 66, 12)	Internationaler / Nationaler Flughafen International / National airport Aéroport international / national Aeropuerto internacional / Aeródromo nacional Aeroporto internazionale / Aeroportonazionale Международный аэропорт / Аэродром
Autobahn mit Auffahrt/Mautstelle Motorway with interchange and toll barrier Autoroute avec échancheur et barrière de péage Autopista con enlace, barrera de peaje Autostrada con raccordo e stazione a barriera Автобан с примыканием	Berg (Höhe in m) Mountain (height in m) Mont (altitude en mètres) Montaña (altitud en metros) Monte (alto in metri) Вершина (высота в метрах) (1035)
Autobahn in Bau / in Planung Motorway under construction / planned Autoroute, en construction / en projet Autopista, en construcción / en proyecto Autostrada in construzione / planificata Автобан, строящаяся	Fluss / Wasserfall / Damm, Wehr River / Waterfall / Dam, weir Rivière / Cascade / Barrage, digue Río / Cascada, catarata / Presa Fiume / Cascata / Diga Река / Водопад / Дамба, пруд
Schnellstraße Dual carriageway Route à grande circulation Carretera principal Strada di grande comunicazione Скоростная автомагистраль	Nationalpark, Naturpark National park, nature reserve Parc national, réserve naturelle Parque nacional, reserva natural Parco nazionale, naturale Национальный парк. Природный парк
Fernstraße Major route Route à grande circulation Carretera nacional Strada di grande comunicazione Шоссе	UNESCO Welterbe UNESCO world heritage Patrimoine mondial de l'UNESCO Patrimonio de la Humanidad (UNESCO) UNESCO Patrimonio dell'Umanita Мировое наследие ЮНЕСКО
Hauptstraße Main road Route principale Carretera principal Strade principale Главная автодорога	Kirche / Kloster Church / Monastery Église / Abbaye Iglesia / Monasterio Chiesa / Convento Церковь / Монастырь
Nebenstraße / Sonstige Straße Secondary road / Other road Route secondaire / Autre route Carretera secundaria / Otra carretera Strada secondaria / Altre strade Основной проезд / Прочий проезд	Burg, Schloss / Burgruine Castle / Ruined castle Château, château-fort / Châtau en ruine Castillo / Castillo en ruinas Castello, fortezza / castello in rovina Замок / Руины
Fahrweg (unbefestigt, saisonal) Track (unpaved, seasonal) Voie étroite (non stabilisée, temporaire) Pista (sin asfaltar, temporal) Carrareccia, sentiero Проезд	Bedeutendes Museum Important museum Musée remarquable Museo de especial interes Museo di grande interesse Музей достопримечательный
Tunnel Tunnel Tunnel Túnel Galleria Туннель	Sehenswürdigkeit Place of interest Curiosité Lugar de interés turístico Localita de grande interesse Достопримечательность
Entfernung in Kilometern Distance in kilometres Kilométrage Distancia en kilómetros Distanze chilometriche Расстояние в километрах (27)	Anitike Stätte Antique site Site archéologique Yacimiento arqueológico Luoghi con rovine Археологическое / историческое место
Eisenbahn / Fährlinie / Seilbahn Railway / Ferry route / Ropeway, cable car Voie ferrée / Transbordeur / Téléphérique Vía férrea / Transbordador / Funicular, teleférico Linea ferrovia / Traghetto / Funivia Железная дорога / Паром / Горная железная дорога	Leuchtturm / Turm Lighthouse / Tower Phare / Tour Faro / Torre Faro / Torre Маяк / Башня
Staatsgrenze / Grenzübergang International boundary / Border crossing Frontière nationale / Passage de la frontière Frontera internacional / Paso fronterizo Confine di stato / Passaggio di frontiera Государственная граница / Пограничный переход	Höhle / Bergwerk Cave / Mine Grotte / Mine Cueva / Mina Grotta / Miniera Пещера / Шахта
Regionsgrenze Borders of regions Fortière de région Fronteras de región Confine di regione Региональная граница	Windsurfen / Wintersport Surfing / Winter sports Surf / Sports d'hiver Plancha a vela / Deporte de invierno Windsurf / Sport invernale Виндсерфинг / Лыжный курорт

Der in diesem Buch abgedruckte Routenatlas beruht auf dem Faltplan **„Italien, Nord"** 1 : 400.000 aus dem world mapping project™, herausgegeben vom Reise Know-How Verlag.

ÜBERSICHT DER STELL- UND CAMPINGPLÄTZE

Die **GPS-Koordinaten der Stell- und Campingplätze im Buch** können auf der Verlags-Website www.reise-know-how.de von der Artikelseite dieses Buches als Waypoint-Liste heruntergeladen werden.

ANREISE

ROUTE 1

ROUTE 2

ROUTE 3

ROUTE 4

ROUTE 5

ROUTE 6

CAMPEGGIO VIETATO
NO CAMPING

ROUTE 7

Camping ist leider nicht überall erlaubt (255st-mm)

Routenübersicht

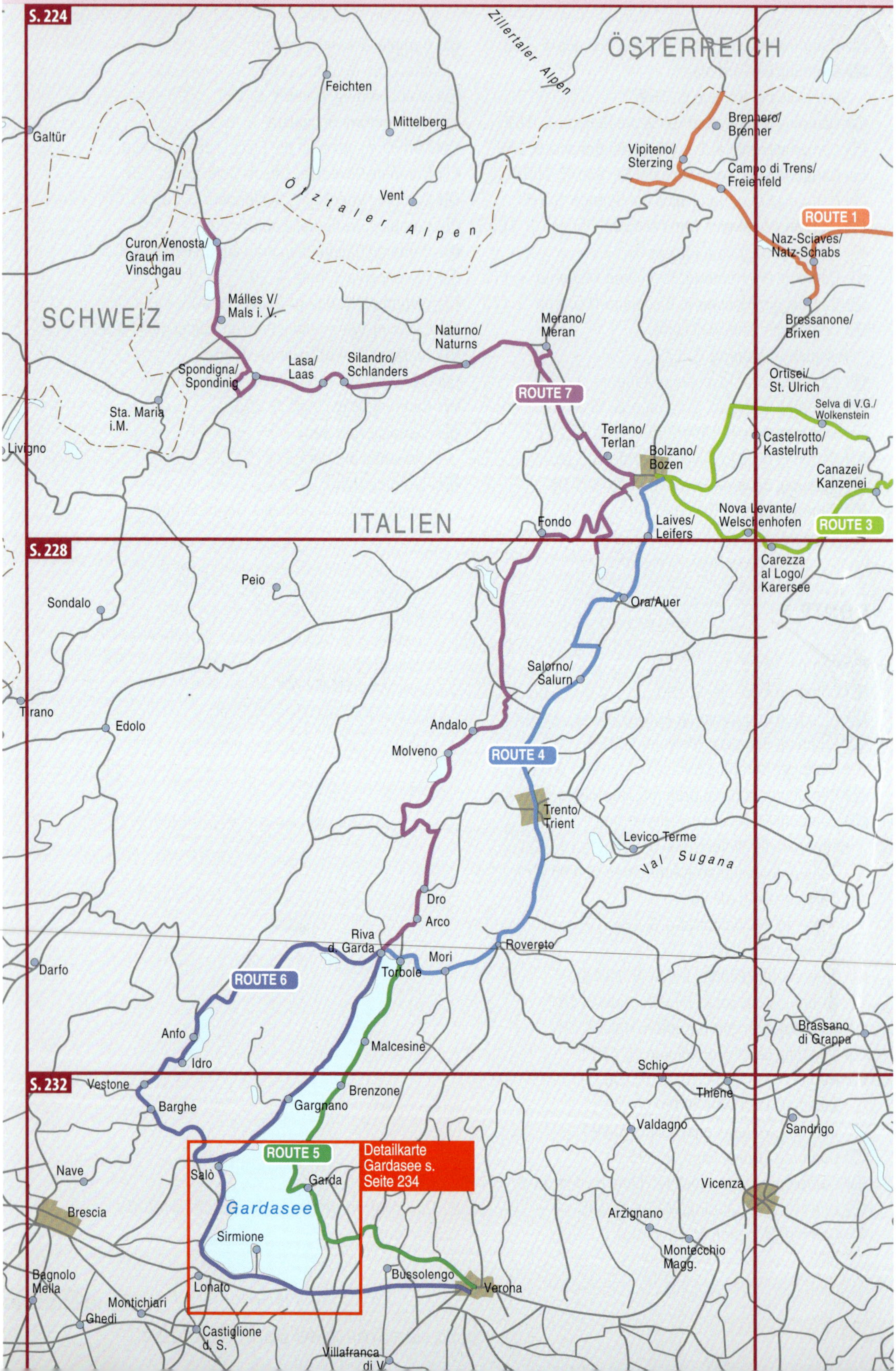